Fenomenologia

Dados Internacionais de Catalogação na Publicação (CIP)
(Câmara Brasileira do Livro, SP, Brasil)

Cerbone, David R.
  Fenomenologia / David R. Cerbone ; tradução de Caesar Souza. –
3. ed. – Petrópolis, RJ : Vozes, 2014. – (Série Pensamento Moderno)

  Título original: Understanding phenomenology
  Bibliografia.

  9ª reimpressão, 2024.

  ISBN 978-85-326-4374-2

  1. Fenomenologia I. Título. II Série

12-04153 CDD-142.7

Índices para catálogo sistemático:

1. Fenomenologia : Filosofia   142.

DAVID R. CERBONE

Fenomenologia

Tradução de Caesar Souza

EDITORA
VOZES

Petrópolis

© 2006, David R. Cerbone

Tradução autorizada a partir da Acumen Publishing Ltd. Edition.
Edição brasileira publicada por intermédio da Agência Literária Eulama
Internacional.

Tradução do original em inglês intitulado
Understanding Phenomenology

Direitos de publicação em língua portuguesa – Brasil:
2012, Editora Vozes Ltda.
Rua Frei Luís, 100
25689-900 Petrópolis, RJ
www.vozes.com.br
Brasil

Todos os direitos reservados. Nenhuma parte desta obra poderá ser
reproduzida ou transmitida por qualquer forma e/ou quaisquer meios
(eletrônico ou mecânico, incluindo fotocópia e gravação) ou arquivada
em qualquer sistema ou banco de dados sem permissão escrita da editora.

CONSELHO EDITORIAL

Diretor
Volney J. Berkenbrock

Editores
Aline dos Santos Carneiro
Edrian Josué Pasini
Marilac Loraine Oleniki
Welder Lancieri Marchini

Conselheiros
Elói Dionísio Piva
Francisco Morás
Gilberto Gonçalves Garcia
Ludovico Garmus
Teobaldo Heidemann

Secretário executivo
Leonardo A.R.T. dos Santos

PRODUÇÃO EDITORIAL

Aline L.R. de Barros
Marcelo Telles
Mirela de Oliveira
Otaviano M. Cunha
Rafael de Oliveira
Samuel Rezende
Vanessa Luz
Verônica M. Guedes

Conselho de projetos editoriais
Isabelle Theodora R.S. Martins
Luísa Ramos M. Lorenzi
Natália França
Priscilla A.F. Alves

Editoração: Maria da Conceição B. de Sousa
Diagramação: Alex M. da Silva
Capa: WM design

ISBN 978-85-326-4374-2 (Brasil)
ISBN 978-1-84465-055-2 (Reino Unido)

Este livro foi composto e impresso pela Editora Vozes Ltda.

Sumário

Agradecimentos **7**

Abreviações **9**

Introdução – Exercícios de abertura **11**

1 Husserl e o projeto de fenomenologia pura **25**

2 Heidegger e a virada existencial **65**

3 Sartre e a subjetividade **106**

4 Merleau-Ponty e a fenomenologia da corporificação **145**

5 Problemas e perspectivas – A fenomenologia e seus críticos **198**

Questões para discussão e revisão **257**

Leitura complementar **263**

Referências **271**

Índice **275**

Agradecimentos

Durante o percurso de escrita deste livro, contraí muitas dívidas. Na verdade, muitas delas vêm muito antes do trabalho começado neste projeto. Devo agradecer a Hubert Dreyfus, com quem estudei pela primeira vez *Ser e tempo* de Heidegger (e a fenomenologia, de um modo geral) e que continua me ensinando e me inspirando. Randall Havas tem sido um mentor e amigo por cerca de vinte anos. Sua influência sobre meu pensamento tem sido incomensurável e, seu suporte, firme; devo agradecê-lo também por ter dedicado tempo para fornecer comentários detalhados sobre rascunhos prévios deste trabalho. Outro amigo, Wayne Martin, também forneceu comentários incrivelmente detalhados, por vezes intimidantes, que tentei acomodar durante as revisões. Ed Minar também merece menção especial por ter lido inteiramente o manuscrito e por ter oferecido tanto críticas como encorajamento. Gostaria de agradecer também às muitas pessoas com quem discuti fenomenologia ao longo dos anos e com cujo trabalho aprendi mais do que jamais poderia ter descoberto por mim mesmo: Steven Affeldt, William Blattner, Taylor Carman, Steven Crowell, Charles Guignon, John Haugeland, Sean Kelly, Rebecca Kukla, Cristina Lafont, Jeff Malpas, Mark Okrent, Joseph Rouse, Ted Schatzki, Joseph Schear, Hans Sluga e Mark Wrathall. (E embora seja muito provável que a palavra "fenomenologia" nunca tenha ocorrido entre nós, eu devo agradecer a tremenda influência de Barry Stroud em meu pensamento.) Algumas partes do livro foram apresentadas em uma reunião anual da Sociedade Internacional para Estudos Fenomenológicos, e sou muito grato aos meus colegas associados por seus comentários e críticas perspicazes. Agradeço igualmente ao pessoal da Acumen conectado a este projeto: Steven Gerard e Tristan Palmer, e ao editor da série, Jack Reynolds, assim como dois *referees* anônimos, que forneceram comentários e críticas detalhados, extremamente úteis. Agradeço também a Kate Williams por sua destreza no preparo do manuscrito para publicação. Gostaria de agradecer também à Humanity Books, por me permitir utilizar várias partes de meu trabalho, "Phenomenology: Straight and Hetero" em minha discussão sobre Dennett e Husserl no capítulo 5.

Uma grande parte do que é agora este livro começou como notas de aulas para cursos que ministrei ao longo de vários anos, e sou muito grato aos muitos alunos que consentiram em se submeter às minhas várias tentativas vacilantes de entender e explicar a fenomenologia. Aprendi com eles muito mais do que eles provavelmente imaginaram. O departamento de filosofia da West Virginia University (WVU) me concedeu um ambiente feliz e favorável no qual lecionar e continuar minha pesquisa, e sou grato aos meus colegas, especialmente a Richard Montgomery e Sharon Ryan, que foram chefes de departamento enquanto escrevia este livro. Sou também grato à WVU por me conceder uma licença sabática a fim de completar este projeto.

Em um nível mais pessoal, eu gostaria de agradecer aos meus pais, Anne e Ralph, por seus muitos anos de amor e apoio. Minha esposa, Lena, e meus dois filhos, Henry e Lowell, merecem os maiores agradecimentos; sem seu amor, compreensão e inspiração, escrever este livro, assim como muitas outras coisas, não teria sido possível.

David R. Cerbone

Abreviações

Traduções foram modificadas onde apropriado.

BN	SARTRE, J.-P. *Being and Nothingness.*
BP	HEIDEGGER, M. *Basic Problems of Phenomenology.*
BPW	LÉVINAS, E. *Basic Philosophical Writings.*
BS	DENNETT, D.C. *Brainstorms.*
BT	HEIDEGGER, M. *Being and Time.*
BW	HEIDEGGER, M. *Basic Writings.*
CE	DENNETT, D.E. *Consciousness Explained.*
CES	HUSSERL, E. *The crisis of the European Sciences.*
CM	HUSSERL, E. *Cartesian Meditations: An Introduction to Phenomenology.*
FTL	HUSSERL, E. *Formal and Transcendental Logic.*
HCT	HEIDEGGER, M. *The History of the Concept of Time: Prolegomena.*
HE	SARTRE, J.-P. *The Humanism of Existentialism.*
HSHC	DENNETT, D.C. "How to Study Human Consciousness Empirically, or Nothing Comes to Mind".
Ideas I	HUSSERL, E. *Ideas Pertaining to a Pure Phenomenology and to a Phenomenological Philosophy: First Book.*
Ideas II	HUSSERL, E. *Ideas Pertaining to a Pure Phenomenology and to a Phenomenological Philosophy: Second Book.*
IM	HEIDEGGER, M. *Introduction to Metaphysics.*

IOP	HUSSERL, E. *The Idea of Phenomenology.*
LI	HUSSERL, E. *Logical Investigations.*
OTB	HEIDEGGER, M. *On Time and Being.*
PCIT	HUSSERL, E. *On the Phenomenology of the Consciousness of Internal Time* (1893-1917).
PCP	HUSSERL, E. *Phenomenology and the Crisis of Philosophy.*
PP	MERLEAU-PONTY, M. *Phenomenology of Perception.*
SP	DERRIDA, J. *Speech and Phenomena and Other Essays on Husserl's Theory of Signs.*
SW	HUSSERL, E. *Husserl: Shorter Works.*
TE	SARTRE, J.-P. *The Transcendence of the Ego: An Existentialist Theory of Consciousness.*
TI	LÉVINAS, E. *Totality and Infinity.*
WD	DERRIDA, J. *Writing and Difference.*

Introdução

Exercícios de abertura

Introduzir um livro sobre fenomenologia, na verdade, introduzir a fenomenologia, não é uma coisa fácil, em parte porque há inúmeros modos de começar e nenhum é ideal. A dificuldade é composta pelo fato de que, como ficará aparente nos capítulos a seguir, há muita coisa no que se refere a vocabulário e conceitos associados à fenomenologia, mas iniciar fazendo uso dessa terminologia somente aumentará quaisquer confusões que surjam da leitura dos textos principais. Uma vez que a fenomenologia tem uma história relativamente bem-definida, que começa no início do século XX (com alguns indícios no século XIX), acompanhada por um conjunto geralmente estabelecido de figuras centrais, um livro introduzindo a fenomenologia poderia começar historicamente, com uma relação de vários nomes, datas e lugares. Contudo, a seleção desses nomes, em vez de outros, bem como o que os vincula, não se justificaria. O desenvolvimento histórico da fenomenologia será um dos temas deste livro, e, portanto, haverá ampla oportunidade para nomes e datas à medida que prosseguirmos.

Existe, é claro, a própria palavra "fenomenologia", mas seu significado, o estudo ou ciência dos fenômenos, somente levanta mais questões: Fenômenos como opostos ao quê, e o que significa estudar os, ou ter uma "ciência" dos, fenômenos (o que quer que resultem ser)? Igualmente inútil é nos voltarmos para a história da palavra, cujos usos, que remontam a algumas centenas de anos, são bem-estabelecidos tanto na filosofia (e. g., na filosofia de Hegel) como na ciência (e. g., na termodinâmica), e são, com frequência, relacionados apenas imprecisamente ao modo como o termo é usado no movimento fenomenológico do século XX. Dar conta desses vários usos, portanto, pouco ajuda para iluminar o que é especial e significante sobre esse movimento.

Em vez disso eu começo convidando você a se engajar em um exercício muito simples, que pode ser desenvolvido de modo a indicar, em um esboço muito amplo, tanto o tema como a importância filosófica da fenomenologia. Esse exercício exige um pouco mais do que continuar a fazer o que você está fazendo exatamente agora, que ao menos inclui olhar para as palavras impressas na página deste livro. (Se você usa óculos, pode ser útil colocá-los e tirá-los à medida que prosseguimos; se você não os usa, você pode olhar de esguelha ou de algum modo "espremer" seus olhos.) Que você esteja olhando para as palavras nesta página, que você esteja lendo, significa, dentre outras coisas, que você está envolvido no ato de ver, ou, para ser um pouco mais imaginativo, mas talvez não menos inadequado, que você esteja neste momento tendo ou fruindo uma experiência visual. Agora, suponha que peçam para você descrever *o que* você vê. Em resposta, você pode notar algumas coisas como a página diante de você, junto com as palavras e letras, e talvez também o formato da página, o formato e a cor das letras. Você pode até ler em voz alta as palavras que estão ocupando você no momento da solicitação. Você também pode, se estiver sendo especialmente cuidadoso e atento, dizer algo sobre o fundo que forma o campo no qual a página aparece. Que você diga tais coisas é algo ao qual retornaremos em breve, mas primeiro eu quero que você considere um pedido ligeiramente diferente. Em vez de pedirem para descrever o que você vê, os "objetos" de sua experiência visual, suponha que tivessem pedido a você para descrever seu *ver* dos objetos. Aqui, estão pedindo a você para deslocar sua atenção dos objetos que você vê para sua experiência visual dessas coisas, e aqui você pode achar o pedido um pouco menos direto. Apesar disso, uma rápida reflexão pode servir para proceder a essa descrição. (Se você usa óculos, este pode ser um bom momento para tirá-los e colocá-los algumas vezes.)

Acontece que uso óculos. Se fosse tirá-los enquanto olho para a página do livro mantida à usual distância de meio-braço, as letras, palavras e página se tornariam, digamos, borradas, ao passo que recolocar meus óculos as tornaria nítidas novamente. É claro que não penso de modo algum que a falta de nitidez caracteriza as coisas que vejo, por si mesmas, ainda que a remoção de meus óculos tenha o poder mágico de mitigar a tinta real, o papel e assim por diante. (Pense aqui na diferença entre remover seus óculos e esfregar sua mão molhada sobre a página impressa. Fazer a última, molhar o papel e borrar a impressão, realmente afeta o objeto.) Que haja descrições que se apliquem à experiência visual sem necessariamente se aplicarem aos objetos dessa experiência ajuda a tornar vívida a distinção que estamos tentando divisar entre o que vemos e nosso ver das coisas. Concentrarmo-nos no último, i. e., focar nossa atenção não tanto no que experienciamos lá fora no mundo, mas na nossa experiência do mundo, é dar o primeiro passo na prática da fenomenologia. A palavra "fenomenologia" significa "o estudo dos fenômenos", onde a noção de um fenômeno e a noção de experiência, de um modo geral, coincidem. Portanto, prestar atenção à experiência em vez de àquilo que é experienciado é prestar atenção aos fenômenos.

Um cuidado considerável é necessário ao explicarmos esta fala sobre "prestar atenção à experiência", uma vez que há direções em que poderíamos ir que rapidamente nos levariam completamente para longe do domínio da fenomenologia. Vamos ficar por um momento com o exemplo da falta de nitidez trazido pela remoção de meus óculos. Um modo pelo qual eu posso prestar atenção à experiência é começar a investigar as causas da mudança na característica de minha experiência visual. Posso começar a me perguntar exatamente por que minha visão se torna borrada, o que há com a estrutura do meu olho, por exemplo, que é responsável por isso, ou o que há com os óculos que uso que elimina a falta de nitidez. Uma investigação assim, embora, sem dúvida, interessante e extremamente importante para alguns propósitos, levaria-nos para longe da própria experiência, e, assim, para longe da fenomenologia. A fenomenologia, por contraste, nos convida a ficar com o que estou chamando aqui "a própria experiência", para nos concentrarmos em seu caráter e estrutura em vez de no que quer que possa subjazê-la ou ser causalmente responsável por ela. Mas o que podemos aprender ou discernir ficando com a própria experiência? Que tipo de *insights* podemos obter e por que podem importar filosoficamente? É claro que as respostas a essas questões serão examinadas em considerável detalhe ao longo deste livro, mas por agora um esboço será suficiente.

Vamos resumir nosso exercício, agora nos concentrando na descrição de nossa experiência. Ao fazermos isso, podemos começar a notar algumas coisas. Primeiro de tudo, e como já foi observado, sua experiência visual presente é de alguma coisa: uma página deste livro, as palavras na página e assim por diante. Esses objetos são uma parte integral de sua experiência no sentido de que a experiência não seria o que é caso não incluísse esses objetos. (Embora a fenomenologia nos peça para nos concentrarmos em nossa experiência, em sobre como as coisas "aparecem" para nós, a permanecermos fiéis ao caráter dessa experiência, não devemos negligenciar ou distorcer a ideia de que tais "aparições" são principalmente aparições *de* coisas.) Ao mesmo tempo, esses objetos não são literalmente uma parte de nossa experiência do mesmo modo que as páginas deste

14 Pensamento Moderno

livro são uma parte do livro. (Essa observação indica que a relação entre a experiência e seus objetos requer atenção especial, uma vez que não pode ser acomodada pelas interpretações usuais de "parte" e "todo".) Por agora vamos nos contentar em observar que, sendo a fala sobre o livro, sobre a página, sobre as palavras e sobre as letras uma parte da experiência visual, isso indica que esses são os objetos da experiência: que a experiência é de ou sobre eles. Para introduzir um pouco do vocabulário técnico que nos ocupará consideravelmente neste livro, essa noção de experiência como sendo "de" ou "sobre" seus objetos indica que ela tem o que a tradição fenomenológica chama "intencionalidade". A tradição fenomenológica concebeu a intencionalidade como sendo o traço definidor, e mesmo exclusivo, da experiência, e, portanto, a fenomenologia pode ser caracterizada como o estudo da intencionalidade. (Outras escolas de filosofia estiveram do mesmo modo ocupadas com entender e explicar a noção de intencionalidade, assim esse tipo de interesse apenas não serve para distinguir unicamente a fenomenologia.)

Para retornar para sua experiência, embora seja verdade que o livro, a página, as palavras e as letras sejam os objetos de sua experiência visual presente, ao mesmo tempo não é o caso que você veja a totalidade do livro ou mesmo a totalidade da página em momento algum. O objeto é apresentado a você perspectivamente, no sentido de que você vê somente um lado do objeto e de um ângulo particular. Ao mesmo tempo, não é como se mesmo sua experiência momentânea fosse como olhar para algo plano, como se você estivesse olhando para uma foto do livro, nem seria correto dizer que aquilo do que você está "realmente" consciente seja algum tipo de imagem mental que representa o livro (a fenomenologia rejeita enfaticamente a ideia de que lidar com a experiência seja interpretado como um tipo de "introspecção"). Em certo sentido, mesmo sua experiência momentânea inclui mais do que aquilo que você momentaneamente vê, ou seja, mais do que aquilo que você está vendo neste momento.

Fenomenologia   15

O que quero dizer aqui é que sua experiência presente indica que há mais para ser visto: que o livro pode ser visto de outros ângulos; que ele tem outros lados para serem vistos. Isso confere à sua experiência atual mais quanto a "profundidade" e "densidade" do que o faz a experiência de uma imagem plana. Toda essa fala sobre perspectiva, sugestão, profundidade e densidade indica que nossa experiência visual, mesmo no caso simples de olhar para este livro, tem uma estrutura rica e complexa, que pode ser delineada e descrita pormenorizadamente. Além disso, se refletirmos sobre essa estrutura, podemos começar a reconhecer que ela está longe de ser arbitrária ou idiossincrática; pelo contrário, podemos começar a pensar que essa estrutura indica algo essencial com respeito a ter qualquer experiência visual de objetos tais como livros. E aqui começamos a ter uma ideia do tipo de interesse que a fenomenologia assume em nossa experiência. Ao descrevermos nossa experiência, da qual a experiência da percepção visual é somente um exemplo, podemos delinear as "estruturas essenciais" da experiência. Ou seja, podemos delinear essas estruturas que a experiência deve ter a fim de *ser* experiência (desse tipo). A esse respeito, e aqui introduzimos mais vocabulário técnico, a fenomenologia almeja ser uma iniciativa transcendental, preocupada com articular as "condições de possibilidade" da experiência ou intencionalidade (explicar exatamente o que isso significa nos ocupará nos capítulos a seguir).

Para começar a mencionar nomes, até agora desenvolvi nosso exercício introdutório de abertura seguindo principalmente as linhas do fenomenólogo Edmund Husserl (1859-1938), que iniciou o tipo de filosofia fenomenológica que examinaremos ao longo deste livro. A fenomenologia começa com Husserl, mas de modo algum termina com ele. Embora seus praticantes subsequentes fossem coletivamente inspirados por Husserl, e estivessem em débito para com ele, muitos se ramificaram em diferentes direções, às vezes sob formas que complementam sua visão original, às vezes, sob formas que mais propriamente equivalem a rejeição e repúdio. Os detalhes tanto do projeto de Husserl como de seu desenvolvimento e crítica por alguns desses que herdaram dele a fenomenologia nos ocuparão nos capítulos a seguir. Por agora, quero continuar com nosso exercício de modo a delinear algumas dessas continuações.

Ao refletirmos sobre a experiência perceptual do livro, estávamos, portanto, longe de nos concentrar nessa experiência enquanto ela se desdobra de momento a momento, notando como os momentos particulares "se conectam" ao apontarem em direção a outras possibilidades da experiência (e, g., a página e o livro vistos a partir de outros ângulos). Todos esses momentos estão ligados, dentre outras coisas, por serem todos "de" ou "sobre" uma coisa particular: o livro que é o objeto dessa experiência visual. Um modo pelo qual podemos continuar o exercício é ampliando os horizontes de nossa reflexão, localizando tanto o objeto dessa experiência e a atividade na qual você estava, e ainda está (eu espero!), envolvido: ler. Dizer que um livro é o objeto (ou conteúdo) de sua experiência perceptual é atribuir à sua experiência um significado ou significância particular, ou seja, sua experiência tem o significado "livro" ou talvez "livro aqui na minha frente" (não necessitamos nos preocupar com a completude de quaisquer dessas especificações). Ora, do mesmo modo que qualquer momento dado de experiência sugere outras possibilidades de experiência, para além desse momento, assim também o fato de que sua experiência presente tem essa significância aponta para além dos confins dessa experiência presente. Ou seja, sua experiência presente não é de ou sobre um mero objeto, algo cuja única descrição é a de que ele ocupa espaço ou consegue ocupar esse tanto de seu campo de visão; em vez disso, ele é uma coisa incumbida de uma determinada significância, muito particular – ele é um livro. Ser ele um livro significa, dentre outras coisas, que ele tem um uso ou propósito particular (leitura, introdução à fenomenologia, e assim por diante). Esses usos e propósitos significam, além disso, outras coisas (óculos de leitura, estantes, papel, tinta e assim por diante) e atividades (tais como estudar filosofia, talvez participar de cursos na universidade), assim como *outros* (o autor do livro, outros leitores, o assistente da livraria, o amigo que o recomendou). Em outras palavras, a significância particular que sua experiência tem fundamentalmente indica o que Martin Heidegger (1889-1976) chamaria um "mundo". Como veremos, uma das principais tarefas da fenomenologia, para Heidegger, é iluminar o fenômeno do mundo.

Eu disse antes que um dos modos pelo qual os momentos de sua experiência ao longo de nosso exercício se mantêm unidos é que eles têm como seu conteúdo uma e a mesma coisa, quer dizer, o livro cujas páginas você está lendo. Existem outros modos pelos quais os vários momentos se vinculam: eles são unidos não apenas por meio de um objeto comum, mas também por um *sujeito* comum, ou seja, todas essas experiências são tidas por alguém que as experiencia, quer dizer, você. Ao mesmo tempo, o sujeito ao qual pertencem as experiências com frequência não figura centralmente no conteúdo da experiência, ao menos não figurava provavelmente até que eu pedisse para você refletir mais atentamente sobre sua experiência. Quando você está absorvido na leitura, as palavras, sentenças e parágrafos são o foco de sua experiência, e é somente um movimento reflexivo, com frequência disruptivo, que introduz o elemento do "Aqui estou eu lendo" em sua experiência em curso. Até esse ponto, havia pouca coisa em termos de um "eu" sujeito como parte da experiência. A noção do sujeito desempenha um papel proeminente na fenomenologia, enquanto um dos "unificadores" da experiência é como um "fenômeno", ou seja, como algo que figura no conteúdo da experiência, mas há um desacordo considerável, por exemplo, entre Husserl e Jean-Paul Sartre (1905-1980), sobre a caracterização própria do sujeito da experiência.

Vamos considerar uma direção final que podemos tomar em nosso exercício de abertura, o qual incorpora elementos dos últimos dois esboços. Se também considerarmos o objeto de sua experiência – o livro –, observaremos, sem dúvida, que livros são planejados e construídos tendo em vista o objetivo da leitura. Para esse fim, livros são planejados e construídos de modo a acomodar vários aspectos ou dimensões de seu corpo. Se livros fossem muito largos, do tamanho de um automóvel, por exemplo, ou muito pequenos, digamos que do tamanho de um cubo de açúcar, então você teria um problema considerável para colocá-lo em seu uso próprio; em outras palavras, tais livros não poderiam ser lidos, independentemente da qualidade da prosa que contivessem. Observações similares se aplicam a outros aspectos do livro: o tamanho e forma da impressão, o espaçamento das palavras, as dimensões das páginas e assim por diante. Sua existência corporal não é apenas indicada em sua experiência do livro, mas mais diretamente manifesta. Ao olhar para a página é provável que você esteja perifericamente consciente de suas mãos segurando o livro; você pode também vagamente discernir os contornos de seus óculos ou da ponta de seu nariz. Sua atenção pode mudar, gradual ou abruptamente, caso você sinta uma dor aguda súbita ou se seus dedos segurando o livro começarem a adormecer. Seu corpo não está apenas presente como mais um objeto de percepção, mas é também manifesto como ativo e perceptivo: quando você pega o livro, suas mãos seguram o livro e o colocam em posição para ser lido mais ou menos automaticamente; periodicamente, você o abaixa (ou levanta, se estiver lendo deitado, com o livro sobre sua cabeça) para virar a página, seus dedos segurando o canto da página sem esperar por um sinal de um intelecto ativo (como garçons que silenciosamente tornam a encher seu copo antes que você tenha notado que esse estivesse vazio). O caráter corporal da experiência é um dos principais interesses de Maurice Merleau-Ponty (1908-1961), embora, como veremos, muitos de seus *insights* remontem a ideias já trabalhadas por Husserl.

Se fizermos o levantamento dos vários modos pelos quais desenvolvemos nosso exercício de abertura, podemos notar um número de pontos subjacentes de similaridade que servem para unificar as quatro figuras mencionadas. O mais proeminente é o interesse comum na noção de *experiência*, de coisas "aparecendo" ou se "manifestando". A fenomenologia está precisamente ocupada com os modos pelos quais as coisas aparecem ou se manifestam para nós, com a forma e estrutura da manifestação. A percepção, na qual temos nos concentrado, é uma forma de manifestação, mas não a única (algumas coisas, tais como números e equações, manifestam-se mais genuinamente de modo puramente intelectual). Uma afirmação guia da fenomenologia é que a estrutura de manifestação, de intencionalidade, não é arbitrária nem idiossincrática; ao contrário, a afirmação é que existe uma estrutura essencial, que não diz respeito ao que quer que os fundamentos causais da experiência resultem ser. Um outro compromisso em vigor no interesse da fenomenologia em delinear as estruturas essenciais da experiência é que essas estruturas devem ser delineadas de tal modo que elas próprias se manifestem na experiência. Esse outro compromisso sublinha o ponto segundo o qual o interesse que a fenomenologia tem pela experiência é marcadamente diferente do tipo que propõe hipóteses sobre as causas de nossa experiência.

A desconsideração geral da fenomenologia pelas causas é sintomática de um outro ponto de concordância: sua oposição ao que é talvez a tendência mais dominante na filosofia contemporânea (que também foi um grande expoente na época de Husserl), a saber, o "naturalismo". Essa visão, que dá lugar de destaque às descobertas das ciências naturais, tende a se preocupar precisamente com os tipos de estruturas causais que a fenomenologia desconsidera. Um dos perigos do naturalismo científico, de acordo com a tradição fenomenológica, é que tal preocupação nos faz perder de vista (e por vezes ativamente negar) a ideia de que, de algum modo, as coisas se manifestam. Potencialmente perdida também é qualquer apreciação dos tipos de estruturas essenciais que definem o tipo de entes que somos.

Podemos ter uma ideia da oposição entre fenomenologia e naturalismo observando a passagem de um de seus mais famosos defensores, o filósofo americano do século XXI, W.V. Quine. Na passagem de abertura de seu ensaio "O escopo e a linguagem da ciência", Quine pode ser visto como articulando, em largas pinceladas, o ponto de vista adotado pelo naturalismo:

> Eu sou um objeto físico situado em um mundo físico. Algumas das forças desse mundo físico colidem contra minha superfície. Raios de luz atingem minhas retinas; moléculas bombardeiam meus tímpanos e as pontas de meus dedos. Eu revido, emanando ondas concêntricas de ar. Essas ondas tomam a forma de uma torrente de discurso sobre mesas, pessoas, moléculas, raios de luz, retinas, ondas de ar, números primários, classes infinitas, alegria e sofrimento, bem e mal (QUINE, 1976: 228).

Embora uma das preposições mais intimamente associadas à noção de intencionalidade ("sobre") apareça na última sentença da citação, o que é mais surpreendente na caracterização que Quine faz de si mesmo e de sua experiência é a ausência de intencionalidade. A fala de Quine sobre raios de luz, retinas, moléculas e tímpanos, que figuram todos proeminentemente dentre as causas de nossa experiência, ignora o conteúdo da experiência assim causada. Recorde do desenvolvimento de abertura de nosso exercício. Uma descrição de sua experiência visual pressupôs tanto os objetos dessa experiência (o livro, a página, as palavras) como o modo desses objetos serem experienciados (ângulo ou aspecto, forma ou falta de nitidez, e assim por diante). Se tivéssemos de estender o exercício à experiência auditiva, poderíamos ter de incluir o leve farfalhar das páginas enquanto são viradas, os ruídos do ambiente ao fundo, e assim por diante. Teria sido muito artificial, porém, incluir nessas descrições quaisquer das coisas às quais Quine recorre. Quando você vê, você vê o livro, por exemplo, não ondas de luz atingindo sua retina; quando você ouve, você ouve a música sendo tocada, não moléculas bombardeando seus tímpanos.

Fenomenologia **21**

Embora a descrição de Quine seja escrita na primeira pessoa, começando como o faz com "eu sou", sua caracterização de si mesmo, no entanto, como um "objeto físico", parece negligenciar inteiramente a ideia de que o "eu" identifica um sujeito da experiência: um ente para o qual o mundo está presente e que está presente para si mesmo. Uma vez mais, recorde de nosso exercício. Quando você estende o braço para virar a página do livro, você não está presente a si mesmo como mais um "objeto físico" dentre outros; você se experiencia como ativamente envolvido com o mundo, e, com reflexão adequada, você se experiencia como tendo uma experiência. Ou seja, você pode se tornar reflexivamente consciente do fato de que o mundo se manifesta para você de vários modos. Além disso, o fato de você encontrar um livro, um item cuja significância revela todo um arranjo de propósitos e atividades, distorce a ideia de que o mundo que se manifesta na experiência é meramente o mundo físico, o mundo que pode ser exaustivamente caracterizado nos termos das ciências físicas.

Onde Quine, bem como o naturalismo científico, começa é completamente diferente do ponto de partida da fenomenologia. A disparidade pode ser igualmente documentada ao compararmos a passagem de Quine que citei com uma de Husserl, em que oferece uma descrição do que ele chama "a atitude natural", pela qual ele significa nossa consciência consciente ordinária de nós mesmos e do mundo ao nosso redor. Husserl começa igualmente com a primeira pessoa declarativa "eu sou...", mas como ele continua é marcadamente diferente. Note, em particular, as diferenças entre a descrição de Husserl e aquela fornecida por Quine, especialmente como a descrição de Husserl captura o conteúdo e qualidade de sua própria experiência, enquanto a de Quine simplesmente passa ao largo dela. Note também que nada do que Husserl diz contradiz ou repudia quaisquer afirmações de Quine (as diferenças e desacordos entre fenomenologia e naturalismo são mais sutis). Husserl escreve:

Sou consciente de um mundo infinitamente estendido no espaço, infinitamente se transformando e tendo infinitamente se transformado no tempo. Eu sou consciente dele: isso significa, sobretudo, que intuitivamente eu o encontro imediatamente, que eu o experiencio. Pela minha visão, tato, audição, e assim por diante, e nos diferentes modos de percepção sensível, coisas físicas corpóreas com uma distribuição espacial ou outra estão *simplesmente aí para mim*, "à mão" no sentido literal ou figurativo, esteja eu ou não particularmente atento a elas e ocupado com elas em meu considerar, pensar, sentir, ou querer. Entes animados também – entes humanos, vamos dizer – estão imediatamente aí para mim: eu olho; eu os vejo; eu os ouço se aproximarem; eu aperto suas mãos; falando com eles eu entendo imediatamente o que pretendem dizer e pensam, que sentimentos os movem, o que eles desejam ou querem (*Ideas* I: § 27).

Ao longo deste livro teremos ocasião de retornar às diferenças entre essas duas passagens, e entre as respectivas filosofias que elas iniciam, tanto para tornar mais nítidos os contornos específicos da filosofia fenomenológica como para medir sua significância. Dado que o naturalismo é uma das perspectivas filosóficas dominantes hoje, qualquer sucesso da parte da fenomenologia em subverter o naturalismo demonstra sua duradoura importância.

Os quatro filósofos que introduzi ao longo de nosso exercício de abertura – Husserl, Heidegger, Sartre e Merleau-Ponty – são, sem dúvida, as figuras mais famosas no movimento fenomenológico. Consequentemente, será dedicado um capítulo a cada um deles, e o capítulo final examinará várias respostas críticas à fenomenologia. Há muitas outras figuras significantes na tradição fenomenológica, tais como Max Scheler, Eugen Fink, Alfred Schutz, Edith Stein e Paul Ricoeur, que não serão muito citadas neste livro daqui para a frente. Sua omissão de nenhum modo significa sugerir que suas contribuições para a fenomenologia são desinteressantes ou desimportantes, embora entender suas contribuições geralmente pressuponha alguma compreensão dos trabalhos e ideias que estaremos considerando neste livro. Compreender o pensamento dessas quatro figuras principais serve para sentar as bases para estudo posterior, que é, ao fim e ao cabo, o que um texto introdutório deveria fazer. Mesmo restringindo assim nossa atenção e devotando um capítulo inteiro a cada figura, estaremos na verdade apenas arranhando a superfície dessas visões filosóficas complexas e abrangentes. Os principais textos de fenomenologia são, em sua maior parte, mais propriamente volumes maciços (minha edição de *Ser e tempo* de Heidegger tem cerca de 500 páginas, e a *Fenomenologia da percepção* de Merleau-Ponty é quase tão longa quanto; *O ser e o nada* de Sartre tem cerca de 800 páginas, e as *Investigações lógicas* de Husserl sozinha tem quase 1.000), sua extensão é compatível com a densidade de sua prosa. Quando ensino fenomenologia, nunca deixo de notar as expressões de choque e incompreensão nas faces dos alunos, após a primeira leitura de Husserl ter sido designada. Minha esperança é que este livro, ao fornecer uma visão geral de cada figura e trabalhar algumas de suas principais ideias, ajude a aliviar um pouco desse estresse.

1

Husserl e o projeto de fenomenologia pura

Husserl: vida e trabalhos

Edmund Husserl nasceu em 1859, em Prossnitz, onde é agora a República Tcheca. Estudou na Universidade de Leipzig, onde se concentrou principalmente na matemática, obtendo por fim um doutorado no tema. Foi somente nos anos de 1880 que seu interesse se tornou mais exclusivamente filosófico. Nessa época, ele encontrou o psicólogo e filósofo Franz Brentano, cujo trabalho revivia a noção medieval de "intencionalidade". Assistir às aulas de Brentano em Viena alterou profundamente o curso do desenvolvimento intelectual de Husserl, colocando-o no caminho da fenomenologia. Contudo, seu trabalho no final dos anos de 1880 ainda refletia seus interesses iniciais em matemática e lógica: em 1887, publicou *Sobre o conceito de número*, que foi seguido por *Filosofia da aritmética* em 1891. Na virada do século XX, apareceu o primeiro trabalho monumental de Husserl, o seu *Investigações lógicas*, no qual se descreve como realizando sua "incursão" (LI: 43) na fenomenologia. *Investigações lógicas* começa com um "Prolegômenos à lógica pura", que contém um ataque prolongado às concepções empiristas e psicológicas da lógica. Enquanto tal, o trabalho forma uma pedra angular do antinaturalismo de Husserl, que iremos considerar em mais profundidade em breve. O "Prolegômenos" é seguido por seis "investigações", dedicadas de diversas maneiras a conceitos inter-relacionados tais como significado, intencionalidade, conhecimento e verdade, assim como uma teoria de partes e todos.

Franz Brentano (1838-1917)

As conferências de Brentano nos anos de 1880 exerceram uma enorme influência no desenvolvimento filosófico de Husserl. Ele recordaria mais tarde: "em uma época em que meus interesses filosóficos estavam aumentando e eu estava em dúvida quanto a dirigir minha carreira para a matemática ou a me dedicar totalmente à filosofia, as palestras de Brentano resolveram o assunto" (SW: 342). E: "as palestras de Brentano me deram pela primeira vez a convicção que me encorajou a escolher a filosofia como o trabalho de minha vida" (SW: 343). (A influência de Brentano se estendeu muito além de Husserl: Sigmund Freud e o filósofo austríaco Alexius Meinong também estavam entre seus alunos em Viena.) Em seu *A psicologia de um ponto de vista empírico*, publicada pela primeira vez em 1874, Brentano caracterizou a mente e a consciência em termos de "fenômenos mentais", que são distinguidos pela "inexistência intencional" dos objetos a elas relacionados. Husserl rejeitou mais tarde a concepção de Brentano sobre a intencionalidade, argumentando que uma vez que os objetos sobre os quais são a maioria dos estados intencionais "transcendem" esses estados, a ideia de in-existência intencional é incorreta.

Já em *Investigações lógicas*, Husserl concebeu a fenomenologia como um tipo de disciplina pura, não empírica, que "revela as 'fontes' das quais os conceitos e leis ideais básicos da lógica *pura* 'fluem', e às quais eles devem ser remontados" (LI: 249). "A fenomenologia *pura* representa um campo de pesquisas neutras" (LI: 249), o que significa que ela deve proceder sem a ajuda de quaisquer suposições não examinadas; a fenomenologia deve ser uma forma de investigação "sem pressuposições" (cf. e. g., LI: 263-266). Por volta de 1905, porém, Husserl descreveu sua concepção de fenomenologia como passando por mudanças radicais dramáticas. Nesse momento, Husserl começou a pensar a fenomenologia em termos transcendentais, e enfatizou em um grau ainda maior a ideia da fenomenologia como uma disciplina pura. O significado e a importância dos dois termos-chave "transcendental" e "puro" nos ocuparão consideravelmente durante este capítulo, uma vez que servem para respaldar o que ele via como sua principal inovação metodológica: a "redução fenomenológica" (que é antecipada em *Investigações lógicas*, mas explicitamente articulada somente após a "virada transcendental" de Husserl). A concepção revisada de Husserl da fenomenologia é evidente em suas conferências de 1907, publicadas como *A ideia da fenomenologia*, assim como em seu manifesto de 1911, "Filosofia como Ciência Rigorosa", que contém outro ataque ao naturalismo na filosofia. Em 1913 Husserl publicou o primeiro volume de *Ideias relativas à Fenomenologia Pura e à Filosofia Fenomenológica* (daqui para frente *Ideias*). No fim, haveria mais dois volumes, embora nenhum deles tenha sido publicado durante sua vida.

O restante da carreira filosófica de Husserl foi dedicado a desenvolver, refinar e reconceber a fenomenologia transcendental. Husserl repetidamente se caracterizava como um "iniciante" em fenomenologia, e muitos de seus trabalhos refletem isso, não por serem amadorísticos, mas por sua disposição para reabrir a questão sobre justamente o que é a fenomenologia e como ela deve ser praticada. Seu perpétuo repensar a fenomenologia se traduzia também em hesitação e atrasos com respeito à publicação. Após a publicação de *Ideias* em 1913, apenas esporadicamente outros trabalhos apareceram. Dentre eles estão *Lógica formal e transcendental*, em 1929, *Meditações cartesianas*, em 1931, e *A crise das ciências europeias*, em 1936.

Husserl morreu em 1938. Seus anos finais, logo após se aposentar de uma cátedra de filosofia em Friburgo, foram bastante infelizes. O surgimento dos nazistas na Alemanha significava que Husserl, devido à sua ascendência judia, estava excluído de qualquer tipo de atividade acadêmica oficial. Trazido pela onda do nazismo, encontramos um dos seguidores mais promissores de Husserl, Martin

Heidegger, que se juntaria ao partido no início dos anos de 1930 (no começo dos anos de 1940, a dedicatória a Husserl, em *Ser e tempo* de Heidegger, foi silenciosamente removida, para ser restaurada somente nos anos de 1950). A situação política, no entanto, não foi a única causa da infelicidade de Husserl. Conforme envelhecia, Husserl lamentava tanto a incompletude de suas próprias realizações na fenomenologia como a falta de qualquer sucessor óbvio (Heidegger, dentre outros, tendo claramente falhado em empunhar a bandeira, ou, ao menos, não do modo certo).

Embora Husserl não tenha publicado um grande número de trabalhos nos últimos vinte e cinco anos de sua vida, isso não se deveu à falta de produção. Husserl deixou cerca de 30.000 páginas (estenografadas!) de manuscritos que, lentamente, estão sendo editados e publicados, tanto em seu idioma original, o alemão, como em tradução para o inglês. Esses incluem o segundo e o terceiro volumes de *Ideias*, assim como *Experiência e juízo*, um guia para seu *Lógica formal e transcendental*. Quando combinamos os manuscritos com os trabalhos publicados, a filosofia de Husserl se torna quase inexaminável, algo que, com certeza, não pode ser adequadamente explicado em um capítulo de um trabalho introdutório. Devemos nos concentrar, como Husserl frequentemente o faz, em um pequeno punhado de exemplos. Ao fazer isso espero capturar a "impressão" geral da fenomenologia de Husserl, comunicando, desse modo, seus principais métodos, aspirações e realizações.

Do antinaturalismo à fenomenologia

A partir dessa breve sinopse sobre a vida e os trabalhos de Husserl, podemos extrair dois interesses que, especialmente quando combinados com um terceiro, explicam o caráter particular de sua fenomenologia, em seus métodos e aspirações. Um interesse, presente de um modo ou de outro desde o início da vida acadêmico-intelectual de Husserl, é pelas noções de lógica e matemática. O segundo interesse, que se origina em grande medida da influência de Brentano, é pelas noções de consciência e intencionalidade. Ao longo de sua carreira filosófica, Husserl está interessado em entender a natureza e o *status* da lógica e da matemática e em explicar nosso entendimento ou compreensão delas. Além disso, quando consideramos nosso terceiro interesse, podemos ter uma ideia melhor sobre como essa explicação parece, ou ao menos sobre como ela *não* deveria parecer. O terceiro interesse, que emerge no pensamento de Husserl no final do século XIX e se torna um tema-guia em seu *Investigações lógicas* e trabalhos posteriores, é pelo antinaturalismo: uma rejeição da ideia de que as ciências naturais podem fornecer uma descrição completa ou exaustiva da realidade. Esse não é talvez o melhor modo de colocar a afirmação de Husserl, uma vez que a "realidade" pode ser considerada coextensiva à "natureza", e certamente as ciências naturais têm orgulho de colocar a última no entendimento. Melhor dito, a oposição de Husserl ao naturalismo equivale à afirmação de que existem verdades e princípios que as ciências naturais pressupõem, mas que elas próprias não podem explicar; nem toda verdade é uma verdade científica natural.

Em vez da realidade, então, o que as ciências naturais não podem explicar é a "idealidade": as verdades ideais e princípios da lógica e da matemática. Qualquer tentativa de "naturalizar" essas verdades e princípios tem consequências desastrosas, de acordo com Husserl, resultando, basicamente, na autorrefutação do próprio naturalismo. Ou seja, o naturalismo tenta explicar princípios lógicos inteiramente em termos de psicologia: princípios lógicos são princípios psicológicos; as leis da lógica são leis naturais da psicologia, ou seja, leis que generalizam como entes humanos e talvez outros entes sencientes pensam. O problema com essa explicação é que essas leis naturais são descritivas, semelhantes às leis do movimento dos planetas e de outros corpos celestiais, embora a relação entre lógica e quaisquer

Fenomenologia **29**

processos psicológicos reais seja "normativa": as leis da lógica governam o pensamento ao prescreverem como entes sencientes deveriam pensar. Ao interpretar as leis lógicas inteiramente em termos psicológicos, o naturalista, de acordo com Husserl, ofusca essa distinção, na verdade, destrói-a inteiramente. O resultado é o "relativismo": existirão, ao menos em princípio, diferentes leis e princípios lógicos, diferentes leis e princípios acerca da verdade, dependendo do caráter dos processos psicológicos encontrados em qualquer tipo ou população de criaturas. Dizer que alguma coisa é verdadeira ou que uma coisa se segue logicamente de outra significa, na interpretação do naturalista, que esse ou aquele tipo de ente caracteristicamente considera essa coisa ser verdadeira ou geralmente acredita em uma coisa quando acredita na outra.

Considere, agora, inclusive esses tipos de afirmações concernentes às características e comportamento de populações de entes sencientes: quando o naturalista faz essas afirmações, ele tipicamente as sugere como *sendo verdadeiras*, mas o que isso significa? É óbvio, pensa Husserl, que o naturalista pretende mais do que afirmar que isso é como ele e talvez seus colegas naturalistas por acaso pensam; na verdade, o naturalista não pretende dizer coisa alguma em absoluto sobre seus estados e processos psicológicos. Ao contrário, o naturalista pretende descobrir, e propor, qual é, fundamentalmente, a verdade sobre tais coisas, como estados e processos psicológicos, sem referência a quaisquer de seus próprios estados e processos psicológicos, sejam quais forem, mas isso significa que a própria noção de verdade não pode ser entendida em termos de estados e processos psicológicos. Desse modo, o naturalista, em sua posição oficial, provoca a autorrefutação ao se privar da própria noção de verdade que guia suas aspirações científicas. (Inoficialmente, podemos dizer, o naturalista pode ser considerado, no fim das contas, como que guiado por essa noção de verdade e os argumentos de Husserl são principalmente designados para tornar isso claro para o próprio naturalista.)

Um aspecto do antinaturalismo de Husserl, portanto, é sua rejeição da ideia de que a lógica pode ser entendida psicologicamente. A doutrina comumente conhecida como "psicologismo" é, no fundo, autocontraditória, e, dado que o naturalismo negocia com o psicologismo, ele também cambaleia à beira da absurdidade. O que, porém, essa preocupação com a natureza e *status* da lógica tem a ver com as noções de consciência e intencionalidade? Ao fim e ao cabo, as últimas duas noções, especialmente a da consciência, parecem ser noções psicológicas, e assim qualquer rejeição do psicologismo com respeito à lógica pareceria irrelevante para se chegar a uma compreensão própria delas. Ao passo que há outros aspectos, relativamente independentes, do antinaturalismo de Husserl, que desempenham um papel em seu modo particular de abordar as noções de consciência e intencionalidade, existe uma conexão entre sua rejeição do psicologismo na lógica e sua concepção acerca de como a consciência e a intencionalidade deveriam ser estudadas. Embora a lógica seja independente do pensar, no sentido de que as leis lógicas possuem uma relação normativa com qualquer processo de pensamento real, ao mesmo tempo, a própria categoria de *pensamento* está conectada com a ideia de estrutura lógica. Que um processo psicológico particular mereça o nome "pensar", ou que um estado psicológico particular mereça o nome "pensamento", indica que possui uma estrutura lógica: o estado ou processo pressupõe "conteúdos ideais" que podem ser logicamente relacionados, inferencialmente, por exemplo, a outros estados e processos com tais conteúdos. À medida que estados e processos psicológicos participam de tais estruturas e conteúdos ideais, ou seja, à medida que atingem o *status* de pensar e de pensamento, existe, então, por paradoxal que isso soe, uma dimensão não psicológica da psicologia. Em outras palavras, existem aspectos fundamentais definitivos sobre os estados e processos psicológicos que não podem eles próprios ser adequadamente caracterizados em termos psicológicos.

Um exemplo pode ser útil. Suponha que eu tenha o pensamento: "Platão foi o mestre de Aristóteles". É fácil imaginar outra pessoa tendo simultaneamente o mesmo pensamento, ou seja, um pensamento com o mesmo *conteúdo*. Embora meu processo de ter esse pensamento, bem como o da outra pessoa, pressuponha processos psicológicos numericamente distintos – ou seja, existe um processo qualquer em curso em minha mente e existe um processo qualquer em curso na mente da outra pessoa – existe ainda uma coisa que pensamos, a saber: que Platão foi o mestre de Aristóteles. O que pensamos, o pensamento particular que ambos temos, substitui vários tipos de relações lógicas com outros (possíveis) pensamentos. Por exemplo, o pensamento "Alguém foi o mestre de Aristóteles" sucede logicamente ao primeiro pensamento, e isso ocorre quer o segundo pensamento ocorra para mim quer ocorra para a outra pessoa; que o segundo pensamento sucede ao primeiro é válido independentemente do que eu ou a outra pessoa (ou qualquer outro) continuemos a pensar depois. Posso, após ter o primeiro pensamento, esquecer tudo sobre Aristóteles e Platão, ocupar-me inteiramente com algo inteiramente diferente, e assim nunca mais chegar à conclusão de que alguém foi o mestre de Aristóteles.

Podemos levar esse exemplo mais longe do seguinte modo. O que venho chamando de conteúdo ideal, no caso do conteúdo "Platão foi o mestre de Aristóteles", especifica o pensamento particular em questão de um modo que os processos psicológicos particulares envolvidos em meu ato de ter o pensamento não o fazem. O que eu quero dizer aqui é que é ao menos concebível que outra criatura, cuja estrutura material seja radicalmente diferente da minha, pudesse chegar a ter o pensamento "Platão foi o mestre de Aristóteles", ainda que os vários detalhes empíricos dos processos e estados psicológicos dessa criatura fossem completamente diferentes dos meus. Os fundamentos causais para essa criatura imaginada ter esse pensamento podem diferir dramaticamente dos fundamentos para eu ter esse pensamento, e mesmo assim cada um de nós pode ser considerado estar tendo esse único pensamento idêntico. O que nossos episódios de pensamento têm em comum, portanto, não é uma estrutura causal empírica, mas um conteúdo ideal, que especifica algo essencial sobre o pensamento, algo essencial ao fato de ele ser esse pensamento particular, uma especificação de um modo que todas as características particulares dos estados e processos psicológicos não especificam.

Independentemente das diferenças empíricas entre mim e essa criatura imaginada, é concebível que tenhamos o mesmo pensamento, ou seja, que cada um de nós tenha pensamentos que exibam a mesma intencionalidade: cada um de nossos pensamentos é *sobre* Platão e Aristóteles (e sobre aquele sendo o mestre desse). Para Husserl, seguindo Brentano, a intencionalidade é "a marca do mental", e assim podemos considerá-lo como generalizando essas observações sobre o pensamento para a noção da experiência consciente em sua totalidade. Toda experiência consciente, à medida que exibe intencionalidade, tem uma estrutura essencial que é independente dos particulares empíricos de qualquer ente ao qual pertença a experiência. Dada essa independência, a estrutura essencial da experiência não pode ser entendida naturalisticamente, ou seja, em termos dos estados e processos psicológicos empíricos que podem ser causalmente responsáveis por entes tendo essa experiência.

O papel desempenhado por essa noção de estrutura essencial para Husserl indica outro aspecto de seu antinaturalismo. A estrutura essencial da experiência é a estrutura que a experiência tem em virtude da qual ela *é* experiência, o que para Husserl significa: em virtude da qual a experiência exibe intencionalidade. Como tal, a noção de estrutura essencial desempenha um papel explanatório distintivo que não pode, pensa Husserl, ser assumido pelas ciências naturais. Esse papel pode ser percebido em uma questão levantada por Husserl em seu ensaio-manifesto de 1911, "Filosofia como Ciência

Rigorosa", cuja maior parte consiste em uma polêmica contra o que ele vê como o naturalismo predominante da sua época. A questão que Husserl levanta é: "Como pode a experiência como consciência dar ou contatar um objeto?" (PCP: 87). O apelo de Husserl às noções de "dar" e "contatar" indica que a questão concerne à possibilidade da intencionalidade da experiência: Como a experiência chega a ser *de* ou *sobre* objetos? Questões do tipo "como é possível" são questões transcendentais, e Husserl pensa que tais questões estão para além do escopo das ciências naturais. Isso ocorre porque as ciências naturais, não importando quão sofisticadas, ainda operam dentro do que Husserl chama a "atitude natural": nossa postura ordinária com respeito ao mundo que assume ou pressupõe a dadidade dos objetos. A ciência, em suas tentativas de situar os constituintes mais básicos da realidade e de delinear sua estrutura causal, compartilha de tais pressuposições, exatamente tanto quanto nós em nossa vida cotidiana. De acordo com Husserl, as ciências naturais, e, de um modo geral, a atitude natural, são "ingênuas". Dizer que as ciências naturais e a atitude natural são ingênuas não significa dizer que exista qualquer coisa de errado com elas. (Husserl não se opõe às ciências naturais, nem à atitude natural, mas somente ao naturalismo, que é, podemos dizer, uma interpretação metafísica da atitude natural.) A acusação de ingenuidade indica somente uma limitação, não um erro, da parte da atitude natural e das ciências naturais; a acusação indica que existem questões que estão, em princípio, para além de seu alcance.

O que a acusação de ingenuidade implica, nesse contexto, é que qualquer tentativa de responder às questões do tipo "como é possível" de Husserl, do ponto de vista das ciências naturais, é completamente circular. Visto que as ciências naturais pressupõem um mundo de objetos, quaisquer respostas que possam fornecer para as questões do tipo "como é possível" de Husserl fazem uso das próprias coisas cuja dadidade deve ser explicada. Em outras palavras, as ciências naturais (e, de um modo geral, a atitude natural) não podem explicar como a consciência procede ao "contatar" objetos, uma vez que qualquer explicação possível oferecida por elas será expressa em termos de objetos, e isso, da perspectiva de Husserl, não é, de modo algum, explicação. Questões transcendentais estão, em princípio, para além do alcance das ciências naturais, e assim o naturalismo, que vê as ciências naturais como a quintessência da investigação, equivale a pouco mais do que uma cegueira deliberada com respeito à ideia de investigação transcendental (cf. IOP: esp. 3-4, 13-21, 29-32).

Podemos encontrar em Husserl uma outra linha de argumento que desafia a viabilidade de uma descrição científica natural da consciência e, desse modo, depõe contra o naturalismo como uma perspectiva filosófica adequada. Esse argumento origina o que Husserl considera ser uma desanalogia entre os tipos de coisas com as quais as ciências naturais se ocupam e os tipos de coisas em que consiste a consciência. Considere primeiro o domínio das ciências naturais. Aqui, temos, dentre outras coisas, o que chamaremos simplesmente de "objetos físicos". Podemos discernir alguma coisa importante sobre a natureza dos objetos físicos mesmo se nos restringirmos à experiência perceptual ordinária. Uma coisa que é verdadeira sobre objetos físicos (ou ao menos aqueles que são grandes o bastante para vermos) é que eles podem ser vistos por mais de um lado. Se eu seguro uma pedra diante de mim, eu posso girá-la de vários modos, e, assim, a pedra apresenta diferentes lados para o conforto de minha visão. Além disso, não existe modo algum de virar a pedra que me permita vê-la em sua totalidade em qualquer tempo dado, e, na verdade, não está claro o que uma experiência perceptual *completa* da pedra possa envolver; sempre existem mais ângulos a partir dos quais olhar para a pedra, mais distâncias da pedra às quais eu posso estar, mais variações nas condições de luminosidade, e assim por diante. Implícita na experiência perceptual de objetos físicos está a

Fenomenologia **35**

noção de infinitude ou, talvez, de possibilidade ilimitada (essa é uma ideia para a qual voltaremos mais tarde no capítulo). Se considerarmos a variedade de apresentações possíveis da pedra na experiência perceptual ordinária, podemos discernir uma outra ideia que nos diz algo sobre a natureza dos objetos físicos. Ou seja, existem, podemos dizer, algumas apresentações que são melhores do que outras com respeito ao revelar da pedra em si mesmo. Existem distâncias melhores e piores das quais olhar para a pedra, tipos melhores de luminosidade, e assim por diante. O que torna algumas condições piores é que elas são enganadoras ou inexatas. Sob essas condições, a pedra parece ser somente de um modo ou de outro, embora realmente seja de algum outro modo. Por exemplo, se eu vejo uma pedra cinza esbranquiçada sob uma luz vermelha, ela parecerá mais rosa do que realmente é. O ponto dessas considerações é que, no caso dos objetos físicos, uma distinção entre *é* e *parece* está prontamente disponível e é geralmente aplicável.

Husserl argumenta que, quando se trata da consciência, essas características essenciais dos objetos físicos podem não estar presentes (cf. PCP: 103-107). Se mudarmos da pedra que estou percebendo para meu perceber dela, torna-se aparente que não podemos transferir muitas das coisas que notamos sobre a pedra para minha experiência dela. Comecemos com a noção de perspectiva. Embora a pedra se apresente de um lado ou de outro, esse não é o caso com minha percepção dela. A pedra, podemos dizer, aparece em minha experiência dela, mas minha experiência não é apresentada para mim em uma outra aparição. Minha experiência *é* apenas a apresentação de coisas tais como a pedra, e nada mais. Diferente da pedra, minha experiência não está disponível numa variedade de perspectivas. Não posso "girar" minha experiência do mesmo modo que eu posso girar a pedra, vendo agora de um lado, agora, de outro. Na verdade, minha experiência, diferente da pedra, não tem "lados" em absoluto. Diferente da pedra, que admite infinitas apresentações ou aparições, a aparição é esgotada pelo seu aparecer. Se é assim, então os fenômenos sobre os quais a consciência consiste não admitem a distinção é/parece. Não há para a aparição senão seu aparecer do modo que é; não existe uma maneira pela qual ela possa estar realmente em contraste com o modo pelo qual aparece. Embora a pedra possa parecer pouco nítida, mas de fato ter bordas lisas e distintas, esse não é o caso com minha experiência pouco nítida da pedra (quando recoloco meus óculos, eu tenho uma *nova* experiência, e não uma nova perspectiva de uma experiência antiga).

O colapso da distinção é/parece, no caso dos fenômenos conscientes, aponta para uma outra desanalogia entre objetos físicos (e, de um modo geral, o mundo natural) e a consciência. Essa outra desanalogia é de natureza "epistemológica": concerne às diferenças com respeito ao conhecimento e à certeza que estão disponíveis nesses respectivos domínios. Eu disse antes que a pedra era alguma coisa que, como um objeto físico, admitia uma série infinita de apresentações possíveis. Isso significa, dentre outras coisas, que nenhuma experiência apresenta ou apreende a pedra em sua totalidade: há sempre alguma coisa a mais para ver, algum outro modo de vê-la. Para usar a terminologia de Husserl, qualquer experiência perceptual de coisas como a pedra será sempre "inadequada", o que significa que haverá sempre "lados" que podem ser sugeridos pela experiência, mas que não são parte da experiência no sentido de serem apresentados *nessa* experiência. Outro modo de colocar isso é dizer que a pedra, e os objetos físicos de um modo geral, transcende minha experiência dela, o que é exatamente como deveria ser. Uma vez que minha experiência da pedra é uma experiência de uma entidade transcendente, que admite a distinção é/parece, então há sempre espaço para erro em minha experiência. É sempre concebível que a experiência futura contrarie minha experiência atual e passada: o que eu considero ser uma pedra pode resultar ser um objeto de cenário em isopor ou, pior, uma ficção de minha imaginação. Para usar mais terminologia husserliana, minha experiência da pedra não é "apodítica": ela não admite certeza completa.

Mudando da pedra para minha experiência dela, a situação epistemológica muda dramaticamente. Uma vez que minha experiência da pedra não admite a distinção é/parece, ou seja, minha experiência não tem "lados" ocultos do modo como a pedra tem, então se torno a experiência, em lugar da pedra, o "objeto" de minha experiência, eu posso compreendê-la em sua totalidade de um modo tal que eu nunca posso fazê-lo no caso da pedra. Uma experiência cujo "objeto" é um fenômeno, em vez de um objeto físico, é aquela que admite a possibilidade da "adequação": o fenômeno pode estar completamente presente como o objeto dessa experiência. Diferente da pedra, que é uma entidade transcendente em relação à minha experiência consciente, minha experiência da pedra é imanente à minha experiência consciente e assim, em princípio, não excede minha experiência dela. Além disso, a ausência da distinção é/parece no caso de minha experiência significa que eu posso atingir um nível de certeza ou apoditicidade quando o "objeto" de minha experiência é ele próprio um fenômeno consciente. Mesmo que a pedra somente pareça estar pouco nítida, mas realmente tenha contornos definidos, ou mesmo que não exista realmente, eu posso ainda estar certo de que eu estou tendo neste momento a experiência de uma pedra com contornos pouco nítidos. A existência da pedra está sempre aberta a dúvidas, mesmo que tais dúvidas possam começar a soar um tanto histéricas, mas esse não é o caso com respeito à minha experiência, ou seja, com respeito ao *seu* conteúdo e qualidades. A fenomenologia, como uma disciplina cujos "objetos" são precisamente fenômenos conscientes, admite um nível de certeza diferente do tipo que é alcançável dentro das ciências naturais.

As ciências naturais procedem pela coleta de dados, propondo hipóteses que explicam os dados, concebendo testes para as hipóteses propostas, e assim por diante. Desse modo, as ciências naturais trabalham indo para além do que é dado na experiência, sempre procurando por leis e princípios que possuam uma relação explanatória com os objetos e processos que são observados. As ciências, portanto, vão tolerar o apelo a objetos, estados e processos que não são observáveis, por exemplo, no domínio da microfísica. Não surpreende, então, que hipóteses científicas sejam sempre propostas como tentativas, abertas à revisão e anuláveis por alternativas. A fenomenologia, em contraste, foca precisamente no que é dado na experiência, abstendo-se inteiramente do método de formular hipóteses e extrair inferências do que é dado para o que se encontra aquém ou além disso. Para Husserl, a fenomenologia deve aderir estritamente ao que ele chama "o princípio de todos os princípios":

> Nenhuma teoria concebível pode nos fazer errar com respeito ao *princípio de todos os princípios: que toda intuição nocional originária é uma fonte legítima de cognição,* que *tudo originalmente* (por assim dizer, em sua realidade "pessoal") *oferecido* para nós *na "intuição" deve ser aceito simplesmente como se apresenta,* mas também *somente dentro dos limites nos quais se apresenta (Ideas* I: § 24).

A redução fenomenológica

Nosso exame do antinaturalismo de Husserl revelou vários interesses e aspirações orientadores de sua fenomenologia, a saber:

- discernir e descrever a estrutura essencial da experiência;
- perguntar e responder questões transcendentais sobre a experiência;
- atingir a certeza epistemológica.

Além disso, o antinaturalismo de Husserl subscreve o *status* e significância que ele atribui à fenomenologia. Ou seja, os argumentos que Husserl apresenta para sustentar seu antinaturalismo são destinados a estabelecer a autonomia e a prioridade da fenomenologia com respeito às ciências naturais. A primeira é estabelecida por seus argumentos a favor da diferença de tipo entre fenômenos conscientes e os objetos e processos estudados pelas ciências naturais. A segunda é estabelecida por seus argumentos concernentes às limitações de princípio das ciências naturais quando trata de questões transcendentais do tipo "como é possível"; o que isso significa é que as ciências naturais (e a atitude natural, de um modo geral) devem pressupor algo que necessita de explicação filosófica. Para Husserl, a fenomenologia é o modo de fornecer essa explicação.

Mas como Husserl procede ao tentar fornecer essa explicação? A resposta para essa questão já está implícita nas afirmações e preocupações que emergiram em nosso exame de seu antinaturalismo. Dissemos antes que a estrutura essencial da experiência não deve ser confundida com a estrutura causal da experiência. É perfeitamente concebível, Husserl sustentaria, que duas criaturas tenham a mesma experiência em termos de "conteúdo ideal" mesmo que o "maquinário" subjacente que produz as respectivas experiências das duas criaturas seja inteiramente diferente. Se quisermos focar nessa estrutura essencial, devemos suspender ou excluir todas as questões e afirmações concernentes ao que quer que possa ser causalmente responsável pela experiência consciente. Ao excluir qualquer consideração sobre as causas da experiência de modo a focar na estrutura essencial da experiência, Husserl está ao mesmo tempo preparando o caminho para perguntar e responder questões transcendentais sobre a possibilidade da experiência. Vimos antes que as ciências naturais, e a atitude natural, de modo geral, não podem responder a questões transcendentais sem incorrer na acusação de circularidade; a postura da atitude natural assume que a consciência fez "contato" com objetos, e assim não pode explicar a possibilidade desse contato. Isso sugere que responder propriamente tais questões exige novamente que suspendamos ou excluamos as pressuposições e compromissos da atitude natural. A fim de nos envolvermos na filosofia transcendental, não devemos assumir que objetos são de fato dados na experiência; em vez disso, devemos consentir que é ao menos concebível que nossa experiência nunca, em absoluto, atinja coisa alguma para além dela mesma.

Questões concernentes às fontes e sucessos da experiência são inteiramente irrelevantes para o tipo de investigação que Husserl quer conduzir. Consequentemente, sua investigação começa excluindo essas questões: "parentesando-as" ou, como Husserl por vezes diz, colocando-as "entre parênteses". Começar com esse ato de exclusão (ou epochē, que é a palavra grega para "abstenção") é executar o que Husserl chama a "redução fenomenológico-transcendental": "transcendental" porque ela torna disponível a possibilidade de perguntar e responder questões do tipo "como é possível" com respeito à intencionalidade da experiência; "fenomenológica" porque a execução da redução dirige a atenção do investigador para os fenômenos conscientes, tornando possível, por meio disso, o discernimento e a descrição de sua estrutura essencial. Husserl às vezes se refere à redução como um tipo de "purificação", caracterizando-a como um ato de "meditação". Não devemos nos enganar com esses rótulos e evocar imagens do misticismo *New Age*, com olhos fechados e pernas cruzadas, nem deveríamos procurar tanques de privação sensível[1], isolando-nos fisicamente, desse modo, do mundo circundante. Quaisquer dessas manobras, em sua maioria, privarão o pretenso fenomenólogo de grande parte do material bruto de sua investigação, para a qual o fluxo da experiência deve continuar constante. Em vez de uma alteração no fluxo da experiência, a mudança principal anunciada pela execução da redução é uma mudança na

---

1 Em inglês, *sensory deprivation tanks* (tanques de privação sensível), denominação original de *isolation tanks* (tanques de isolamento). Um tanque de isolamento é um tanque sem luz e à prova de som dentro do qual pessoas flutuam em água salgada à temperatura do corpo. Foram utilizados pela primeira vez por John C. Lilly em 1954 a fim de testar os efeitos da privação sensível. Tais tanques são agora utilizados para meditação e relaxamento e na medicina alternativa [N.T.].

Fenomenologia   41

atenção por parte daquele que experiencia. Quando executo a redução, não atento mais aos objetos mundanos de minha experiência, nem me pergunto sobre os fundamentos causais dessa experiência; em vez disso, foco minha atenção na experiência desses objetos mundanos. Presto atenção à apresentação do mundo ao meu redor (e de mim mesmo), em vez do que é apresentado. A redução é, assim, um tipo de reflexão: para Husserl, o domínio da reflexão é "o campo fundamental da fenomenologia" (*Ideas* I: § 50).

Descrição fenomenológica

A execução da redução é somente o primeiro passo na fenomenologia de Husserl, à medida que prepara o caminho focando a atenção do investigador fenomenológico exclusivamente no "fluxo" de sua experiência. (Temos, na redução fenomenológica, a articulação mais formal e rigorosa da "mudança" esboçada em nosso exercício de abertura na Introdução.) Uma vez que o ponto de vista da redução tenha sido atingido, o investigador pode então começar a responder os tipos de questões que Husserl considera ideais para a fenomenologia responder. Uma vez mais, essas questões dizem respeito às estruturas essenciais da experiência. Que estrutura deve ter a experiência a fim de *ser* experiência? Como é possível para a experiência consciente "alcançar" ou "contatar" um objeto? Como, em outras palavras, é possível a intencionalidade?

Quero abordar as respostas de Husserl a esses tipos de questões trabalhando cuidadosamente através de um exemplo particular. Estivemos até agora restritos a casos que se centram na experiência visual (ler este livro, olhar para uma pedra), mas eu gostaria de considerar um exemplo centrado na experiência auditiva. O exemplo será desenvolvido ao longo das linhas da própria discussão de Husserl em *Sobre a fenomenologia da consciência do tempo interno*, muito da qual é dedicada a descrever e dissecar cuidadosamente a experiência de ouvir uma melodia. Seguindo a descrição e análise mais elaborada de Husserl, quero que exploremos a experiência de ouvir uma melodia com vistas a responder às seguintes questões, que podem ser entendidas como exemplificando as questões gerais enumeradas acima:

(a) Que tipo de estrutura a experiência deve ter a fim de ser *de* ou *sobre* uma melodia?

(b) Que tipo de estrutura a experiência deve ter a fim de ter o conteúdo *ouvir uma melodia*?

(c) Como é possível para a experiência consciente ser *de* ou *sobre* uma melodia?

Para os nossos propósitos, (a)-(c) podem ser vistas como diferentes formulações da mesma questão.

Antes de prosseguirmos mais adiante, é importante bloquear um determinado modo de responder a esses tipos de questões que Husserl consideraria como inteiramente insatisfatório. Suponha que estivéssemos tentando responder (c) dizendo que, para que a experiência consciente seja de ou sobre uma melodia, devemos estar adequadamente situados com respeito à melodia que está tocando, por exemplo, em uma sala de concerto ou próximo a um rádio transmitindo um concerto. O que essa resposta especifica não é coisa alguma que seja ou necessária ou suficiente para ter esse tipo particular de experiência. É perfeitamente concebível que tenhamos essa experiência sem estarmos adequadamente situados; ou seja, é concebível que tenhamos uma experiência que seja "qualitativamente idêntica" àquela tida por alguém que está sentado na sala de concerto ou próximo ao rádio (por isso, estar adequadamente situado não é *necessário*); é também perfeitamente concebível que estejamos adequadamente situados e ainda assim falhemos em ter esse tipo de experiência (por isso, estar adequadamente situado não é *suficiente*). Em suma, essa resposta nos leva para longe da própria experi-

Fenomenologia **43**

ência, e é principalmente por essa razão que a execução da redução fenomenológica separa essa possibilidade de resposta.

Tendo afastado o que Husserl consideraria como um modo infrutífero de lidar com nossas questões orientadoras, vamos continuar com nosso novo exercício. De modo a focar nossa atenção, vamos nos concentrar em uma melodia particular, que é provavelmente familiar a você, mesmo que você não seja particularmente bem-versado em música clássica: as quatro notas de abertura da Quinta Sinfonia de Beethoven. A abertura consiste de três oitavas idênticas, seguidas por uma nota mais longa que é um tom e meio mais baixo do que as três de abertura. Para fazer uma primeira, aproximada, tentativa na experiência de ouvir a abertura da Quinta de Beethoven, essa experiência envolve, no mínimo, ouvir todas as quatro notas dessa abertura. Embora isso seja correto, é somente o mero começo de uma descrição dessa experiência particular: as notas não devem ser apenas ouvidas, mas devem ser ouvidas de um modo particular ou em um padrão particular.

Um aspecto desse padrão é que as notas devem ser ouvidas em sucessão. Devemos ouvir a primeira nota no t_1, a segunda nota no t_2, a terceira nota no t_3 e a quarta nota no t_4. Em vez disso, se fôssemos ouvir todas as quatro notas de uma vez, nossa experiência não seria de ou sobre a Quinta de Beethoven, mas de um acorde levemente dissonante. A sucessividade pareceria, portanto, ser um aspecto essencial de nossa experiência a fim de termos esse tipo particular de experiência. (Retornaremos a essa ideia de sucessividade e ao que ela envolve após termos avançado um pouco mais.)

Ouvir uma nota depois da outra, em vez de todas de uma só vez, não é suficiente, porém, para termos uma experiência com o conteúdo "ouvir a abertura da Quinta de Beethoven". Enquanto ouvimos cada nota sucessiva, nossa experiência da(s) nota(s) precedente(s) deve, em um sentido, cessar: se continuarmos a ouvir as notas anteriores, então a sucessão será equivalente não a uma melodia, mas a um grupamento de sons lentamente construído, um acima do outro, semelhante ao efeito de manter para baixo o pedal mais à direita do piano, enquanto tocamos as notas. É crucial, portanto, que, com a experiência do soar de cada nota sucessiva na abertura, a experiência do soar da nota precedente deva cessar. Contudo (e aqui as coisas ficam um pouco mais escorregadias), a experiência das notas anteriores não deve ser apagada inteiramente. Se, com a experiência de cada nota sucessiva, a experiência das notas anteriores fosse esquecida (e nenhuma experiência com respeito às próximas notas fosse de modo algum esperada), então nossa experiência não "equivaleria" a uma melodia. Seria uma experiência de uma nota, e depois a experiência de outra nota, e depois a experiência de ainda uma nota, e então uma experiência de outra nota depois dessa. Mesmo essa caracterização é de certo modo enganadora, uma vez que do ponto de vista de alguém que a experiencia, as notas não seriam sequer experienciadas como "uma, e então outra" ou como "uma depois da outra". Até onde podemos compreender, a experiência seria uma versão ainda mais radical da condição sofrida pelo principal personagem no filme *Memento*[2]: uma nota soaria, somente para ser imediatamente esquecida.

Para "equivaler" a uma melodia, a experiência de cada nota deve de algum modo ser lembrada enquanto as outras notas são experienciadas. "Lembrada" não é muito adequado aqui, e por várias razões. Primeiro, lembrar tem conotações de chamar algo à mente: reproduzindo uma experiência anterior em nossa memória para posterior inspeção e contemplação. Mas essa não é uma caracterização justa do que acontece no caso de ouvir uma melodia. Se lembrássemos as notas anteriores com o soar de cada nota, então a experiência seria de novo um grupamento construído, e assim as notas anteriormente

---

2 Exibido no Brasil, em 2000, sob o título *Amnésia* [N.T.].

experienciadas "estariam no caminho" daquela sendo experienciada como atualmente soando. Uma segunda conotação de lembrar também indica sua impropriedade aqui. Lembrar é, com frequência, ativo, algo que fazemos deliberadamente, como quando tentamos lembrar onde deixamos um item particular ou recordar de um feriado recentemente desfrutado. Normalmente, quando ouvimos uma melodia, não temos tal relação para com as notas que estão soando; não fazemos esforço algum para recordar as notas anteriores ou trazê-las à mente de algum modo em particular. Em vez de lembrar, Husserl prefere usar um termo que soa um pouco mais técnico: "retenção". À medida que cada nota é experienciada como "soando agora", as notas anteriores são retidas. Isso significa que elas ainda são experienciadas em um sentido, não como continuando a soar, mas como tendo recém-soado, ou seja, elas são experienciadas como evanescendo no passado. (Em suas conferências sobre a consciência do tempo, Husserl usa uma bela imagem para caracterizar a estrutura retencional da experiência: a "apreensão do agora é, por assim dizer, a cabeça presa à cauda do cometa de retenções relacionadas aos pontos-do-agora, anteriores, do movimento" (PCIT: § 11).)

Cada nota é ouvida em um momento diferente, de modo que é experienciada como nesse momento soando em um "agora" diferente: no t_1, a primeira nota é experienciada como soando nesse momento; no t_2, a segunda nota é experienciada; e assim por diante. Enquanto cada nota é ouvida, a cada novo "agora", os pontos-do-agora da experiência são retidos como tendo sido experienciados (e como tendo sido experienciados nessa ordem). Além disso, enquanto ouvimos cada nota, as notas ainda não ouvidas, mas que estão ainda por vir, são também, em um sentido, parte da experiência. Elas são parte do que está sendo experienciado nesse momento, não no sentido de soarem nesse momento junto com a nota presentemente experienciada, mas como *esperadas*. O termo de Husserl para isso é "protensão". Podemos obter uma compreensão da dimensão protensional da experiência ao considerarmos um caso no qual a quarta nota é tocada incorretamente, dois tons abaixo, digamos, ou somente um. Experienciamos um choque momentâneo nesse caso; sentimos nossa experiência ser interrompida. Podemos rir ou expressar desaprovação, dependendo de nosso interesse em a execução soar como planejado, ou podemos apenas notar silentemente, para nós mesmos, que a nota errada soou. O que isso tudo indica é que, com o soar das primeiras notas, já estávamos preparados para a quarta nota soar de um modo particular, e que a expectativa já estava latente em nossa experiência nas primeiras três notas.

Para um trecho da experiência auditiva de alguém ser de ou sobre a Quinta Sinfonia de Beethoven, vários elementos estruturais complexos são pressupostos. Não é apenas uma questão de ouvir uma nota, e depois outra nota e assim por diante. Deve haver, em acréscimo, uma rede de relações retencionais e protensionais mantendo os elementos da experiência juntos. Na verdade, essas relações constituem esses momentos *como* esses momentos particulares; a experiência de ouvir, por exemplo, a segunda nota isolada é muito diferente de ouvi-la dentro da melodia maior. No último caso, a experiência das outras notas é parte da experiência dessa nota enquanto soando nesse momento, embora isso não seja assim no caso em que a única nota é tocada com nada ao redor dela. Que qualquer momento da experiência pressupõe mais do que aquilo que está sendo experienciado enquanto presente nesse momento indica a estrutura "horizontal" da experiência. Como uma nota na melodia é experienciada como soando nesse momento, as notas recém-experienciadas e as ainda-a-serem-experienciadas são parte do horizonte desse momento da experiência; o momento presente da experiência "aponta para" essas outras notas enquanto retidas ou esperadas.

Esses momentos da experiência, com seus respectivos horizontes, "equivalem" a uma melodia. Quando a última nota soa, não dizemos apenas que ouvimos algumas notas, mas que ouvimos uma

Fenomenologia **47**

melodia particular, tal como a abertura familiar da Quinta Sinfonia de Beethoven: *a* melodia guia ou governa a experiência das notas particulares. Enquanto experienciamos cada nota passando, retendo-as enquanto prosseguimos e esperando outras notas, os momentos da experiência são reunidos, seus respectivos horizontes se fundem através do que Husserl chama "síntese". Através da síntese, os vários momentos da experiência são unidos como sendo de ou sobre, nesse caso, uma melodia.

Vamos parar para fazer uma avaliação. Nosso exame do exemplo de ouvir as notas de abertura da Quinta Sinfonia de Beethoven revelou um número talvez surpreendente de estruturas e relações estruturais – retenção, protensão, horizonte e síntese – que fornecem ao menos preliminarmente repostas às nossas questões orientadoras. Lembre que essas questões diziam respeito às condições de possibilidade de um tipo particular de experiência. Como pode a experiência ser de ou sobre uma melodia? Que tipo de estrutura deve a experiência ter a fim de ser de ou sobre uma melodia? De acordo com Husserl, a experiência deve ao menos ter uma estrutura retencional-protensional, sintético-horizontal. Sem esse tipo de estrutura jamais poderíamos experienciar uma melodia, não importando quantas melodias estivessem por acaso tocando perto daqui. Essas estruturas são estruturas *essenciais*, afirma Husserl, uma vez que imaginar sua ausência é negar a possibilidade desse tipo de experiência. (Em breve, falaremos mais sobre o papel da imaginação em Husserl.)

Embora não possamos fazer justiça aqui, existe uma outra característica estrutural crucial da experiência que merece menção à medida que serve para respaldar todas as outras mencionadas até aqui. Ao construirmos nossa caracterização da experiência da abertura da Quinta Sinfonia de Beethoven e das estruturas e relações que a experiência envolve, começamos com a mera ideia de "sucessão": a experiência de cada nota seguindo a da precedente no tempo. Em muitos lugares Husserl afirma que o tempo é a estrutura mais fundamental da experiência consciente: os momentos da experiência são mais fundamentalmente momentos temporais. Enquanto experienciamos a melodia, ouvindo cada nota uma por uma, o tempo está "escorrendo", e nossas experiências são indelevelmente indexadas como ocorrendo em seus momentos particulares no tempo. Mesmo que a melodia comece a tocar do fim para o começo, de volta à primeira nota novamente, isso não produzirá uma recorrência do que designamos como t_1. Ao contrário, um novo momento no tempo, um novo "agora", ocorre, o qual tem um conteúdo qualitativamente similar sob muitos aspectos ao conteúdo do t_1. Os vários momentos do tempo são completamente "sintetizados" como substituindo uma ordem imutável que é irreversível e irrefreável: nossa experiência consciente está sempre "fluindo"; o tempo está sempre "escorrendo". Mesmo uma experiência de tudo cessando de se mover, um mundo "congelado no tempo", como é com frequência colocado, tem sua própria duração, de modo que um momento de experienciar esse mundo congelado é seguido por outro, e depois por outro, e assim por diante.

Noesis e noema: constituição

As características estruturais observadas em nosso exemplo, de um modo geral, prevalecem. Elas são essenciais não apenas com respeito à audição de melodias, mas desempenham um papel fundamental nas várias modalidades de experiência. Na verdade, discernimos essas estruturas já em nosso exercício de abertura na Introdução, embora sem ainda nos beneficiarmos da terminologia técnica de Husserl. Considere, de novo, a experiência visual dos objetos materiais, por exemplo, as páginas deste livro, a pedra discutida acima, e assim por diante. Assim como a melodia não é ouvida "de uma só vez", mas, em vez disso, nota por nota, de um modo que "equivale" a uma melodia, nenhum objeto material é visto de uma só vez. Quando estendo a pedra diante de mim, vejo somente um lado dela. À medida que a giro lentamente, enquanto mantenho meu olhar fixo, novos lados aparecem e os lados vistos anteriormente desaparecem. Para usar a terminologia de Husserl, a pedra é apresentada via "adumbrações" (o mesmo vale, a seu próprio modo, para a melodia: nós a ouvimos, nota por nota, embora soe estranho chamar as notas sonoras "lados" da melodia). A apresentação adumbrativa de objetos na experiência visual é inescapável, mesmo na imaginação. Quando apenas me imagino olhando para uma pedra, ela já é apresentada em minha imaginação via adumbrações: eu sempre vejo a pedra, mesmo no olho de minha mente, de um ângulo particular e de uma distância particular. "Não é um acidente do próprio sentido peculiar da coisa física nem uma contingência de 'nossa constituição humana', que 'nossa' percepção possa chegar às próprias coisas físicas somente através de meras adumbrações delas" (*Ideas* I: § 42). Adumbrações, devemos enfatizar, não são unidades isoladas de experiência. Como foi o caso com a melodia, os lados que não são mais vistos ou ainda estão para ser vistos são ainda parte da experiência presente do lado que eu posso ver. Que a pedra tem lados-para-serem-vistos contribui para o horizonte da experiência do lado diante de mim. À medida que a pedra vira, há uma mudança constante em minha experiência visual, e há, todavia, igualmente um tipo de unidade à medida que todos os lados apresentados são de uma pedra: aqui, uma vez mais, podemos ver o trabalho da síntese, mantendo unidos os diferentes momentos da experiência.

> ## Noema
>
> O noema de um processo mental (o que Husserl também chama o "senti-do" ou "significado" do processo mental) é aquilo em virtude do que o processo é dirigido a um objeto, independentemente de se objetos existem ou não (meus pensamentos sobre Papai Noel são sobre alguma coisa (i. e., Papai Noel) tanto quanto meus pensamentos sobre Winston Churchill). O noema, portanto, deve ser claramente distinguido do próprio objeto. A qualquer objeto dado corresponde uma miríade de noemata, dependendo somente de como o objeto é significado, e podem também existir noemata que dirigem a consciência para objetos não existentes (tais como Papai Noel). Essa clara distinção é essencial para a eficácia da redução fenomenológica, por meio da qual podemos analisar "estruturas noemáticas" isoladas de quaisquer questões concernentes à existência real de objetos para os quais essas estruturas dirijam a consciência. Para leitores abordando a fenomenologia da perspectiva da filosofia analítica, a concepção de Husserl acerca do noema, com sua clara distinção entre o sentido ou significado de um processo mental e o objeto significado, é similar à famosa distinção de Frege entre sentido (*Sinn*) e referência (*Bedeutung*). Para Frege, duas expressões podem diferir em sentido, enquanto tendo o mesmo referente, como em seu exemplo da "estrela da manhã" e da "estrela da noite", no qual ambos se referem ao planeta Vênus.

Em *Meditações cartesianas* Husserl chama a unificação dos momentos adumbrativos da experiência de síntese de "identificação": todas as várias apresentações adumbrativas são unidas como apresentações *de* uma pedra, *de* uma melodia, e assim por diante. O processo de sintetizar os vários momentos da experiência Husserl chama "noesis". A pedra, no primeiro caso, a melodia, no segundo, são, como unidades sintéticas, os *significados* dessas respectivas regiões da experiência. Husserl, por vezes, refere-se a esse significado como a "forma de apreensão" governando os momentos sucessivos da experiência de construir a experiência da melodia. Outro termo que ele usa é "noema". O tipo de trabalho que temos feito com respeito a nossos vários exemplos, explorando o processo de síntese e sua contrapartida horizontal, é, portanto, o que Husserl chama "análise noético-noemática". O recurso à noesis e ao noema indica

Fenomenologia   51

a complexidade estrutural da experiência, envolvendo o processo de experienciar (noesis) e o conteúdo experienciado (noema). (Existe também um terceiro elemento, o sujeito que experiencia, mas vamos pospor a discussão disso.) Junto aos conceitos de noesis e noema, emerge um terceiro, que nos provê outro *insight* com respeito às nossas questões orientadoras. Uma passagem de *Meditações cartesianas* será útil aqui (por *cogitatum*, na primeira sentença, Husserl significa o conteúdo presente da experiência, e. g., o lado da pedra que é neste momento apresentada a mim em minha experiência perceptual; o que é "não intuitivamente cointencionado" são todos os outros lados que podem ser experienciados, mas estão neste momento ocultos para mim):

> [a] explicação fenomenológica torna claro o que está incluído e somente não intuitivamente cointencionado no sentido do cogitatum (por exemplo, o "outro lado"), ao tornar presente na fantasia as percepções potenciais que tornariam o invisível visível [...] Portanto, o fenomenólogo pode, por si mesmo, tornar compreensível para si *como*, dentro da imanência da vida consciente [...], qualquer coisa como *unidades fixas e permanentes* podem se tornar intencionadas e, em particular, como esse trabalho maravilhoso de "constituir" objetos idênticos é feito *no caso de cada categoria de objetos* – isso quer dizer: como, no caso de cada categoria, a vida consciente constitutiva deve parecer, com respeito às variantes noéticas e noemáticas correlativas pertencentes ao mesmo objeto (CM: § 20).

Observe, em particular, a ênfase na passagem sobre "como", uma vez que indica uma resposta às nossas questões transcendentais do tipo "como é possível". O processo de síntese e a noção correlativa de horizonte juntos fornecem a resposta a nossas questões. A experiência consciente atinge ou contata objetos ao "constituí-los" dentro do fluxo da própria experiência. A discussão de Husserl sobre a análise noético-noemática, portanto, culmina na noção de "constituição", mas o que exatamente significa falar de objetos sendo constituídos no fluxo da experiência? Uma compreensão adequada desse conceito requer que fiquemos precisamente dentro da perspectiva da redução fenomenológica. Em particular, devemos ser cuidadosos para evitar pensar que essa noção de constituição se aplica a objetos mundanos reais. A pedra que eu seguro em minha mão não é feita de adumbrações; ao contrário, é composta de moléculas, que, uma a uma, são compostas de átomos, e assim por diante. A noção de constituição se aplica ao *aparecer* da pedra em minha experiência perceptual: a aparição da pedra é, e deve ser, por meio de apresentações adumbrativas unidas pela síntese de identificação. Somente desse modo minha experiência perceptual pode ser de ou sobre uma pedra; somente desse modo minha experiência pode "intencionar" uma pedra; somente desse modo minha experiência pode ter o conteúdo, ou significar, "pedra". A constituição se aplica, portanto, ao nível do sentido, ou seja, ela se aplica ao modo como minha experiência adquire o tipo de sentido que ela adquire, ao ser, por exemplo, sobre objetos duradouros.

A fenomenologia revela a natureza sistemática dos objetos no nível da aparência ou experiência: objetos são constituídos como sistemas de apresentações adumbrativas. As adumbrações formam um sistema no sentido de que elas não são arranjadas ao acaso. Se vejo, neste momento, um lado da pedra, ao virá-la, lentamente, outros lados se revelarão, de um modo ordenado e suavemente contínuo (desde que eu não pisque). Se viro a pedra lentamente, não vejo o lado da frente e então, imediatamente, o lado de trás, seguido imediatamente uma vez mais pelo lado de baixo, seguido imediatamente pela apresentação do lado da frente de, digamos, minha xícara de café. Se minha experiência fosse assim, então nunca atingiria, ou seria sobre, objetos; na melhor das hipóteses, seria um jogo caótico de imagens, inteiramente carente de qualquer sentido de estabilidade ou previsibilidade. Não haveria, nas palavras de Husserl, "unidades fixas e permanentes".

Existem distintas noções de constituição "no caso de cada categoria de objetos", no sentido de que diferentes tipos de objetos serão diferentemente constituídos. A constituição na experiência de melodias, por exemplo, é diferente da constituição de objetos materiais (a última, por exemplo, envolve adumbrações visuais e, com frequência, olfativas, embora ouvir melodias não envolva qualquer uma delas). Existe também o que Husserl por vezes chama uma noção "mais prenhe" de constituição, e isso concerne à distinção, na experiência, entre objetos reais e irreais. Podemos começar a ter uma noção dessa distinção retornando à ideia de objetos entendidos no nível fenomenológico como sistemas de apresentações adumbrativas reais e possíveis. Se considerarmos a extensão de tais sistemas, podemos começar a reconhecer que não existem quaisquer limites facilmente delineados. Quando considero a apresentação adumbrativa da pedra em minha mão, parece não haver fim para os modos possíveis pelos quais ela pode se apresentar em minha experiência. Apenas considere as diferentes distâncias das quais a pedra pode ser vista, ou os diferentes ângulos; cada um deles é infinitamente divisível. Podemos também multiplicar indefinidamente os tempos possíveis nos quais a pedra pode ser vista, a variedade de condições de luminosidade, e assim por diante, de modo que existe uma distinta falta de finalidade com respeito à nossa experiência mesmo de um objeto tão mundano como uma pedra. Uma consequência disso é que sempre que eu considero que minha experiência perceptual presente é de uma pedra *real*, eu me comprometo precisamente com essas possibilidades incontáveis da experiência. Quando eu vejo a pedra de um lado e postulo que o que estou vendo é uma pedra real, isso significa, dentre outras coisas, que a pedra pode ser vista a partir de outros pontos de vista: que ela tem outros lados, presentemente ocultos, para serem vistos. Essas possibilidades abarcam diferentes modalidades da experiência. Uma pedra real é aquela que pode ser tocada, arranhada, cheirada e mesmo provada.

Vários caminhos, dentre essas possibilidades, podem ser traçados, vindicando continuamente meu compromisso: à medida que cada vez mais apresentações possíveis são "realizadas", eu posso me sentir mais confiante sobre ter considerado a pedra real. Ao mesmo tempo, o curso de minha experiência pode não seguir como esperado. Ao estender minha mão para tocar na pedra que considerei real, as possibilidades horizontais podem não ser realizadas. Onde eu esperava a sensação de resistência, o que pensei ser uma pedra responde ao meu toque com maleabilidade esponjosa. Em consequência de uma experiência assim, eu me encontro compelido a retirar minha declaração confiante sobre a realidade da pedra. Minha experiência foi, em vez disso, de uma imitação engenhosa, um pedaço de espuma habilidosamente entalhada e colorida, de modo a ser virtualmente indistinguível, ao menos visualmente, de uma pedra genuína. (Quando, a partir desse momento, eu volto meu olhar em direção à pedra de espuma, há um sentido muito distinto no qual ela agora parecerá diferente. O horizonte de possibilidades mudou daí para a frente.) A experiência também pode dar errado de modos mais extremos. A pedra diante de mim pode terminar não tendo sequer lados ocultos para serem vistos. Em vez de uma pedra real, o que vejo não é senão um engenhoso holograma ou mesmo uma alucinação momentânea. A experiência alucinatória, e mesmo experiências deliberadamente imaginadas, constituem o que podemos chamar sistemas "degenerados" de experiências possíveis. No caso de objetos que se mostram irreais (imaginados, alucinados), as possibilidades infinitas fornecidas pelos objetos reais se interrompem abruptamente, negando, por conseguinte, todas as experiências anteriores deles. Husserl se refere a isso dramaticamente como a "explosão" do noema (cf. *Ideas* I: § 138).

A constituição do ego

As noções de noesis e noema, de Husserl, constituem dois elementos estruturais fundamentais da experiência. Toda experiência consciente que tem conteúdo intencional consiste em um par noético/noemático correlacionado. Existe, entretanto, um terceiro elemento fundamental da experiência: aquele a quem pertence a experiência, o que Husserl refere como o "ego".

Mesmo no começo da fenomenologia de Husserl, identificado dentro da execução da redução, o ego é manifesto como um elemento constitutivo da experiência, mas um cuidado considerável é requerido, pensa Husserl, para caracterizar propriamente a aparição do ego. Ou seja, a redução fenomenológica não tem como objetivo ser uma mera redução psicológica, focando a atenção na minha experiência onde "minha" se refere a um ente humano de carne e osso (a fenomenologia, para Husserl, não uma questão de introspecção). A execução da redução se aplica igualmente ao sujeito da experiência tal como o faz aos objetos. Quando suspendo quaisquer questões concernentes à relação entre experiência consciente e mundo circundante, essa suspensão se estende completamente às questões concernentes àquele que experiencia. Coloquei entre parênteses a suposição ou pressuposição de que sou um ente humano mundano, materialmente real, do mesmo modo que suponho que minha experiência esteja acontecendo dentro de um mundo materialmente real. (E ao suspender qualquer compromisso com minha materialidade, não me concebo também, consequentemente, como um ser imaterial. A despeito de sua admiração geral por Descartes, Husserl o critica por falhar em fazer a "virada transcendental" ao tratar do ego revelado pelo *cogito* como "um pequeno *retalho do mundo*" (CM: § 10).)

Embora minha existência como um ente empiricamente real esteja entre parênteses, a execução da redução não torna sem sujeito o fluxo da experiência. A experiência reduzida é ainda muito possuída, mas somente pelo que Husserl chama o ego "puro" ou "transcendental", o sujeito da experiência considerado somente como um sujeito da experiência. Esse ego é sempre indicado pelo fluxo constante da experiência; o fluxo da experiência sempre se refere, embora implicitamente, a um sujeito que experiencia, mesmo que as características desse sujeito sejam exauridas pelo mero fato de ter esse fluxo particular de experiência. Devemos ser cuidadosos aqui para não interpretar mal a fala de Husserl sobre a revelação do ego puro dentro da execução da redução. O ego puro ou transcendental não é um *segundo* eu ou sujeito além da minha subjetividade mundana, como se essa subjetividade mundana fosse de algum modo habitada pelo ego puro da maneira que uma mão habita uma luva. Ao contrário, o ego puro é exatamente o mesmo sujeito, mas considerado abstraído de todas as características que contribuem para minha existência real empírica. O ego puro, podemos dizer, é o que é deixado como dado ou manifesto na experiência, mesmo que todas as minhas crenças sobre minha existência empiricamente real fossem falsas. Mesmo nesse caso extremo, minha experiência ainda carregaria consigo um sentido de posse, um sentido de ser "possuída" por um sujeito. É esse sentido puro ou abstrato de possuir que Husserl pretende explorar dentro de sua fenomenologia.

Assim como objetos são "constituídos" dentro do fluxo da experiência, o mesmo se dá com o ego. À medida que a experiência continua, movendo-se em direções particulares, tendo seus conteúdos mudando de diversos modos, o ego é construído precisamente como o sujeito *dessa* experiência. Se, por exemplo, eu tenho agora a experiência de ver uma pedra diante de mim, então de agora em diante permanece verdadeiro sobre mim que eu tive essa experiência; a identidade do ego ou "eu" inclui o ter dessa experiência particular nesse tempo particular. Desse modo, a identidade, ou conteúdo, do ego aumenta com a passagem do tempo. O ego, então, "*não é um polo de identidade vazio*, não mais do que qualquer *objeto*"

Fenomenologia **57**

(CM: § 32), mas um sujeito da experiência, continuamente auto-constitutivo. Essa autoconstituição é passiva (como é geralmente o caso com a história sempre acumuladora da experiência perceptual) e ativa, uma vez que a história do ego inclui os vários atos, tais como juízos, decisões e compromissos. Ou seja, a história do ego incluirá a declaração de abandono das convicções, a tomada e cancelamento de decisões, e assim por diante: o ego "se constitui como *substrato idêntico das propriedades-do-ego*, ele se constitui também como um *ego pessoal* 'fixo e permanente'" (CM: § 32). Essas atividades autoconstitutivas mostram, fundamentalmente, o que Husserl chama "um estilo permanente" da parte do ego. Nada disso, porém, seria entendido como emprestando ao ego qualquer tipo de substancialidade, como se ele fosse uma outra entidade ou substância além do fluxo da experiência. Essa concepção substancial do ego desprezaria os requisitos da redução, que se abstém de quaisquer compromissos concernentes à constituição da realidade. Um ego substantivo é aquele para o qual teríamos que encontrar um lugar: uma locação particular em um tempo objetivo, e talvez um espaço objetivo. Esses são temas sobre os quais a fenomenologia de Husserl deve permanecer firmemente neutra.

Uma segunda redução

A fenomenologia de Husserl é completamente orientada pela ideia de "essência". Vimos isso no modo pelo qual Husserl investiga a experiência consciente e no tipo de questões que ele levanta sobre ela. Sua fenomenologia busca delinear a estrutura essencial da experiência, em vez de sua estrutura empírica. Ao longo deste capítulo, porém (seguindo Husserl), procedemos por meio de exemplos particulares, refletindo atentamente sobre nossa experiência perceptual de coisas tais como pedras e melodias, de modo a fundamentalmente discernir sua "constituição" na experiência. Seria demasiadamente precipitado, para dizer o mínimo, extrair de nossa consideração desses exemplos quaisquer conclusões sobre a estrutura essencial da experiência. Como podemos estar certos de que não situamos simplesmente uma característica idiossincrática e variável da experiência, confundindo-a com uma estrutura ineliminável? Como podemos saber, por exemplo, que o que se aplica a ver uma pedra se aplica a ver qualquer objeto material? Não poderia ser possível que alguns objetos materiais não fossem dados adumbrativamente na percepção? Não poderia existir uma criatura que pudesse compreender uma melodia inteira de uma só vez? O próprio Husserl, sem dúvida, sente a força dessas questões, distinguindo, como faz, entre dois estágios de investigação fenomenológica (cf. e. g., CM: § 13). O primeiro estágio envolve a investigação do campo da experiência aberto pela redução fenomenológica. Nesse momento, o fenomenólogo está, antes de tudo, ocupado com descrever atentamente o fluxo dessa experiência, observando suas características e situando estruturas promissoras. Existe, porém, um segundo estágio – o que Husserl refere como "a crítica da experiência transcendental" (CM: § 13) – e é nesse segundo estágio que afirmações concernentes às essências podem ser completamente adjudicadas.

Embora no primeiro estágio o investigador fenomenológico desempenhe, acima de tudo, o papel de um observador com respeito à sua própria experiência, no segundo estágio ele intervém mais ativamente. Ou seja, o investigador "varia livremente" sua experiência, usando sua imaginação para introduzir séries de mudanças no curso de sua experiência. Husserl chama esse método de variação livre de "redução eidética", do grego *eidos*, que significa "ideia" ou "forma". Essa segunda redução é um tipo de destilação, removendo quaisquer das características arbitrárias ou contingentes da experiência, de modo a isolar a forma ou estrutura necessária da experiência. O investigador pode, desse modo, delinear as categorias essenciais da experiência, por exemplo, a percepção, a memória, o desejo, e assim por diante.

Fenomenologia **59**

Para termos uma ideia de como a redução eidética deve funcionar, vamos começar, como Husserl faz, com um exemplo particular, retornando, uma vez mais, à experiência perceptual de uma pedra. A pedra é dada na experiência como tendo uma forma, uma cor, uma textura particulares, e assim por diante. A pedra se anuncia precisamente como uma coisa particular, com suas várias características já determinadas como realmente sendo de um modo ou de outro. A redução eidética procede tratando todas essas realidades como meras possibilidades. O investigador varia livremente a cor da pedra, imaginando-a azul, verde, magenta, amarela, e assim por diante, e similarmente com respeito à forma, à textura, ao tamanho e a outras características. Uma vez que essas variações são livremente imagináveis, todas elas se mostram como possibilidades em relação a objetos da experiência perceptual: objetos materiais podem variar com respeito a tamanho, forma, cor, textura, e assim por diante. Contudo, haverá limites nessas variações introduzidas na experiência perceptual, transições onde a experiência se romperá inteiramente. Tais transições podem ocorrer quando o investigador tenta suprimir completamente a forma ou imaginar a pedra possuindo duas cores cobrindo a mesma área ao mesmo tempo. Os pontos em que a experiência se rompe são a chave para delinear a estrutura essencial, uma vez que marcam a passagem da possibilidade para a impossibilidade, e assim fixam os parâmetros necessários sobre a experiência.

O investigador pode introduzir variações não apenas com respeito aos objetos da experiência, mas também com respeito ao sujeito. Ou seja, o investigador pode variar livremente sua própria constituição particular em termos da história particular de sua experiência, dos tipos de associações, crenças, preferências e aversões, e assim por diante. Aplicado a esse domínio, o método da variação livre está destinado a permitir a separação entre o que são somente as características idiossincráticas da experiência do investigador, como simplesmente ocorre que ele experiencie coisas, e o que é necessário a fim de que seja, de algum modo, um sujeito de experiência. Dessa forma, os resultados atingidos pelo investigador são aplicáveis universalmente, e não apenas com respeito à sua própria experiência. Aqui, podemos ver muito claramente a distância entre a concepção de Husserl da fenomenologia e o tipo de psicologismo que ele ataca. Embora o naturalista pudesse somente ver as leis do pensamento como se aplicando a tipos particulares de entes e variando do mesmo modo que variam as características empíricas dos entes sob investigação, sejam quais forem as leis que redução eidética produza, elas se aplicam universal e necessariamente, independentemente da constituição empírica dos entes cujo pensamento está sob consideração.

Idealismo transcendental

Husserl concebe a fenomenologia como uma investigação transcendental, cuja questão orientadora é a de como é possível para a consciência atingir ou contatar um objeto. Com frequência, essa questão é entendida como uma questão de "transcendência", ou seja, uma questão concernente a como a consciência consegue ganhar acesso a, e conhecimento de, objetos situados "fora" de seus limites. Em alguns de seus escritos, tais como *Meditações cartesianas*, Husserl argumenta que a fenomenologia, considerada cuidadosamente como um todo, revela ser falsa a questão concernente à possibilidade de transcender a esfera da consciência. Ou seja, se considerarmos os dois pontos de vista possíveis dos quais a questão pode ser levantada, veremos que não existe questão sobre a transcendência que valha a pena ser perguntada. Do ponto de vista da atitude natural, a questão de como eu, David Cerbone, saio da minha esfera de consciência a fim de alcançar o mundo "exterior" é sem sentido. À medida que me entendo como mais um ente humano, já me concebi como em meio a um domínio de objetos e de outros entes sencientes cuja existência independente eu assumo como real. No entanto, se adoto o ponto de vista da atitude transcendental, ou seja, o ponto de vista da redução fenomenológica, não existe novamente questão genuína alguma sobre a transcendência. Desse ponto de vista, objetos realmente existentes são constituídos *imanentemente*. Com a execução da redução eidética, o ponto de vista da subjetividade transcendental compreende todo sentido possível, e, portanto, não existe, estritamente falando, coisa alguma "fora" do domínio da subjetividade transcendental. Husserl, então, pensa que a fenomenologia estabelece, fundamentalmente, a verdade do idealismo transcendental. Todavia, ele não vê seu idealismo como equivalente à modalidade kantiana original. Por exemplo, Husserl rejeita a ideia de Kant de uma coisa-em-si-mesma como algo para além dos limites do sentido.

A fenomenologia após Husserl

Por razões que deveriam estar evidentes a esse ponto, Husserl chama sua fenomenologia de fenomenologia "pura" ou "transcendental". O qualificador "pura" indica o papel da redução fenomenológica como o primeiro passo indispensável no isolamento do fluxo da experiência consciente; a pureza desse fluxo é uma função da suspensão de quaisquer questões com respeito à relação entre a experiência e o mundo circundante, incluindo, como vimos, até mesmo questões concernentes à identidade do sujeito entendido como uma criatura de carne e osso.

Os mais famosos praticantes da fenomenologia após Husserl (Heidegger, Sartre e Merleau-Ponty) são, com frequência, coletivamente referidos como fenomenólogos "existenciais", como opostos a puros ou transcendentais. A alteração no modificador indica mudanças muito mais profundas em suas respectivas concepções de fenomenologia. A despeito das muitas diferenças dentre suas respectivas concepções, o compartilhamento do qualificador "existencial" indica uma suspeição partilhada concernente à legitimidade da redução fenomenológica, ao menos como entendida por Husserl. Talvez, diz essa suspeição, algo dê errado quando tentamos isolar a experiência dessa maneira, para atentar a ela sem ao mesmo tempo atentar para o modo como essa experiência está, de uma forma mais geral, situada; talvez necessitemos considerar a questão sobre aquele que experiencia no sentido de um sujeito "concreto" da experiência, em vez de algo abstrato e anônimo. Heidegger, por exemplo, invectiva contra a tentativa de purificação, de Husserl, reclamando que ela entende mal e depois negligencia precisamente o que é mais crucial para a fenomenologia, o que Husserl chama a "atitude natural", que a redução suspende. Heidegger alega que "a maneira natural de o ente humano experienciar [...] não pode ser chamada uma atitude" (HCT: 113), indicando que essa "maneira natural" não é algo que adotamos ou suspendemos livremente. De acordo com Heidegger, "a maneira natural de o ente humano experienciar" não é, em absoluto, um conjunto de suposições ou pressuposições.

Em sua crítica, Sartre foca na concepção de Husserl acerca do ego ou eu, questionando a validade de suas descrições fenomenológicas, nas quais o ego ou eu aparece *dentro* da experiência consciente. Em vez disso, Sartre pretende demonstrar "que o ego não está formal nem materialmente *na* consciência: está fora, *no mundo*. É um ente do mundo, como o ego de outro" (TE: 31). E no prefácio a seu *Fenomenologia da percepção*, Merleau-Ponty, revisitando a fenomenologia de Husserl, observa que "a lição mais importante que a redução nos ensina é a impossibilidade de uma redução completa" (PP: xiv). Que existamos não como "mentes absolutas", mas ao contrário como entes mundanos incorporados, elimina o tipo de purificação que Husserl exige. Se devemos ser fiéis à nossa experiência, a fenomenologia deve atender ao seu caráter situado e incorporado, em contato com, e atuando em, um mundo circundante.

Sumário dos pontos-chave

• As leis e princípios da lógica não podem ser entendidos como leis psicológicas, mas são "leis do pensamento" em um sentido não psicológico, ideal.

• A consciência consiste de "fenômenos", que não podem ser entendidos pela analogia com objetos materiais.

- Para isolar os fenômenos, a consciência deve ser "purificada" colocando entre parênteses quaisquer considerações concernentes às fontes e sucessos da experiência consciente.

- A descrição fenomenológica diz respeito às estruturas noéticas e noemáticas, em virtude das quais a experiência é intencional.

- A fenomenologia revela como significados ou sentidos são constituídos na experiência.

- Mesmo quando eu parenteso qualquer compromisso com minha existência enquanto um ente mundano, meu "ego puro" permanece como uma característica essencial da consciência.

- A redução eidética usa o método da "variação livre" a fim de ordenar os aspectos essenciais e não essenciais da consciência.

2

Heidegger e a virada existencial

Heidegger: vida e trabalhos

Martin Heidegger nasceu em 1889 em Messkirch, Alemanha. Sua educação inicial deu-se na ordem jesuíta, tempo durante o qual mergulhou nos estudos clássicos, especialmente da cultura, da língua e filosofia gregas. Em seus anos iniciais Heidegger entrou no seminário da arquidiocese de Friburgo com a intenção de se juntar ao sacerdócio. Em pouco tempo se tornou um noviço na ordem jesuíta, mas abandonou-a após somente duas semanas em razão de sua saúde debilitada. Em 1907 Heidegger recebeu uma cópia de *Sobre o múltiplo significado de ser em Aristóteles*, de Franz Brentano, um trabalho que o levou para a direção da "questão do ser", que o ocuparia inteiramente ao longo de sua carreira filosófica. Contudo, não foi senão após ter deixado o seminário, seguindo-se um breve período em que estudou teologia, que Heidegger se dedicou exclusivamente à filosofia. Ele recebeu seu Ph.D. em 1913, e sua *habilitação* em 1915, tempo no qual se tornou professor na Universidade de Friburgo.

Em Friburgo, Heidegger conheceu Husserl (naquela época ele já tinha feito um estudo extensivo de sua fenomenologia). O relacionamento de Heidegger com Husserl, que incluía um cargo como assistente de 1919 a 1923, teve um profundo efeito na forma de sua filosofia, inaugurando o que alguns têm chamado sua "década fenomenológica". Após um curto período como professor associado em Marburgo,

Heidegger termina sucedendo Husserl como professor de Filosofia em Friburgo, quando este se aposenta em 1928. Husserl escolheu a dedo Heidegger como seu sucessor, vendo-o como o meio pelo qual suas investigações filosóficas poderiam continuar em sua ausência futura.

Infelizmente, para Husserl, as perspectivas para colaboração e continuação na fenomenologia rapidamente azedaram. Publicado em 1927, como parte de seu esforço para merecer a cátedra de Husserl em Friburgo, e dedicado a "Edmund Husserl com amizade e admiração", a obra-prima da fenomenologia de Heidegger, *Ser e tempo*, representava, para o ponto de vista de Husserl, uma profunda má compreensão acerca do que tratava a fenomenologia. Na perspectiva de Husserl, Heidegger tinha abandonado inteiramente as aspirações fenomenológicas de levantar e responder questões transcendentais para se tornar uma "ciência rigorosa", e se conformou, em vez disso, com um tipo de antropologia arrogante, contribuindo com outro verbete da moda no campo florescente da *"Lebensphilosophie"* (filosofia da vida). Uma tentativa de colaboração para um artigo sobre fenomenologia, para a *Encyclopaedia Brittanica*, mostrou-se igualmente um fracasso e serviu para sublinhar as crescentes discordâncias entre ambos. Perto de 1929 a desavença de Heidegger com Husserl estava completa.

No início dos anos de 1930 Heidegger se envolveu com o partido nazista. De abril de 1933 até abril de 1934 serviu brevemente como reitor em Friburgo, tempo durante o qual se tornou membro do partido e usou sua posição para reorganizar a universidade para refletir a ideologia nazista recém-dominante. Ele nunca resignou sua filiação ao partido e continuou a guardar certa lealdade à causa nazista. Por exemplo, em sua *Introdução à metafísica*, de 1935, ele se refere, notoriamente, à "verdade interna e magnitude" do nacional-socialismo (IM: 213). Heidegger foi submetido à "desnazificação" após a guerra e proibido de lecionar até 1950. Continuou a escrever e a palestrar por toda sua longa vida, que findou em 1976.

Mencionei acima que o engajamento mais explícito de Heidegger com a fenomenologia durou aproximadamente uma década, até o fim dos anos de 1920. Estudiosos de Heidegger geralmente distinguem entre o "primeiro" e o "segundo" (ou o "último") Heidegger, com a divisão ocorrendo em torno dessa época (o que o próprio Heidegger se refere como "a virada"). O trabalho central de seu período inicial é *Ser e tempo*, embora não se encontre inteiramente sozinho. Heidegger publicou o extenso estudo *Kant e o problema da metafísica*, em 1929, assim como ensaios e conferências tais como "O que é metafísica?" e "A essência do fundamento"; ele também ofereceu numerosos cursos, incluindo *A história do conceito de tempo*, *Os problemas básicos da fenomenologia* e *Os fundamentos metafísicos da lógica*, que foram publicados e traduzidos ao longo dos anos como parte da produção de uma edição *standard* dos trabalhos de Heidegger, conhecida como *Gesamtausgabe*. Como caberia esperar, a natureza precisa da relação entre o trabalho inicial e o posterior de Heidegger é algo sobre o qual os estudiosos discordam. Sob alguns aspectos, Heidegger chegou a repudiar o projeto empreendido em *Ser e tempo*, vendo sua afirmação inicial de que a ontologia deve começar com uma descrição da existência humana como ainda envolta no subjetivismo e antropocentrismo da tradição filosófica ocidental. Podemos também ver suas reflexões constantes sobre obras de arte e suas meditações sobre a essência da tecnologia como modos de questionar a adequação de suas visões filosóficas anteriores. Ao mesmo tempo, *Ser e tempo* prepara o curso para todo o pensamento posterior de Heidegger, servindo como um tipo de pedra de toque e ponto de orientação. A "questão do ser" é aquela que Heidegger nunca abandona realmente, e seus trabalhos posteriores, embora não chamados por ele de trabalhos de fenomenologia, ainda exibem os traços da filosofia fenomenológica. Em sua "Carta sobre o humanismo", de 1947, por exemplo, ele apela ao "auxílio essencial do ver fenomenológico" a fim de pensar "a

Fenomenologia **67**

verdade do ser" (BW: 235). Além disso, suas tentativas posteriores de apelar às coisas em sua "proximidade", suas tentativas de articular o "quádruplo" no qual os entes humanos têm de se esforçar por habitar, e seus esforços para nos alertar para os efeitos niveladores de nossa compreensão tecnológica reinante acerca do ser, dentre outros, podem ser vistos como ecos de sua ocupação fenomenológica com "aquilo que se mostra" (BT: § 7).

Para o restante deste capítulo, vamos nos ocupar quase exclusivamente com *Ser e tempo*, utilizando ocasionalmente material de aulas suas em torno do tema. Contudo, ainda que eu não esteja oferecendo algo como um comentário sobre o trabalho, minha discussão seguirá, de um modo geral, a ordem de apresentação de Heidegger em *Ser e tempo*.

Ontologia, fenomenologia e compreensão

Para Heidegger a fenomenologia é subordinada ao que ele chama "fenomenologia fundamental", que está centrada na "questão do ser". Ou seja, a questão orientadora de Heidegger em *Ser e tempo* é aquela sobre o que significa para qualquer coisa *ser*. Heidegger considera essa questão filosófica a mais fundamental e ao mesmo tempo aquela que a tradição filosófica ocidental tem tido uma vergonhosa tendência a negligenciar: a questão do ser "forneceu um estímulo para as investigações de Platão e Aristóteles, somente para extinguir-se, dali em diante, *como um tema para investigação real*" (BT: § 1). Essa negligência tem sido encorajada, em parte, por uma tendência a tratar a questão do ser como uma questão cuja resposta já está, de algum modo, estabelecida; o ser é tratado como "o conceito mais universal", como "indefinível" ou mesmo como "autoevidente" (cf. BT: § 1). Ao levantar novamente a questão, Heidegger se considera desafiando completamente a totalidade da filosofia ocidental (um empreendimento nada pequeno, para dizer o mínimo).

68 Pensamento Moderno

Heidegger está muito consciente de que a questão do ser é uma questão peculiar, passível de induzir pouco mais do que o sentimento desconfortável de confusão naqueles a quem está endereçada (a negligência da filosofia ocidental acerca da questão é, sem dúvida, parcialmente responsável por esse desconforto). Na verdade, ao ouvir a questão, não fica de modo algum claro exatamente por onde começar a tentar respondê-la. Contudo, Heidegger argumenta que temos de ir muito mais longe do que esse sentido inicial de perplexidade poderia sugerir. O lugar pelo qual começar está precisamente em nós, no que Heidegger chama "Dasein", seu nome para o tipo de entes que somos. Heidegger usa essa locução idiossincrática, que é composta de *"Da-"*, significando "aí", e *"-sein"*, significando "ser", a fim de excluir tantas suposições e preconceitos quanto possível, concernentes ao tipo de entes que nós mesmos somos. Outros termos, tais como "homem", "ente humano", *"homo sapiens"*, e assim por diante, já carregam conotações de anos de circulação na filosofia, teologia, antropologia, psicologia e biologia, para nomear alguns, que podem se mostrar problemáticos (aqui vemos uma continuação do desejo de Husserl de evitar quaisquer pressuposições na prática da fenomenologia). O Dasein é o lugar para começar a responder a questão sobre o ser porque ele, diferente de outros tipos de entidades, sempre tem uma compreensão do ser: entes humanos são entes para quem as entidades são manifestas em seu modo de ser. Isso não significa que nós já temos uma concepção desenvolvida sobre o que é ser (se tivéssemos, haveria pouco para Heidegger e *Ser e tempo* realizarem), mas, em vez disso, nossa compreensão é em grande medida implícita e pressuposta, o que Heidegger chama "pré-ontológico". Uma vez que o Dasein tem uma compreensão do ser, ainda que implícita e não temática, Heidegger argumenta que a ontologia fundamental deve começar com a tarefa de interpretar ou articular essa compreensão pré-ontológica do ser. Fazer isso fornecerá uma primeira passagem para responder a questão do ser em

Fenomenologia **69**

geral, uma vez que compreender o Dasein, ou seja, o que é ser o tipo de ente que somos, pressupõe compreender o que compreendemos, ou seja, o ser.

A afirmação de que Heidegger gostaria de explicar a compreensão pré-ontológica do Dasein acerca do ser necessita ser cuidadosamente entendida. Heidegger não está particularmente interessado no que por acaso acreditamos, ou mesmo pensamos, sobre a noção do ser, à medida que de algum modo pensamos ou acreditamos em alguma coisa. Heidegger não é, enfaticamente, um filósofo do "senso comum". A compreensão do ser não é tanto algo que pensamos, mas é em vez disso manifesta em como agimos. Nossa atividade, pensa Heidegger, mostra uma sensibilidade para as distinções categóricas com respeito ao ser que nossos pensamentos explícitos (uma vez mais, à medida que os temos acerca desses temas) não conseguiram realmente compreender.

Como um exemplo, considere o seguinte par de instruções:

(a) Encontre o brinquedo-surpresa na caixa de cereais.

(b) Encontre os números primos entre quinze e vinte.

A despeito das similaridades superficiais, muito poucos, se algum de nós, confundirá essas duas instruções. Com isso, não quero dizer somente que é improvável que misturemos brinquedos-surpresa e números primos, mas algo mais que isso: muito poucos, se algum de nós, sequer tratará esse par de instruções como nos pedindo para fazer o mesmo tipo de coisa. Procurar por números primos e por brinquedos-surpresa são tipos muito diferentes de atividade. Uma indicação disso é a perplexidade com que seria recebida a seguinte instrução:

(c) Encontre os números primos na caixa de cereais.

Na verdade, não é imediatamente claro exatamente *o que* está sendo pedido em (c), e se alguém fosse emitir essa instrução deveria dar-nos uma explicação. Talvez a pessoa queira saber se o número de pedaços de cereal é primo, ou se o número total de pedaços pode ser dividido por grupos numerados primos; talvez a pessoa esteja meramente brincando. A instrução não necessita ser considerada sem sentido, mas o sentido que ela tem não é registrado tão imediatamente como nas duas primeiras instruções.

Deixando de lado (c), considere como podemos responder a cada uma das duas primeiras instruções. Em resposta a (a), podemos esgravatar na caixa de cereais, esvaziar o conteúdo e vasculhá-lo e assim por diante. A busca é dirigida para algo concretamente situado no espaço e no tempo. Em resposta a (b), podemos nos beneficiar de papel e lápis, mas os números que estamos procurando não devem ser encontrados aí, no papel. Na verdade, tentar especificar a "localização" dos números está condenado a conduzir para exatamente o tipo de desconforto filosófico que torna evidente a lacuna entre a compreensão pré-ontológica e ontológica. Podemos terminar envolvidos em intermináveis disputas como o que são números primos, onde estão e como seu "modo de ser" difere de coisas tais como brinquedos-surpresa (essa história da filosofia ocidental está entulhada de debates assim), mas o fato de que não confundimos essas coisas na prática mostra que temos uma competência com relação a elas que ultrapassa nosso teorizar. Essa competência é precisamente o que Heidegger quer investigar e explicar a fim de começar a responder à questão do ser.

Eu disse antes que para Heidegger a fenomenologia está subordinada ao projeto de ontologia fundamental. Ao mesmo tempo, Heidegger afirma que *somente como fenomenologia, a ontologia é possível* (BT: § 7). Podemos começar a ver por que Heidegger pensa que isso seja assim ao considerarmos também sua estratégia para responder à questão do ser, ou seja, explicar a compreensão do Dasein acerca do ser. Uma vez mais, que o Dasein tenha uma compreensão do ser significa que as entidades se manifestam a ele, que vários tipos de entes se mostram em seus vários modos de ser,

Fenomenologia **71**

e, para Heidegger, a tarefa da fenomenologia é "deixar aquilo que se mostra ser visto a partir de si mesmo no próprio modo pelo qual se mostra a partir de si mesmo" (BT: § 7). Como já vimos com Husserl, a fenomenologia está precisamente interessada nessas noções de manifestação e aparição: a fenomenologia se esforça para tornar explícitas as estruturas da manifestação, a partir das quais as entidades são manifestas. Para Heidegger essas "estruturas" não são senão o ser dos entes: "aquilo que determina as entidades como entidades, aquilo a partir do qual as entidades são já compreendidas" (BT: § 2). Observe nessa última formulação a transição uniforme das entidades para a noção de compreensão. Nossa compreensão pré-ontológica do ser, enquanto um contínuo envolvimento com, e uma responsividade para com, as entidades que encontramos, não pode ser separada ou entendida isoladamente dessas próprias entidades. Nossa compreensão do ser está sempre "situada", e fenomenologicamente não pode, sob pena de distorção e falsificação, deixar de atentar para os modos nos quais nossa compreensão está situada em um contexto mais amplo (uma vez mais, nossa compreensão do ser não é tanto algo que pensamos ou "temos em mente", mas nossos modos de lidar com as entidades em nossa atividade contínua). Assim, a despeito de seu interesse compartilhado pelas noções de aparição e manifestação, Heidegger não assume, simplesmente, ou continua as investigações filosóficas de Husserl. Ao contrário, a concepção de fenomenologia de Heidegger difere consideravelmente da de Husserl, tanto em termos de métodos como de resultados. Se a tarefa da fenomenologia é explicar a estrutura da compreensão pré-ontológica do Dasein, então ela deve focar na atividade do Dasein, o que significa, por sua vez, que a fenomenologia não pode proceder parentesando ou excluindo entidades. Em outras palavras, Heidegger enfaticamente rejeita a redução fenomenológica como o ponto de partida para a fenomenologia.

Compreensão e mundo

Vimos até aqui que a fenomenologia de Heidegger é dirigida para o que ele chama a compreensão pré-ontológica do Dasein acerca do ser e que a compreensão pré-ontológica não está assim tão contida na consciência à medida que é manifesta na atividade diária (nossa) do Dasein. Por essa razão, a fenomenologia de Heidegger, ao menos em seus estágios preliminares, é uma "fenomenologia da cotidianidade". Uma fenomenologia da cotidianidade é inequivocamente oposta à fenomenologia pura de Husserl. Qualquer tentativa de isolar a experiência consciente, pensa Heidegger, distorcerá ou elidirá os fenômenos que são mais fundamentais, ou seja, aqueles fenômenos dentro dos quais o mundo e nossa própria existência são manifestos. Em vez de isolar a experiência consciente, a fenomenologia heideggeriana busca interpretar nossa atividade diária ("o significado da descrição fenomenológica enquanto método reside na *interpretação*" (BT: § 7)), de modo a tornar manifestas as estruturas da inteligibilidade, em grande parte implícitas, que caracterizam essa atividade.

O que uma fenomenologia da cotidianidade revela ou torna explícito? Essa questão pode ser melhor respondida ao considerarmos, em detalhe, um único exemplo. Analisar o exemplo também trará à luz alguns conceitos heideggerianos complementares, junto com um pouco de sua terminologia notoriamente idiossincrática.

Permita-me descrever uma atividade na qual eu frequentemente me engajo: trabalhar em meu estúdio. Esse é um espaço familiar para mim, e sua familiaridade é manifesta no modo com que entro e me movo na sala. Caminho através da entrada sem necessitar fazer quaisquer ajustes especiais ou prestar especial atenção à localização dos vários itens em meu estúdio. O atril, apoiando meu dicionário, está imediatamente à minha direita, enquanto entro, as estantes, à esquerda. Passo diante desses itens sem usualmente necessitar fazer qualquer esforço consciente para evitá-los. Ao mesmo tempo, essas várias coisas estão presentes para mim, à mão, para meu uso. De vez em quando, eu pararei para virar a página do dicionário para evitar que esmaeça ou buscarei uma palavra em meu caminho até à mesa; eu posso também parar para retirar um livro da prateleira, se for algo que eu ache que vá necessitar durante o trecho de escrita que estou planejando fazer. Assim, as estantes e o atril se apresentam como aí para serem usadas por meus vários projetos. Outras entidades no estúdio se manifestam de modo similar: mesa, computador, cadeira, piso, luzes, lápis, canetas, papel e assim por diante. Encontro todas essas coisas não como pedaços de matéria ou como "objetos físicos", mas como "coisas de uso" ou utensílios: o que Heidegger chama o "à mão". Ou seja, eu identifico essas várias coisas com referência aos modos nos quais elas são apreendidas em minha atividade contínua. Encontro meu computador, de várias maneiras, como algo com o qual escrever, no qual checar meu e-mail, ou navegar na internet. Ocasionalmente estendo a mão para pegar minha xícara de café ou um livro enquanto escrevo, ou posso simplesmente parar para olhar ao redor da sala, repousando meus braços nos braços de minha cadeira, com meus pés rentes ao chão.

Minha atividade em meu estúdio manifesta o que podemos chamar "orientação prática". Quando entro em meu estúdio, eu me oriento mais ou menos automaticamente para o que a sala contém, fazendo uso de, e ignorando, várias coisas conforme meus interesses e necessidades ditam. Entro e me movo na sala com uma prontidão que é modulada por meus vários propósitos, tais como trabalhar neste livro, encontrar um artigo que necessito ler, verificar meu e-mail, pegar uma câmera antes de ir para fora e assim por diante. Geralmente, não necessito pensar muito sobre os detalhes de minha atividade, especialmente aquelas atividades básicas tais como caminhar, sentar, ficar em pé e estender-me. Quando localizo o livro que quero na prateleira, meu braço vai em direção a ele sem que eu necessite primeiro estimar a distância ou prestar muita atenção à localização exata. Quando sento para teclar, meu corpo se ajusta aos contornos da cadeira e meus dedos se posicionam sobre as "teclas centrais" sem que eu necessite olhar. A fluência geral de minha atividade indica que minha orientação incorpora uma compreensão sobre a sala e sobre o que ela contém. Minha atividade mostra uma competência geral com respeito a coisas tais como teclados de computador, xícaras de café, livros, mesas, cadeiras, pisos, e assim por diante.

Atentar para o que estou chamando aqui de "orientação prática" dá vantagem a Heidegger ao argumentar contra as afirmações da tradição filosófica ocidental. Central a essa tradição está uma preocupação com a noção de substância, como elemento fundamental da realidade em termos do qual tudo o mais que existe (ou parece existir) pode ser explicado. Descartes definiu a substância, notoriamente, como "uma coisa que existe de tal modo que não necessita de outra coisa para existir" (*Principles of Philosophy*. In: HALDANE & ROSS, 1984: 239). Sem tentar esgotar essa definição (na verdade, existem muitos modos de fazê-lo, especialmente quando se trata da frase "não necessita de outra coisa"), podemos ver que a ideia básica é que as substâncias desfrutam de um certo tipo de independência ou autonomia: uma substância é o tipo de coisa que pode existir isoladamente, separada de qualquer outra coisa que possa existir. Se alguma coisa é uma substância, então é ao menos concebível que tal coisa exista como a única coisa na realidade: que exista um "mundo possível", como alguns filósofos gostam de dizer, contendo essa coisa e nada mais.

Se a noção de substância explorada na tradição filosófica ocidental é ou não inteligível (e Heidegger não é o primeiro filósofo a ter suas suspeitas – cf. Hume, por exemplo), a fenomenologia da cotidianidade, de Heidegger, denuncia que as substâncias não são, enfaticamente, o que se mostra em nossa cotidianidade, em nossa orientação prática. Ou seja, não encontramos as coisas cujas carac-

Fenomenologia **75**

terísticas definidoras podem ser mantidas isoladamente; mais precisamente, o utensílio à mão que encontramos é o que é somente por se encontrar numa miríade de relações "referenciais" com outro, assim como nossas várias atividades, projetos e propósitos. Um martelo, por exemplo, é algo *com o que* martelar pregos *a fim de* manter peças de madeira juntas *para* a construção de algo *em função da* autocompreensão do Dasein como (digamos) um carpinteiro. (Todos os termos em itálico são o que Heidegger significa por "relações referenciais": aquelas nas quais o item de utensílio deve se encontrar a fim de *ser* o utensílio que ele é.) O que encontramos em nossa atividade diária não são coisas que podem ser o que são independentemente da contextura que as envolve. Embora possamos tentar figurar um "mundo possível" contendo nada senão um martelo (um martelo flutuando no espaço vem à mente muito prontamente), o ser ele um martelo depende de coisas bem além dos limites de tal mundo: pregos, madeira, as atividades de martelar e construir, e projetos tais como construir casas e móveis. Heidegger diz em *Ser e tempo* que, "considerado estritamente, não 'existe' uma coisa como *um* utensílio" (BT: § 15). Qualquer item particular ou tipo de utensílio é o que é somente à medida que pertence a uma "totalidade" de utensílios, que, por sua vez, é caracterizada por nossa atividade.

Dada a natureza relacional do utensílio, a ontologia das substâncias independentes, com suas propriedades intrínsecas próprias, está muito distante da fenomenologia da cotidianidade. Se descrevermos cuidadosa e honestamente nossa atividade do dia a dia e o que se mostra nessa atividade, substâncias como entendidas pela tradição filosófica, em geral, não aparecerão como parte dessa descrição. O argumento de Heidegger contra uma ontologia de substância-e-propriedade não está restrito, porém, a esse ponto sobre adequação descritiva. Seu ponto mais profundo concerne à adequação de uma ontologia de substância-e-propriedade, não apenas com respeito aos contornos fenomenológicos de nossa atividade e experiência do dia a dia, mas também com respeito à sua habilidade para explicar esses contornos. Ou seja, Heidegger argumenta em *Ser e tempo* que, se começarmos com uma ontologia de substância-e-propriedade, não seremos capazes de atingir ou recuperar a ontologia revelada na cotidianidade; em vez disso, ele argumenta que uma ontologia de substâncias e propriedades (o que ele chama uma ontologia do "simplesmente-dado") é uma compreensão empobrecida do que existe, com relação à ontologia do à mão. Podemos entender a ontologia do simplesmente-dado "ofuscando" a ontologia do à mão, ou seja, considerando as coisas despojadas de suas relações referenciais (Heidegger chama esse modo de considerar as coisas de "descontextualização"), mas não vice-versa, ao menos não sem distorção e falsificação.

Se retornarmos para as relações referenciais, nas quais se encontram os itens de utensílio, notaremos que o término dessas relações é sempre alguma autocompreensão, relacionada a todos os outros itens e relações pelo "em função de". Essas autocompreensões são numerosas e diversas, e o que se mostra, e como, na cotidianidade vai variar consequentemente. Dada minha autocompreensão como um professor universitário de Filosofia, meu computador se mostra como algo com o qual escrever um rascunho de meu livro; dada minha autocompreensão como um fotógrafo amador sério, meu computador aparece como algo com o qual procurar por utensílios (no eBay, nos classificados de vários websites de fotografia, e assim por diante) ou como um utensílio para arquivar e retocar minhas fotografias; dada minha autocompreensão como um pai, o computador aparece como algo com o qual encontrar websites sobre dinossauros, para visitar Elmo e o Come-come[3] ou procurar por um triciclo. Essas autocompreensões não ligam e desligam como interruptores de luz, mas se interpenetram e interagem, condicionando, assim, o

---

3 Personagens do programa infantil *Vila Sésamo* (*Sesame Street*) [N.T.].

que aparece. Quando engajado na atividade de escrever, a utilidade de meu computador para coisas fotográficas aparece como uma distração; quando procuro por uma nova lente, a utilidade do computador para tais propósitos, dado meu projeto em curso de escrever um livro, mostrar-se-á algo assim como um prazer com culpa; quando meu filho, Henry, está por perto, a capacidade do computador para nos transportar para a *Vila Sésamo* supera todas as outras.

Dreyfus e a Inteligência Artificial (IA)

Em *Ser e tempo* Heidegger está ávido por enfatizar que sua filosofia, devido a toda sua terminologia esotérica e sofisticação filosófica, pretende ter um tipo de significância prática ao despertar seus leitores para a possibilidade de se aperceberem de sua própria autenticidade. Intérpretes posteriores de Heidegger argumentaram que sua filosofia tem outras consequências práticas também. Por exemplo, o filósofo americano Hubert Dreyfus há muito argumentou que a filosofia de Heidegger (assim como os achados de outros fenomenólogos existencialistas, especialmente Merleau-Ponty) pode auxiliar a diagnosticar defeitos potencialmente fatais no projeto de IA, ao menos como ele foi originalmente concebido. Ao caracterizar a inteligência como decomponível em um sistema explícito de regras ou algoritmos, que pode ser executado como um programa em um computador digital, a IA deixa de fora o caráter contextual incrustado de nossa compreensão cotidiana. Dreyfus argumenta que a fenomenologia de Heidegger revela que nossa compreensão cotidiana é um âmbito de *know-how* predominantemente não discursivo, que não pode ser reconstruído como uma série de proposições ou representações na mente do agente que entende. Assim como a redução fenomenológica de Husserl falha ao conceber a intencionalidade do sujeito como separável do mundo no qual ele está situado, por razões amplamente análogas a IA dá, igualmente, errado.

Que as relações referenciais significativas, constitutivas do utensílio, em última instância, remontam ao, e são caracterizadas pelo, em-função-das relações, ou autocompreensões, tende a originar a seguinte preocupação: o que se mostra na atividade cotidiana é inerentemente *subjetivo*, conectado, como parece, a *meus* propósitos, interesses, projetos e desejos? Essa preocupação pode ser mitigada por algumas observações. Para começar, mesmo que restrinjamos nossa atenção para minha experiência cotidiana em meu estúdio, existem aspectos do que aparece nessa experiência que vão contra o fato de ela ser inerente ou exaustivamente subjetiva. Se considerarmos todas as relações referenciais que constituem o à mão, notaremos que existe uma dimensão normativa para essas relações: uma caneta é algo para escrever, um computador, para digitar ou escrever, um livro, para ler, e assim por diante. O "para", em todos os casos, indica um uso ou propósito próprio ou padrao. Mesmo que seja verdade que eu possa usar um livro para calçar a porta a fim de mantê-la aberta ou para golpear a cabeça de um visitante indesejado, usar uma caneta para ferir alguém, ou usar a tela de meu computador como um espelho para arrumar meu cabelo, esses usos são desviantes, e nos surpreendem enquanto tais quando são usados desses modos (essa surpresa pode se mostrar de diferentes modos, como, alternativamente, humor, choque ou admiração pela ingenuidade de alguém).

Se refletirmos mais sobre a dimensão normativa dessas relações referenciais, também podemos vir a apreciar o caráter anônimo dessas relações normativas. O que quero dizer aqui é que os modos particulares nos quais eu (ou qualquer um, aliás) encontro meu ambiente diário enquanto normativamente estruturado não é algo que dependa de mim ou que eu decida. Não imbuo meus livros da significância de serem para ler, canetas para escrever, e assim por diante, mas os encontro como já tendo sido dotados desses significados, mas não por alguém em particular. Heidegger se refere a essa dimensão anônima da existência cotidiana como *"das Man"*, algumas vezes traduzido como "o eles", mas mais apropriadamente traduzido como "o alguém" ou "o qualquer um" (*"Man"* em alemão, significa exatamente "a gente", como em *"Man sagt auf Deutsch..."*

ou "*A gente diz em alemão*"). Heidegger diz em *Ser e tempo* que o *das Man* "articula a totalidade referencial da significância" (BT: § 27), que significa que a cotidianidade é, acima de tudo, estruturada por normas anônimas.

A afirmação orientadora de Heidegger ao longo de sua explicação fenomenológica sobre o Dasein na sua cotidianidade é que o (nosso) modo de ser do Dasein é "ser-no-mundo", e essas últimas observações sobre a estrutura normativa anonimamente articulada de nossa experiência cotidiana indicam que o mundo que eu, ou nós, encontro é um mundo *público*, em vez de alguma coisa inerentemente privada ou subjetiva. Ao passo que existe um amplo espaço na explicação de Heidegger para a apropriação idiossincrática e usos desviantes, sem mencionar invenção e inovação, todas essas possibilidades são elas próprias inteligíveis somente contra um pano de fundo de designações normativas autoevidentes (se nada fosse para coisa alguma ou não tivesse um uso próprio, então nada se mostraria *como* desviante, idiossincrático ou inovador). Ao designar nosso modo de ser como "ser-no-mundo", Heidegger está enfatizando, uma vez mais, sua separação da fenomenologia de Husserl: o caráter mundano de nossa existência cotidiana depõe contra a execução da redução enquanto um método adequado para delinear a estrutura da experiência cotidiana. Ao mesmo tempo, necessitamos ser cuidadosos para não entender a terminologia de Heidegger de uma maneira demasiadamente crua. O "no (em-o)" em "ser-no-mundo" não significa, por exemplo, simplesmente contenção espacial, do mesmo modo que a água está em um copo. Em vez disso, o "no (em-o)" deve conotar familiaridade ou envolvimento, nos termos de estar no comércio ou no exército. Além disso, necessitamos atentar às hifenações no rótulo, que assinalam que ser-no-mundo é o que Heidegger chama um "fenômeno unitário". Isso significa que o fenômeno de ser-no-mundo não pode ser entendido em partes, como a combinação de componentes anteriormente inteligíveis.

Existe uma outra dimensão para o caráter público do mundo que encontramos na experiência cotidiana para além da catalogação das relações normativas anônimas. Maior atenção ao caráter da experiência cotidiana revela a presença direta e indireta de *outros*. Mesmo quando estou trabalhando sozinho em meu estúdio, não estou abrigado em um tipo de solidão cartesiana. Ao contrário, a presença de outros é sugerida de diversos modos: eu estou cercado por livros escritos por outros (e passíveis de serem lidos por outros); a significância de minha atividade de escrever um livro está conectada com a ideia de uma audiência para o trabalho; mais pessoalmente, brinquedos espalhados no canto indicam atividades recentes de meus filhos, Henry e Lowell, que gostam de brincar em meu estúdio; e quando verifico meu correio eletrônico, percebo que colegas, família e amigos se dirigem a mim e, igualmente, dirijo-me a eles. É claro que não estou sempre sozinho, e, portanto, minha experiência incorpora outros mais diretamente; em minhas atividades diárias eu encontro minha esposa, filhos, vizinhos, amigos, alunos e colegas, assim como caixas de banco, balconistas, atendentes, motoristas, pedestres, e assim por diante. Todos esses outros aparecem de várias maneiras, como amigáveis, agressivos, úteis, corteses, amáveis, carinhosos, distantes e indiferentes, dentre muitas outras. Uma das afirmações principais de Heidegger é que os outros se mostram na experiência cotidiana de um modo que é radicalmente diferente dos modos pelos quais o utensílio é manifesto. Talvez confusamente ele designe nossa relação com o utensílio e os projetos aos quais esse utensílio está conectado como "ocupação" (embora deva ser lembrado que indiferença e desatenção estejam entre seus modos possíveis), e, nossa relação com outros, de "solicitude" (em que, uma vez mais, inclui fazer coisas como ignorar alguém ou ser evidentemente indelicado). A distinção entre ocupação e solicitude é fundamental, de acordo com Heidegger, e permeia a totalidade do que se mostra na atividade cotidiana. Um olhar ameaçador é notavelmente diferente de um precipício ameaçador, e, embora eu possa ignorar tanto meu amigo como meu jardim, não estou fazendo a mesma coisa em ambas as instâncias (tente, por exemplo, insultar ou enfurecer seu jardim, ignorando-o!).

Husserl e o mundo-da-vida

Em seu último trabalho publicado, *A crise das ciências europeias e a fenomenologia transcendental*, Husserl dedica atenção considerável ao problema do "mundo-da-vida", seu termo para o que "é pré-dado a todos nós muito naturalmente, como pessoas dentro do horizonte de nossos semelhantes, i. e., em cada conexão real com outros, como 'o' mundo comum a todos nós" (CES: § 33). O mundo-da-vida é "o fundamento constante de validade, uma fonte sempre disponível do que é dado como certo, que nós, seja como pessoas práticas ou como cientistas, costumeiramente reivindicamos" (CES: § 33). Por "fonte" e "fundamento" Husserl pretende dizer que o mundo-da-vida serve como a base para a possibilidade das ciências naturais, "objetivas". Toda teorização, enquanto atividade dos cientistas, pressupõe esse mundo familiar pré-teórico, pré-científico: "a ciência objetiva tem uma referência constante de significado para o mundo no qual sempre vivemos" (CES: § 34). As ciências naturais não podem, portanto, descartar esse pressuposto mundo-da-vida, nem torná-lo o objeto característico da investigação científica. Em vez disso, Husserl pensa que um novo tipo de investigação científica é requisitado, a "ciência rigorosa" da fenomenologia. O mundo-da-vida é completamente acessível à investigação fenomenológica, por meio da técnica da epochē, nesse caso aplicada duplamente. O investigador fenomenológico primeiro executa a redução com respeito às ciências naturais, um abster-se de "toda participação nas cognições das ciências objetivas" (CES: § 35). A execução dessa primeira redução delineia mais claramente as dimensões pré-teóricas, pré-científicas, da experiência, que podem elas próprias estar sujeitas a uma epochē "total" ou "transcendental", na qual o investigador "simplesmente se proíbe – como um filósofo, na singularidade de sua direção de interesse – a continuar a execução natural completa de seu mundo-da-vida" (CES: § 41). A "correlação entre mundo e consciência-do-mundo" (CES: § 41) assegura a eficácia de sua mais completa redução. Embora a forma *geral* do interesse de Husserl no mundo-da-vida sugira uma maior proximidade da fenomenologia de Heidegger, o recurso de Husserl ao mundo-da-vida como receptivo à execução da redução, enquanto algo correlacionado à "consciência-do-mundo", enquanto algo "dado como certo" ou "pressuposto", torna clara a divergência continuada entre suas respectivas concepções de fenomenologia. Na verdade, as objeções de Heidegger às caracterizações de Husserl sobre o mundo-da-vida precedem àquelas caracterizações por vários anos: em *Ser e tempo*, Heidegger já critica "a doutrina segundo a qual o sujeito deve pressupor, e na verdade sempre o faz inconscientemente, a presença-à-mão do 'mundo externo'" (BT: § 43). "Com tais pressuposições, o Dasein sempre chega 'muito tarde'", de modo que "o fenômeno primordial do ser-no-mundo foi devastado" (BT: § 43).

Assim como nossa compreensão acerca de nossa ocupação com o à mão não é algo que reunimos ou derivamos de algum tipo mais básico de experiência (a da substância material, por exemplo), Heidegger também considera a solicitude um aspecto fundamental de nosso ser-no-mundo cotidiano. Que os outros que eu, direta e indiretamente, experiencio em minhas rotinas diárias têm o mesmo modo de ser que eu tenho, ou seja, que sejamos todos Dasein, não é algo que eu necessite estabelecer por inferência ou comparação. Heidegger, portanto, tem pouca paciência com descrições de nossas relações uns com os outros que apelam à "empatia" ou à "projeção" como o meio pelo qual as relações com outros são estabelecidas. Ele é igualmente impaciente com o problema cético padrão acerca das "outras mentes", para o qual empatia e projeção podem ser oferecidas como soluções. A questão de como eu venho a conhecer ou estabelecer a presença de outros é falsa. Se explicarmos cuidadosamente o modo de ser do "eu" mencionado na questão, uma compreensão de outros será revelada como mais original do que qualquer questão que possa ser perguntada sobre sua presença ou ausência. Heidegger, portanto, considera-se menos como estando a oferecer uma solução para o problema cético das outras mentes do que como dissolvendo a problemática inteira: não existe, ao fim e ao cabo, qualquer questão cética inteligível que necessite de uma resposta.

Compreender e importar

Os recursos de Heidegger à ocupação e à solicitude como fundamentais para nosso ser-no-mundo indicam a estrutura geral do modo de ser do Dasein, que Heidegger designa como "cuidado" ou como "estrutura-do-cuidado". O cuidado sumariza a ideia de que as coisas aparecem como importando para nós de vários modos, mesmo quando nos encontramos indiferentes para com elas. (É equivocado, de acordo com Heidegger, dizer que minha escrivaninha é indiferente em relação à xícara de café que repousa sobre ela. Estritamente falando, minha escrivaninha não pode estar interessada nem indiferente, ambas as quais sendo manifestações de uma estrutura-de-cuidado subjacente que está ausente do modo de ser de uma escrivaninha.) Na verdade, as ideias de coisas aparecendo ou sendo manifestas e seu importar não são duas noções independentes para Heidegger. Quando eu atento para o modo pelo qual meu estúdio é manifesto em minhas rotinas diárias, meus projetos e propósitos são integrais ao caráter dessa manifestação: minha escrivaninha aparece *como* o lugar onde escrevo, checo meu e-mail, surfo na web, e assim por diante; minhas estantes aparecem *como* o que sustenta meus livros, que, por sua vez, aparecem *como* para serem lidos; minha cadeira no canto aparece *como* o lugar no qual eu leio; e assim por diante. Se eu fosse tentar remover essas várias significações, todos esses modos pelos quais o mundo que experiencio exibe a marca de meus projetos, propósitos e interesses, então não está claro que alguma coisa, de algum modo, apareceria. É tentador dizer que eu encontraria um mero arranjo de objetos, destituídos de propósito ou significância, mas mesmo delinear um arranjo de objetos, individuados e separados uns dos outros, indica alguma significância prática, embora mínima, como, digamos, obstáculos potenciais.

Heidegger sumariza a estrutura-do-cuidado com a seguinte fórmula: "O ser do Dasein significa adiante-de-si-já-em (o-mundo) como sendo-junto-a (entidades encontradas dentro-do-mundo)"

(BT: § 41). Explicar essa fórmula nos levará adiante na análise do modo de ser do Dasein, proporcionando-nos um *insight* mais profundo sobre a conexão entre coisas sendo manifestas e seu importar. No processo, vamos também obter um vislumbre (mas somente um vislumbre) da argumentação por detrás da afirmação de Heidegger de que, ao fim e ao cabo, o ser, tanto o do Dasein como o das outras entidades, deve ser entendido em termos de tempo.

A fórmula de Heidegger contém três momentos ou aspectos, que podem ser descritos e analisados em relativa independência, mesmo que os três sejam, ao fim e ao cabo, inseparáveis um do outro. Os três aspectos são:

1) adiante-de-si-mesmo;

2) já-em (o-mundo);

3) sendo-junto-a (entidades encontradas dentro-do-mundo).

A ordem na qual Heidegger arranja esses aspectos, de modo que o "adiante-de-si-mesmo" precede o "já-em", pode inicialmente parecer um pouco estranha, mas a ordem é importante à medida que serve para enfatizar o modo distintivo de ser do Dasein.

O primeiro aspecto, "adiante-de-si-mesmo", corresponde ao que Heidegger designa como "compreensão" ou "projeção" (aqui, "compreensão" está sendo usada em um sentido mais específico, técnico, do que foi usado em nossa discussão até este ponto). O Dasein está sempre adiante de si-mesmo à medida que ele está sempre se projetando em termos de algum em-função-de ou outro. Considere como um desses em-função-de o fato de eu ser um professor universitário. Ser um professor universitário não é meramente algum fato permanente ou uma propriedade estática minha, assim como meu peso ou cor de cabelo podem ser, nem algum objetivo externo no futuro que eu possa algum dia alcançar, de modo a torná-lo então um fato permanente ou uma propriedade estática. Ser um professor universitário não é quaisquer dessas coisas, mas, ao

Fenomenologia **85**

contrário, algo em termos do que eu organizo minhas atividades (ao menos algumas delas) e as direciono. Para usar a terminologia de Heidegger, ser um professor universitário, como um em-função-de, é uma "possibilidade", e dizer que eu sou um professor universitário é dizer que eu estou sempre me projetando para essa possibilidade, ou em termos dela. Muitas das coisas que eu faço – preparar aulas, corrigir trabalhos, encontrar com estudantes, conduzir pesquisa, assistir a conferências – são subordinadas à minha autocompreensão como um professor universitário, e se eu fosse parar de fazer todas essas coisas, ou seja, parar de me projetar em termos dessa autocompreensão, eu não seria mais um professor universitário: ser um professor universitário não seria mais uma das minhas possibilidades. Note que não existe propriedade ou qualidade alguma que me distinga como um professor universitário, mas toda uma constelação de atividades, projetos e objetivos. Ser um professor universitário não é uma propriedade que eu tenha, mas uma possibilidade em termos da qual eu me compreendo assim como outros do mesmo modo me compreendem.

Que eu me compreenda em termos de possibilidades, em vez de um conjunto de realidades, expressa a ideia de que meu ser, de acordo com Heidegger, "é um tema para mim". O que eu sou não é, de modo algum, algo fixado, estabelecido ou determinado, mas algo para o qual, ou em termos do qual, eu devo continuamente me projetar; conforme Heidegger, o Dasein "é existencialmente aquele que, em sua potencialidade-para-ser, ainda não é" (BT: § 31). Se não fosse o fato de que minha existência envolvesse um "ainda não", então minha existência não seria de modo algum um tema para mim; eu confrontaria minha existência como algo estático e determinado, se eu pudesse de algum modo confrontá-la. Heidegger é cuidadoso ao distinguir possibilidade no sentido que temos considerado de possibilidade no sentido de (mera) possibilidade lógica, que significa não real ainda, nem necessária nem impossível. Quando eu noto que pode chover mais tarde hoje, eu simplesmente noto algo que não está correntemente acontecendo, mas pode acontecer num futuro próximo; quando esse mais tarde no tempo chega, essa possibilidade será realizada ou não. Nesse momento, será verdadeiro ou que está chovendo ou que não está. As possibilidades do Dasein não funcionam desse modo. O Dasein é suas possibilidades, não no sentido de que elas estejam já realizadas, mas porque seu modo de ser envolve essencialmente essa noção de projeção.

O segundo aspecto, "já-em (o mundo)", corresponde ao que Heidegger chama *"Befindlichkeit"*, traduzido muito pobremente na edição de Macquarrie e Robinson como "estado-de-espírito". O termo não possui pronta tradução. É construído junto às linhas da questão ordinária alemã *"Wie befinden Sie sich?"*, que significa, toscamente, "Como você se encontra?" ou, mais naturalmente, "Como você está?" ou "Como vão as coisas?" O que *Befindlichkeit* nomeia é o fato de sempre nos encontrarmos em uma situação (em um mundo), com uma orientação particular para essa situação, constituída por tais coisas como disposição, inclinação, crenças, experiência passada, e assim por diante. Na verdade, a disposição, para Heidegger, é a principal manifestação de *Befindlichkeit*. Nós tipicamente nos encontramos *em* disposições, ou seja, não as escolhemos a partir de algum ponto de vista ou posicionamento neutro, ausente de disposição. *Befindlichkeit* e disposição estão conectados ao que Heidegger chama "estar lançado", que enfatiza a ideia de que nosso ser-no-mundo e muito de suas características particulares em cada caso não são uma questão de escolha ou decisão. Posto coloquialmente, não escolhemos ter nascido, nem ter nascido nas circunstâncias particulares nas quais crescemos. Para cada um de nós, nosso passado – criação, experiências passadas, disposições, inclinações – condiciona o modo pelo qual confrontamos qualquer situação particular, e, portanto, condiciona os modos nos quais as situações se manifestam a nós. Ao mesmo tempo, nosso passado não é algo estático e fixado em sua dadidade, mas é ele próprio dinamicamente afetado pela maneira como nos projetamos para nossas possibilidades. A significância do que fiz ou experienciei no passado (ou estou correntemente fazendo ou experienciando, igualmente) é grandemente afetada pelo que continuarei a fazer. Alguma coisa que eu correntemente considere um infortúnio, por exemplo, ou um erro terrível, pode mais tarde assumir a significância de feliz acidente ou de decisão previdente da minha parte. *Befindlichkeit*, portanto, nomeia a natureza histórica do Dasein. Cada um de nós tem uma história, não apenas como uma acumulação de fatos concernentes a eventos e experiências passados, mas como algo que permeia e condiciona nossas autocompreensões, que, por sua vez, permeiam e condicionam essa história.

O terceiro, e final, aspecto, "sendo-junto-a (entidades encontradas dentro-no-mundo)", corresponde ao que Heidegger chama "queda". "Queda" nomeia minha absorção corrente no que quer que eu esteja fazendo. O Dasein está sempre caindo à medida que ele é sempre apreendido em algum tipo de atividade contínua, mesmo quando ele está apenas divagando ou "matando tempo". A queda está condicionada pela compreensão e *Befindlichkeit*: minha atividade corrente é caracterizada pela autocompreensão em termos do que estou me projetando, assim como pela disposição e disposições que trago, por assim dizer, para essa atividade corrente. Quando sento para escrever, por exemplo, eu o faço em termos da minha autocompreensão como um professor universitário de Filosofia, e trago para a atividade de escrever a disposição na qual me encontro. Em um dia qualquer, eu posso encarar a atividade de escrever, diversamente, com: um entusiasmo para prosseguir, medo diante da perspectiva de ter de desenvolver, sentença por sentença, o que *Befindlichkeit* significa, relutância devido a um desejo de estar fazendo alguma outra coisa, e assim por diante.

Tendo esboçado cada um desses três aspectos, podemos agora retornar brevemente para o tema relacionado ao fato de serem ordenados como são. A peculiaridade do ordenamento se torna aparente quando notamos que cada um dos três aspectos carrega uma conotação temporal: compreensão, entendida como projeção, evoca a ideia de futuridade; *Befindlichkeit* se refere ao passado; e queda, como marcando minha absorção corrente, está conectada com o presente. Portanto, a fórmula de Heidegger está ordenada como futuro-passado-presente, que, a partir do ponto de vista de nossa compreensão ordinária do tempo, pode nos parecer um tanto confusa. Apesar de tudo, o passado não precede o presente, que, por sua vez, precede o futuro? Por confuso que possa parecer da perspectiva de nossa concepção ordinária do tempo, Heidegger ordena os aspectos da estrutura-do-cuidado como o faz de modo a registrar a inadequação dessa concepção sobre a compreensão do modo de ser do Dasein. Apesar de tudo, a concepção ordinária de tempo dificilmente é inocente, mas deve alguma lealdade aos tipos tradicionais de ontologia que Heidegger ataca ao longo de *Ser e tempo* (a ideia de substância, com sua ênfase na realidade, envolve um claro favorecimento do presente). O Dasein, cujo modo de ser é o cuidado, não é uma substância nesse sentido tradicional, e, portanto, não é algo que possa ser propriamente entendido em termos de realidade. Como possibilidade, no sentido especial de Heidegger, o Dasein é essencialmente futural. O que eu sou é uma função, por assim dizer, do que estou fazendo, e o que estou fazendo é ele próprio uma função de algum âmbito de possibilidades para as quais estou me projetando. Uma vez mais, para tomar o exemplo de ser um professor universitário, isso é algo no qual estou sempre "a caminho" de ser, à medida que continuo a me compreender desse modo. Não existe momento algum no qual eu possa considerar como completo o fato de eu ser um professor universitário, uma vez que o sou somente na medida em que continuo a me envolver no tipo de atividades características de, ou requeridas para, ser um professor universitário. Minha futuridade, portanto, condiciona tanto meu passado (minha compreensão sobre onde estive) como meu presente, e, portanto, nem meu passado nem meu presente podem ser propriamente compreendidos separados de minha futuridade.

Importar, morrer, autenticidade

Ser e tempo é composto de duas partes ou divisões: divisão um e divisão dois. Até aqui dedicamos nossa atenção quase exclusivamente à primeira dessas duas divisões, na qual Heidegger se ocupa com explicar a estrutura do Dasein em sua "cotidianidade". A análise que Heidegger fornece na divisão um é crucial, mas é também, sob importantes aspectos, incompleta. A divisão dois estende a análise da divisão um de dois modos: em primeiro lugar, oferece uma descrição da "autenticidade" do Dasein, como oposta a seus modos "indiferenciados" e "inautênticos"; em segundo lugar, inicia o projeto de reportar o ser ao tempo ou temporalidade. Nesse último esforço, *Ser e tempo* é inegavelmente incompleto (Heidegger previa uma terceira divisão, as três divisões resultantes não desenvolvendo senão a parte um de um trabalho de duas partes; a parte dois deveria consistir de mais três divisões). Não vamos considerar esse projeto inacabado aqui. Em vez disso, vamos nos limitar a algumas das características mais amplas da primeira tarefa da divisão dois (ainda que mesmo essa permita que surjam alguns aspectos complementares da temporalidade).

Considerada como um todo, a divisão um, e, portanto, a descrição que Heidegger faz acerca do Dasein em sua cotidianidade, contém uma tensão um tanto desconcertante. Por um lado, as estruturas reveladas e analisadas na divisão um – o mundo como uma "totalidade referencial", o *das Man* e os momentos estruturais da estrutura-de-cuidado (compreensão, *Befindlichkeit* e queda) – são absolutamente essenciais à ideia de que o Dasein é um ente para o qual o ser é um tema. Sem essas estruturas o Dasein seria reduzido a uma mera coisa que não confronta de modo algum sua própria existência. Por outro lado, Heidegger também afirma que a absorção do Dasein em sua existência cotidiana tende a ocluir a própria ideia de que o ser do Dasein *é* um tema para ele. Isso é especialmente evidente em sua descrição do *das Man*: o tipo de autoridade normativa anônima que permeia a vida cotidiana. O Dasein cotidiano, de acordo com Heidegger, está sob o jugo dessa autoridade anônima, aquiescendo a ela quase reflexivamente e, desse modo, alinhando-se a todos os outros. Essa conformidade vai além de instâncias benignas, tais como segurarmos um martelo ou amarrarmos nossos sapatos, chegando ao próprio núcleo de nossas sensibilidades: o Dasein cotidiano, diz Heidegger, é um eu-*Man*, um alguém, e, assim, em um sentido profundo, igualmente um ninguém. Conduzido por uma preocupação desmedida com "estar à altura" dos outros (um fenômeno que Heidegger chama "distancialidade"), o Dasein tende, na cotidianidade, a um tipo de "mediocridade". Tudo é afirmado conjuntamente ou comumente compreendido simplesmente porque tudo foi "nivelado" por essa compreensão média. Embora mesmo na cotidianidade sejamos todos *individuados* em um sentido numérico, nossa imersão nessa estrutura normativa anônima, e nossa identificação com ela, significa que carecemos de qualquer sentido genuíno de *individualidade*. Na cotidianidade submetemos nossa existência à tirania do *das Man*, permitindo a ele determinar e avaliar a forma de nossas vidas. Ao "seguirmos as normas" e "nos deixarmos levar", deixamos de dar a devida atenção às nossas capacidades de autodeterminação.

Necessitamos ter claro aqui que a tensão não é uma contradição, e podemos ver isso ao considerarmos o caso particular de falar uma língua como ilustração exatamente dessas duas dimensões. Falar uma língua requer, dentre outras coisas, um grau um tanto elevado de conformidade de uso. Os sons que você faz devem ser previsivelmente similares aos sons que eu faço, e esses sons devem, por sua vez, ser previsivelmente relacionados ao mundo em que ambos nos encontramos, para que você e eu estejamos proferindo palavras que mutuamente reconhecemos e compreendemos. Se os sons fluíssem de nós fortuitamente, sem sentido, não falaríamos línguas diferentes; ao contrário, nenhum de nós conseguiria, de modo algum, falar. Considerações similares se aplicam igualmente à escrita. A escrita deve se conformar a padrões regulares a fim de ser reconhecível enquanto escrita, e, igualmente, para ser escrita. Se eu fosse continuar essa sentença com soxigldhsncidd%&%#kchigoet, o significado do que escrevi não seria pouco claro; seria, em vez disso, claro que não escrevi coisa alguma, ao menos não alguma coisa com um significado. O vocabulário e as regras gramaticais de uma língua, embora, de modo algum, imutáveis, são mantidos por nossa conformidade coletiva. Mesmo as formas mais excêntricas de autoexpressão e os limites extremos da criatividade poética são inteligíveis somente com base nesse acordo geral; mesmo o poeta, em geral, usa palavras reconhecíveis, em vez de ruídos aleatórios ou grupamentos de marcas na forma de letras.

Para haver algo como a língua que compartilhamos entre nós, devemos todos em grande medida falar e escrever do mesmo modo. Ao mesmo tempo, quando essa conformidade se estende ao que dizemos, como oposto simplesmente a como o dizemos, então o lado mais obscuro da normatividade coletiva começa a emergir. Embora as palavras possam fluir de nossas bocas individuais, quando somente dizemos o que qualquer um diz, ou o que qualquer um deveria dizer, então, num sentido mais profundo, deixamos de falar por nós mesmos; nossas palavras, nessas instâncias, não pertencem a nós. Heidegger designa esse fenômeno como "falatório", pelo qual ele significa o estado no qual asserções e opiniões são passíveis de circular sem pertencerem àqueles que as proferem, ou serem assumidas por eles. O falatório não necessita ser prejudicial, uma vez que é importante ao funcionamento adequado da língua que enunciados sejam repetíveis sem que cada um possua a autoridade própria para os proferir. Se eu, remexendo no porão, digo a meu filho Henry, que estamos quase sem tortas de sebo[4] para os pássaros, é bom e útil que ele seja capaz de dizer à sua mãe essa mesma coisa enquanto ela se encaminha ao supermercado, mesmo que Henry por si próprio não constate que estejamos com poucas tortas de sebo e esteja confiando somente em minha palavra. É pior e menos útil, porém, quando repetimos enunciados simplesmente com base em um tipo de pressão pública para fazê-lo, quando nossos enunciados são formados por aquilo que percebemos, embora inconscientemente, ser senso comum. Nessas instâncias, nossa fala é reduzida à recitação de citações, não conectada aos particulares da situação, e é, assim, permeada por um tipo de ausência de cuidado e de atenção.

Essas observações sobre a língua deixam claro que, ao tentarmos compreender a distinção de Heidegger entre inautenticidade e autenticidade, necessitamos ser cuidadosos para evitar compreender autenticidade como a realização de algum tipo de isolamento radical ou excentricidade, semelhante à condição de um eremita que se afasta completamente da sociedade. Quando conseguimos falar por nós mesmos, dar voz às particularidades de nossa experiência individual em vez de papaguear platitudes e senso comum, não falamos uma língua diferente. Falar por mim mesmo não requer que eu desista do inglês em troca de uma língua presentemente (para mim) estrangeira, nem que eu deliberada e generalizadamente distorça e viole as regras da gramática inglesa. Heidegger observa tarde em *Ser e tempo* que, com a realização da autenticidade, "o 'mundo' que está à mão não se torna outro 'em seu conteúdo', nem o círculo de outros é trocado por um novo" (BT: § 60). Independente do tipo

---

4 *Torta de sebo* (*suet cake*) é uma iguaria à base de gordura dada aos pássaros. Geralmente colocada em jardins externos, essa torta tem a função de auxiliar pássaros selvagens em sua alimentação e na de seus filhotes, fornecendo a eles calorias e gordura necessárias aos seus processos fisiológicos ao longo do ano [N.T.].

de "modificação" que a autenticidade seja, ela não é um repúdio indiscriminado à nossa condição social presente, nem apenas uma questão de ser "estranho" ou "não convencional".

Uma criatura de hábitos, o Dasein cotidiano, absorvido em rotinas familiares, está perdido, "disperso", como diz Heidegger, no mundo e no *das Man*. Enquanto perdido, o Dasein é "inautêntico", uma tradução de *"uneigentlich"*, que significa, mais literalmente, "impróprio". O Dasein, como inautêntico, deixa de possuir a si mesmo, e assim deixa de encarar sua própria existência como um tema para si. À medida que, de algum modo, os leva em conta, o Dasein cotidiano considera os padrões e rotinas nos quais está imerso como dados e finais, como compreendendo toda sua existência. Para fazer a transição para a autenticidade, ao estado ou condição de ser "autopossuído", alguma coisa deve ocorrer que rompa os padrões e rotinas que têm o Dasein cotidiano sob seu controle. Heidegger chama o momento de rompimento de "angústia" (*Angst*), e, apropriadamente, o último capítulo da divisão um de *Ser e tempo* contém uma longa explicação fenomenológica sobre essa noção importante.

A angústia é qualitativamente semelhante ao medo (na verdade, em alemão, *Angst* pode significar exatamente "medo"), embora difira do medo no seguinte aspecto crucial: o medo sempre tem um objeto (quando estou com medo, estou com medo de alguma coisa, de alguém, de algum evento ou eventualidade), mas à angústia falta um. A experiência da angústia é, em parte, perturbadora precisamente devido à ausência de algum objeto especificável ao qual a experiência possa ser remontada. Mais dramaticamente, na angústia, o mundo e tudo que ele contém se distancia como irrelevante, como não mais reivindicando nossa atenção ou ocupação. Isso não é uma questão de "perder a consciência", de modo que na angústia simplesmente cessamos de ver nossos arredores, mas mais uma questão de desapego e desafeição; o mundo, e o que ele tem a oferecer, mostra-se como inteiramente sem importância ou apelo. Heidegger diz, em *Ser*

94   Pensamento Moderno

e tempo, "Aquilo diante do que temos angústia é o ser-no-mundo como tal" (BT: § 40), que exibe a ideia de que na angústia o Dasein confronta o fato de sua própria existência particular, assim como o modo particular de existência, precisamente como ser-no-mundo e como possibilidade: "a angústia individualiza o Dasein em seu ser-no-mundo mais próprio, que, enquanto algo que compreende, projeta-se essencialmente em direção às possibilidades" (BT: § 40). Ao retirar o Dasein de sua absorção em seus padrões e rotinas usuais, a angústia torna manifesta a própria cumplicidade do Dasein nessa absorção, como um ente que, embora inconscientemente, projeta-se para as possibilidades. A angústia serve, portanto, como um tipo de "chamada para despertar" para o Dasein para confrontar sua própria existência, para reconhecer sua capacidade inerente de escolher a forma de sua própria existência, e, assim, assumir a responsabilidade por ela.

Para Heidegger, a experiência da angústia é fundamentalmente ameaçadora. Isso se deve em parte à experiência de separação de nossas ocupações cotidianas; à medida que o mundo "se distancia", deixando o Dasein somente com um sentido de sua própria existência, a experiência da angústia se torna cada vez mais perturbadora. Mas existe outra dimensão para o sentido da ameaça ou violência, pois o que a angústia fundamentalmente torna manifesto para mim é a finitude de minha própria existência. Ou seja, na angústia, sou colocado diante de minha própria *morte*. Essa última formulação é incauta, mas ver por que isso ocorre exigirá algum trabalho. Para começar, considere (e tente dizer para você mesmo) o enunciado "Eu estou morto". Há algo peculiar sobre o enunciado quando tentamos proferi-lo ou pensá-lo para nós mesmos, no sentido de que nenhum dos dois pode ser feito verdadeiramente (exceto, é claro, mais sob a forma de gíria ou usos metafóricos da variedade "Cara, estou morto"). "Eu estou morto" é algo como o inverso do famoso *dictum* de Descartes de que "Eu sou, eu existo" é necessariamente verdadeiro

Fenomenologia **95**

sempre que proferido ou concebido no pensamento. Embora possamos sempre, aconteça o que acontecer, afirmar o simples fato da nossa existência, jamais podemos, no entanto, negá-la: "Eu estou morto" e "Eu não existo" são necessariamente falsos toda vez que enunciados ou concebidos no pensamento. (Apenas tente.) O que essas observações indicam é que a morte marca um tipo de limite em nossa experiência: o fato de não podermos verdadeiramente conceber o enunciado "Eu estou morto" mostra que o estado de estar morto está para além do alcance de nossa experiência.

Heidegger diz que "a morte é a possibilidade da absoluta impossibilidade do Dasein" (BT: § 50). Seu apelo à "absoluta impossibilidade" está de acordo com as observações acima, segundo as quais a morte não indica um modo de ser para o Dasein, mas em vez disso impõe um limite para seu ser. Ao mesmo tempo, Heidegger se refere à morte como uma "possibilidade", o que sugeriria que a morte é, afinal, um modo de ser (recorde de nosso exame acima sobre o sentido no qual o Dasein é suas possibilidades). Como podemos dar sentido a essa formulação ostensivamente impossível? Para responder a essa questão, considere, em primeiro lugar, a seguinte observação da discussão de Heidegger sobre a morte em *Ser e tempo*: "De acordo com sua essência, essa possibilidade [a morte] não nos oferece apoio algum para qualquer expectativa de 'figurarmos' para nós mesmos uma realidade possível, e esquecermos, assim, sua possibilidade" (BT: § 53). O que essa observação indica é que em nosso pensamento sobre a morte, nós a concebemos como um tipo de realidade distante: alguma coisa que ocorrerá em algum momento no futuro. Em outras palavras, tendemos a pensar sobre a morte como uma possibilidade no sentido em que é possível que chova amanhã, mas uma vez que, diferente do caso da possível chuva de amanhã, não encontramos coisa alguma para figurar ou imaginar (uma vez mais, "Eu estou morto" nada contém de genuinamente pensável), afundamos em um tipo de esquecimento da morte. Apenas como uma realidade distante, a morte nada tem a ver com minha existência agora.

Já vimos que o sentido de "possibilidade" em jogo quando Heidegger fala do ser-suas-possibilidades do Dasein não segue o padrão lógico de possibilidade e realidade, ou seja, as possibilidades do Dasein não são meramente estados ou eventos ainda-não-reais. O Dasein *é* suas possibilidades, no sentido de que está se projetando para compreensões particulares acerca do que é ser, e de acordo com elas. Mas o que significa falar de morte como uma possibilidade nesse sentido? Como pode a morte ser um modo de ser? E o que ganhamos com respeito à autenticidade ao pensarmos sobre a morte nesses termos? Dizer que a morte é uma possibilidade no sentido de Heidegger é dizer que a morte é um tipo de autocompreensão em termos da qual o Dasein pode se projetar. Mas que tipo de autocompreensão é esse? Afinal, Heidegger não está recomendando o suicídio como a chave para a autenticidade; nem está dizendo que o Dasein se torna autêntico quando *está* morto. Em vez da morte, que nos leva a pensar sobre um evento no futuro, ainda-não-real, Heidegger por vezes escreve sobre "ser-para-a-morte" como o nome para a possibilidade em termos da qual o Dasein pode projetar-se ou deixar de se projetar. O ser-para-a-morte não está inteiramente divorciado da morte entendida como um evento ainda-não-real (o que Heidegger chama "finamento"), mas envolve um conhecimento e compreensão esclarecidos sobre ela. Quando pensamos sobre a morte somente como algo ainda-não-real, uma eventualidade no futuro indefinido, mantemos a morte à distância, tratando-a como algo que não é relevante para nós agora. O ser-para-a-morte traz a morte para mais perto, não ao apressar meu finamento, nem ao excitar um desejo por isso ou qualquer coisa assim, mas ao imprimir em nós nossa condição de *sempre* sermos *mortais*.

Heidegger diz que a morte, entendida como ser-para-a-morte, é "a possibilidade mais própria, não relacional" do Dasein, que "*não pode ser superada"* (BT: § 53). Considerados conjuntamente, esses três aspectos – ser mais própria, não relacional e não poder ser superàda – do ser-para-a-morte ajudam a explicar o papel distintivo da morte na realização da autenticidade ou da posse-de-si-mesmo pelo Dasein. O primeiro e o terceiro dos três aspectos estão intimamente conectados; na verdade, o terceiro aspecto pode ser entendido como explanatório com respeito ao primeiro: a morte é a possibilidade mais própria do Dasein precisamente porque ela não pode ser superada. O que isso significa é que, embora eu possa "escapar da morte" em algumas ocasiões particulares (ou mesmo em numerosas ocasiões), consequentemente, fazendo com que alguma eventualidade particular não ocorra de fato, tais evasões de modo algum diminuem minha mortalidade. Posso parar de fumar, exercitar-me mais e com maior frequência, obedecer ao limite de velocidade, evitar "lugares conturbados" ao redor do globo, e assim por diante, mas nada que eu possa fazer me torna em nada menos mortal. A esse respeito eu sou absolutamente vulnerável, não importando quais medidas eu tome para me proteger. Mesmo que medidas possam ser tomadas para evitar a morte em alguma ocasião particular, nada pode retirar de mim a minha morte num sentido absoluto.

Minha mortalidade é minha possibilidade "mais própria" porque não posso renunciá-la, passá-la adiante, abster-me dela, do mesmo modo que outras possibilidades em termos das quais eu posso me projetar. Amanhã posso desistir de ser um professor universitário ou um marido ou um fotógrafo amador, mas ao longo de quaisquer dessas transformações minha mortalidade permanece. Além disso, minha mortalidade não é algo que eu possa "delegar" para outra pessoa. Embora outra pessoa possa morrer por mim em uma ocasião particular (o bote salva-vidas não pode apanhar todos, e um de meus companheiros de viagem nobremente se oferece ou desafortunadamente tira o palito mais curto; nossos raptores insistem em matar um de nós, e um dos outros é escolhido em meu lugar), isso não significa que o outro morreu minha morte e agora eu não tenho que morrê-la. O morrer sua própria morte do outro deixa minha morte, ou seja, minha própria mortalidade, inteiramente inalterada. O termo médio, que a morte é "não relacional", está conectado com a ideia da morte enquanto nossa possibilidade mais própria que não pode ser superada. Que a morte não possa ser superada ajuda a explicar por que ela é uma possibilidade não relacional. Outras possibilidades que eu possa assumir, ou em relação às quais eu possa me projetar, são claramente relacionais. Só posso me projetar como um professor universitário por estar imerso em um mundo constituído de modos muitos particulares: como incluindo universidades, departamentos acadêmicos, alunos, a disciplina de Filosofia, e assim por diante. Minha mortalidade não funciona desse modo. O ser-para-a-morte é minha possibilidade independentemente de como aquelas características possam mudar ao longo do tempo (se as universidades forem, por alguma razão, abolidas amanhã, a autocompreensão particular de ser um professor universitário consequentemente colapsará, mas nenhum evento assim poderia remover minha mortalidade).

Ao se aperceber de que existe uma possibilidade que é indelevelmente sua, o Dasein é retirado do mundo cotidiano constituído em termos do *das Man*, sob dois aspectos. Primeiro, na cotidianidade, o Dasein se projeta em termos de possibilidades publicamente disponíveis (professor universitário, professor de escola, pai, amigo) que são todas, como vimos, de natureza relacional. Todas essas possibilidades cotidianas são opcionais, no sentido de poderem ser renunciadas, permutadas ou retiradas. Ao reconhecer sua mortalidade, o Dasein pela primeira vez reconhece alguma coisa como genuinamente sua, e é assim capaz de se ver em termos que não aqueles ditados pela compreensão média do *das Man*. Para tomar emprestado do título de uma telenovela americana, ao encarar a ideia de que tem uma morte para morrer, o Dasein é capaz consequentemente de compreender que ele tem "uma vida para viver". Mais do que isso, é graças ao ser-para-a-morte que o Dasein é capaz de se conceber como tendo uma vida. Mas por que o Dasein na cotidianidade deixa de alcançar esse nível de compreensão? Embora a absorção do Dasein em seus vários projetos e buscas seja, sem dúvida, parte da resposta, Heidegger atribui ao *das Man* e, assim, à cotidianidade um efeito mais pernicioso com respeito ao reconhecimento do ser-para-a-morte; esse é o segundo aspecto sob o qual o ser-para-a-morte retira o Dasein da compreensão cotidiana articulada pelo *das Man*. Heidegger se refere à existência cotidiana como "tranquilizadora", particularmente pelo modo como ela nos protege de nossa mortalidade. O "falatório" que Heidegger mais depricia codifica e circula um modo de pensar sobre a morte somente como uma realidade distante. Tendemos, na vida cotidiana, a não pensar muito, em absoluto, sobre a morte, mas mesmo quando o fazemos pensamos nela como alguma coisa que acontece a outras pessoas, principalmente às pessoas que não conhecemos, mas, ocasionalmente, a amigos ou membros da família. Com relação a outros, raramente reconhecemos a mortalidade uns dos outros como característica constante de nossa existência. Quando alguém está doente, por exemplo, e então se recupera, tendemos a ver essa pessoa como tendo escapado da morte e, portanto, como não estando mais relacionada de modo algum com a morte. E mesmo quando ultrapassamos essa tendência no caso de outra pessoa (quando uma pessoa é, como dizemos, "doente terminal"), raramente fazemos o movimento reflexivo de aplicar essa compreensão a nós mesmos. Heidegger diz que o *das Man* "*não nos permite a coragem para a angústia diante da morte*" (BT: § 51), o que significa que na vida cotidiana a morte é considerada uma condição excepcional, com a qual lidamos apenas ocasionalmente; quaisquer outros pensamentos sobre, ou preocupações com, a morte são, com frequência, descartados como sendo excessivamente mórbidos.

Heidegger chama a postura propiciada por um reconhecimento de nosso ser-para-a-morte (enquanto nossa possibilidade mais própria, que é não relacional e não pode ser superada) de "antecipação". A antecipação não diz respeito a ficarmos remoendo sobre nosso inevitável finamento, indagando-nos sobre quando e como ele pode ocorrer, mas, em troca, envolve aceitar nossa mortalidade, e, portanto, nossa finitude, como uma característica estrutural onipresente de nossa existência. Um reconhecimento próprio dessa característica estrutural (como oposto, digamos, à denegação, ao esquecimento ou ao oblívio) reverbera através da totalidade da existência do Dasein, mudando o peso e a importância vinculados a todas as suas escolhas, planos e projetos. Quando me projeto à luz da minha mortalidade, vejo minhas escolhas como importando, como indelével e irrevogavelmente moldando minha finita cota de tempo. Na verdade, ao reconhecer minha mortalidade, eu me vejo de um modo mais profundo como tendo tempo para usar pobre ou sensatamente, para dissipar ou valorizar. (Não está claro para mim se um animal, assim como um esquilo, pode desperdiçar tempo ou usá-lo pobremente e não de uma maneira sensata. Pelo menos, um objeto inanimado, assim como um copo ou uma mesa, não tem uma postura assim com relação ao tempo; a mesa guardada no sótão não está desperdiçando *seu* tempo ao deixar de ser usada diariamente na sala de jantar.) O ser-para-a-morte delineia completamente a estrutura do Dasein como um ser futural, um ser que tem o tempo como oposto a uma entidade que meramente existe *no* tempo. O ser-para-a-morte impõe um limite para o "ainda-não" do Dasein, tornando vívida a ideia de que planos e projetos indefinidamente pospostos correm o risco de jamais serem realizados. Heidegger não está recomendando uma atitude de *"carpe diem"* ou "viva cada dia como se fosse seu último", mas um reconhecimento de que nossa finitude está destinada a dar ao Dasein uma perspectiva mais sóbria e séria sobre sua existência.

Fenomenologia **101**

Ao reconhecer seu ser-para-a-morte, o Dasein está consequentemente em uma posição de ser autêntico. A autenticidade, para Heidegger, diz respeito ao que ele chama "decisão", que é uma questão de assumir sinceramente a tarefa de nos projetarmos para as possibilidades. Um Dasein resoluto, autêntico, "escolhe escolher", em vez de se deixar levar e ser escolhido pelas pressões anônimas do *das Man*. Ao conectar a autenticidade com a ideia de "escolher escolher", podemos ver mais claramente a força da tradução literal de *Eigentlichkeit* como "posse-de-si". Um ente que se escolhe, que assume a responsabilidade pelos modos nos quais se projeta para as possibilidades, é um ente que tem a completa posse de si mesmo; posse-de-si e autodeterminação andam de mãos dadas. Mas o que o Dasein autêntico escolhe? Que possibilidades se apresentam como apropriadas para o Dasein, em relação às quais ele pode autenticamente se projetar? Heidegger não diz. Na verdade, ele enfatiza que ele *não pode* dizer. Delimitar um âmbito de possibilidades de antemão seria minar a liberdade do Dasein autêntico. Como Heidegger deixa claro, a escolha específica autêntica que o Dasein deve fazer se torna aparente somente para aquele que, nessa ocasião, escolheu escolher:

> Mas em que base o Dasein se desvela na decisão? O que ele deve decidir? *Somente* a própria decisão pode dar a resposta. Poderíamos nos equivocar completamente sobre o fenômeno da decisão se quiséssemos supor que ela consiste simplesmente em assumir possibilidades que têm sido propostas e recomendadas, e se apoderar delas (BT: § 60).

Em outras palavras, se você ainda está procurando alguém ou alguma outra coisa para dizer a você o que fazer, você ainda não atingiu o ponto da decisão.

Reflexões e projeções

A este ponto, deveria ser evidente que, nas mãos de Heidegger, a fenomenologia experimenta uma dramática transformação da forma "pura" legada por Husserl. Processualmente, a fenomenologia heideggeriana não busca mais descrever, excetuando todo o resto, uma esfera de consciência consciente apreensível somente pelo ponto de vista da primeira pessoa. Os fenômenos da fenomenologia, da perspectiva de Heidegger, estão disponíveis a partir de vários pontos de vista, e seus métodos ao longo de *Ser e tempo* refletem essa multiplicidade. Na divisão um, muito da descrição do Dasein em sua cotidianidade procede na terceira pessoa, de acordo com o modo da existência do Dasein nesse domínio. A "totalidade referencial" do mundo cotidiano não oferece privilégio algum para uma perspectiva em detrimento de outra; aquilo para que serve um martelo é tão inteligível do ponto de vista da terceira pessoa quanto da perspectiva da primeira. Na verdade, a conformidade do Dasein às normas anônimas do *das Man* é tanta que dificilmente notamos a difusão delas em nosso dia a dia, e, portanto, é com frequência somente a partir de fora, por assim dizer, que podemos ser afetados por elas.

Mesmo quando restringimos nossa atenção à fenomenologia da cotidianidade, na divisão um, com sua ênfase na descrição em terceira pessoa, a ideia orientadora de descrever o modo no qual as coisas são manifestas repousa, embora implicitamente, na disponibilidade de um ponto de vista de primeira pessoa. Que o modo de ser do Dasein seja um "tema" para ele respalda a própria ideia de coisas sendo manifestas ou aparecendo, e é somente quando chegamos ao fim da divisão um, com sua discussão sobre a angústia, e, na divisão dois, com suas discussões sobre morte, decisão e autenticidade que os contornos específicos do autointeresse do Dasein aparecem. Todos esses últimos fenômenos *privilegiam* o ponto de vista da primeira pessoa; na verdade, não está claro para mim se a experiência da angústia pode se tornar completamente inteligível a partir de fora (isso se tornou muito claro para mim a partir de meus esforços ao longo dos anos para comunicar a natureza e a importância da experiência para aqueles meus alunos que muito desfrutam da complacência existencial). Mas, mesmo quando essa mudança ocorre em *Ser e tempo*, de modo que a preocupação do indivíduo com sua própria existência se torna o tema explícito, estamos ainda muito distantes do tipo de perspectiva de primeira pessoa da fenomenologia husserliana. Ou seja, o tipo de autoconsciência reflexiva defendida por *Ser e tempo* é estruturalmente diferente do "ego puro" constituído no fluxo da experiência consciente. De acordo com a redução, o ego puro é algo que está disponível do ponto de vista somente da consciência, como um "polo" da tríade ego/noesis/noema. Embora exista amplo espaço na descrição de Husserl para a ideia de que o ego puro é ativo (ao formar crenças, fazer juízos, revisar a experiência passada e assim por diante), o ego de Husserl ainda carece do tipo de estrutura projetiva inerente ao modo de ser do Dasein. A realização da individualidade não diz respeito ao seu reconhecimento de seu próprio conteúdo acumulado, construído a partir do fluxo da experiência em curso, porém, ao modo como ele se projeta para um futuro. A natureza e qualidade da "futuridade" do Dasein não diz respeito ao que ele tem em mente, mas é uma função de como ele age na situação em que se encontra: "Decidido, o Dasein já está *agindo*" (BT: § 60). Assim, mesmo quando Heidegger atenta ao Dasein em sua autenticidade, o fato de ele se tornar um eu autêntico, a ideia de que o Dasein é ser-no-mundo (e, portanto, não um ego puro) nunca se afasta da visão.

Veremos nos capítulos subsequentes que a estrutura do eu, daquele para quem as coisas são manifestas, é um interesse constante da fenomenologia, analisada e reconcebida por todas as principais figuras que consideraremos neste livro. Com exceção de Husserl, essas figuras são parte da tradição da fenomenologia existencial, e, portanto, todas as suas respectivas concepções do eu e da autoconsciência se baseiam nas críticas das concepções iniciais de Husserl. Isso, eu acho, ficou abundantemente claro em nosso exame de Heidegger, e continuará a ser o caso quando nos voltarmos para Sartre.

Sumário dos pontos-chave

• *Ser e tempo* começa com a "questão do ser": a questão acerca do que significa para qualquer coisa ser.

• Os entes humanos ou Dasein têm uma compreensão do ser, e, portanto, o modo de começar a responder a questão do ser é "interrogar" o Dasein em seu modo de ser.

• As descrições mais básicas do modo pelo qual as coisas se manifestam para o Dasein envolvem seu estar situado dentro, ou orientado para, um mundo.

• Na cotidianidade, o Dasein compreende tanto a si mesmo como o que ele encontra, comumente, com relação às normas anônimas articuladas pelo que Heidegger chama *das Man* ou o "eles".

• O Dasein é um ente para o qual o "ser é um tema", e assim seu modo de ser é o cuidado, cujos três modos constitutivos são compreensão, *Befindlichkeit* e queda.

• A angústia revela ao Dasein que a morte é sua "possibilidade mais própria".

• O Dasein pode ou bem escolher suas possibilidades à luz de sua própria mortalidade, e assim ser autêntico, ou bem fugir de sua mortalidade e permanecer inautêntico.

3

Sartre e a subjetividade

Sartre: vida e trabalhos

A terceira das principais figuras na fenomenologia, Jean-Paul Sartre, nasceu em Paris em 1905. Diferente de Husserl e de Heidegger, Sartre não viveu como um filósofo acadêmico. Embora tenha ensinado filosofia em certos momentos de sua vida, não ocupou uma cátedra. Em vez disso, viveu como autor, dramaturgo e intelectual público.

Neste capítulo nosso interesse estará restrito ao trabalho de Sartre durante um período de dez a quinze anos de sua vida, começando aproximadamente em 1933, quando recebeu uma concessão para estudar no Instituto Francês em Berlim. Aqui, Sartre se envolveu profundamente com a fenomenologia e com os trabalhos de Husserl. Essa imersão levou rapidamente à publicação de *A transcendência do ego*, um pequeno volume que critica incisivamente a concepção de Husserl sobre o ego e seu papel na fenomenologia. Os anos subsequentes foram produtivos para Sartre. Ele publicou seu romance *A náusea* (1938), assim como trabalhos na psicologia filosófica: *Imaginação, uma crítica psicológica* (1939), *Esboço para uma Teoria das Emoções* (1939) e *O imaginário* (1940). Na eclosão da Segunda Guerra Mundial, Sartre serviu como oficial no exército francês, e foi feito prisioneiro pelas forças de ocupação alemãs (ele usou esse tempo para ensinar Heidegger a seus companheiros prisioneiros). Após sua soltura, Sartre voltou a lecionar filosofia e a escrever trabalhos em filosofia e literatura. Em 1943 ele publicou sua peça *As moscas* e seu principal trabalho na filosofia, *O ser e o nada*, com o subtítulo de "Um Ensaio Fenomenológico em Ontologia". Esses trabalhos foram rapidamente seguidos pela peça *Entre quatro paredes* e pelo romance *A idade da razão*, a primeira de uma subsequente trilogia que Sartre intitulou coletivamente como *Os caminhos para a liberdade*. Ele também fundou a revista *Les temps modernes*, que publicava trabalhos de figuras como Albert Camus e Merleau-Ponty. Em 1946, Sartre publicou um ensaio filosófico mais curto, *O existencialismo é um humanismo*, que começou como uma conferência pública em 1945. Nesse trabalho Sartre pela primeira vez caracterizou sua filosofia como existencialismo (o termo foi cunhado, pela primeira vez, pelo amigo de Sartre, Gabriel Marcel, mas Sartre inicialmente resistiu à denominação), que rapidamente se converteu em um amplo movimento intelectual, encontrando adeptos não apenas na filosofia, mas também na psicologia, na literatura, no teatro e no cinema.

> ### Sartre encontra a fenomenologia
>
> Em *A força da idade*, Simone de Beauvoir relata o primeiro encontro de Sartre com a fenomenologia. Conforme ela recorda o episódio, ela e Sartre estavam passando uma noite com seu amigo Raymond Aron, que estava na época estudando Husserl no Instituto Francês em Berlim. Apontando para um coquetel de damasco, Aron demonstrou para Sartre a importância do método fenomenológico: "Você vê, meu caro amigo, se você for um fenomenólogo, você pode falar sobre esse coquetel e fazer filosofia disso!" Diante dessas palavras, diz-se que Sartre "ficou pálido de emoção". O empalidecimento se deveu ao ter-se apercebido de que poderia, usando métodos fenomenológicos, "descrever objetos exatamente como os via e tocava, e extrair filosofia deles". A fenomenologia apareceu então para "afirmar simultaneamente tanto a supremacia da razão como a realidade do mundo visível, tal como aparece a nossos sentidos". Imediatamente após esse episódio, Sartre comprou uma cópia de um estudo inicial de Lévinas sobre Husserl. De acordo com De Beauvoir, quando Sartre o leu pela primeira vez, seu "coração descompassou" (todas as citações são de Simone de Beauvoir 1962: 112).

Sartre continuou a escrever nas décadas seguintes, incluindo um estudo sobre o escritor Jean Genet, assim como sobre Mallarmé, Flaubert e Freud. Em 1960 publicou *Crítica da razão dialética*, que reúne os aspectos existencialista e marxista de seu pensamento. Durante esses anos Sartre foi francamente político, posicionando-se contra o colonialismo francês e a Guerra do Vietnã, e, primeiro a favor, depois contra, a União Soviética e Cuba. Foi-lhe concedido em 1964 o Prêmio Nobel de Literatura, mas declinou da premiação por razões políticas. Morreu em 1980.

De Hume a Descartes: Husserl, acerca do ego

A tradição fenomenológica é, com certeza, apenas uma parte da tradição filosófica moderna, que começa com Descartes. Uma pedra fundamental da filosofia de Descartes é a descoberta do "eu" como o fundamento epistemológico para qualquer conhecimento que seja. Na segunda de suas *Meditações sobre Filosofia Primeira*, Descartes coloca um fim para sua "dúvida radical" anunciando que sua própria existência ("eu sou, eu existo") admite a completa certeza. Igualmente concedido está o pensamento de Descartes; mesmo seu duvidar, como uma espécie de pensamento, confirma a realidade de seu pensamento, e assim o "eu penso" tem credenciais igualmente tão fortes quanto o "eu existo". Na Segunda Meditação Descartes observa também como quaisquer de suas experiências, independentemente do foco delas (o exemplo no qual se concentra é olhar para um pedaço de cera), servem para testemunhar sua própria existência como uma coisa pensante: a existência do "eu" é confirmada a cada momento de nossa consciência.

A filosofia moderna começa com Descartes, mas de modo algum termina aí. Nem todo filósofo posterior compartilhou de sua confiança com relação à descoberta de um "eu", uma coisa pensante no centro de todo pensamento ou experiência. Um exemplo particularmente vívido dessa falta de simpatia é o de Hume, que, em uma famosa passagem, anuncia com igual confiança que nenhum eu assim tem de ser encontrado:

> Da minha parte, quando entro mais intimamente naquilo que eu chamo *eu*, sempre tropeço em uma ou outra percepção particular, de calor ou frio, luz ou sombra, amor ou ódio, dor ou prazer. Nunca posso *me* capturar em momento algum sem uma percepção, e nunca posso observar qualquer coisa senão a percepção [...] Se alguém, depois de reflexão séria e imparcial, pensa ter uma noção diferente de *si mesmo*, eu devo confessar que não posso mais raciocinar com ele. Tudo o que posso conceder a ele é que pode estar igualmente certo, e que somos essencialmente diferentes nesse particular. Ele pode, talvez, perceber algo simples e continuado, ao qual chama *si mesmo*; embora eu esteja certo de que não exista esse princípio em mim ([1739/1740] 1978: I, IV, § VI).

Relato esses momentos talvez familiares do início da filosofia moderna porque as discordâncias que mostram podem ser identificadas dentro da tradição fenomenológica. Na verdade, cada uma dessas duas posições pode ser localizada unicamente dentro da filosofia de Husserl. No capítulo 1 nossa discussão se restringiu basicamente à concepção de Husserl sobre a fenomenologia após sua "virada transcendental", que ocorreu por volta de 1905. Contudo, em seu trabalho "inovador", *Investigações lógicas*, suas concepções com relação ao ego ou eu têm um timbre distintamente humeano, como pode ser visto na passagem a seguir, na qual ele, como Hume antes dele, "confessa" sua inabilidade para encontrar um ego onipresente no centro da experiência:

> Devo francamente confessar, entretanto, que sou praticamente incapaz de encontrar esse ego, esse centro primitivo, necessário, das relações*. As únicas coisas das quais posso tomar nota, e consequentemente perceber, são o ego empírico e suas relações empíricas com suas próprias

experiências, ou com tais objetos externos enquanto está recebendo atenção especial no momento, ainda que muito permaneça, seja "fora" ou "dentro", sem ter relação alguma assim com o ego (LI: 549-550).

O asterisco no fim da primeira sentença assinala uma nota de rodapé que Husserl acrescentou na segunda edição de *Investigações lógicas*, que apareceram depois da publicação do primeiro volume de *Ideias*. Embora Husserl não tenha empreendido uma completa revisão de *Investigações lógicas* de modo a alinhá-la com sua concepção então corrente de fenomenologia, ele acrescentou qualificações e correções por meio de notas e apêndices (assim como a ocasional supressão de seções inteiras). Essa nota particular é especialmente notável, uma vez que constitui uma reversão completa em sua posição. Na nota Husserl anuncia a descoberta do que tinha previamente eludido cada esforço seu de detecção. A nota diz: "Desde então, consegui encontrá-lo, i. e., aprendi a não ser desencaminhado de uma pura compreensão do dado através de formas corruptas do ego-metafísico" (LI: 549).

À medida que a concepção de fenomenologia de Husserl se desenvolve, sua concepção com relação ao lugar do ego dentro da fenomenologia faz seu caminho de volta, em termos de precedente histórico, de uma posição mais ou menos humeana para uma posição mais intimamente alinhada com a de Descartes. A "pura compreensão do dado" adquirida através da redução fenomenológica inclui uma compreensão do ego puro ou transcendental como um elemento essencial do dado. Três passagens da apropriadamente intitulada *Meditações cartesianas* podem ser ilustrativas aqui:

> Se mantenho puramente o que se mostra – para mim, aquele que está meditando – em virtude da livre epoché com respeito ao ser do mundo experienciado, o fato momentoso é que eu, com minha vida, permaneço intocado em meu *status* existencial, independentemente de se o mundo existe ou não e independentemente do que possa

ser minha decisão eventual concernente ao seu ser ou não ser. Esse ego, com sua vida-de-ego, que necessariamente permanece para mim, em virtude desta epoché, não é um pedaço do mundo; e se ele diz "eu existo, *ego cogito*", isso não significa mais "eu, este homem, existo" (CM: § 11).

A afirmação verdadeiramente primeira, no entanto, é a afirmação cartesiana do *ego cogito* – por exemplo: "eu percebo – essa casa" ou "eu lembro – de certa comoção na rua" (CM: § 16).

Eu existo por mim mesmo e sou continuamente dado a mim mesmo, pela evidência experiencial, como *"eu mesmo"*. Isso é verdadeiro sobre o ego transcendental, e, correspondentemente, sobre o ego psicologicamente puro; é verdadeiro, além disso, com respeito a qualquer sentido da palavra ego (CM: § 33).

Observe como em cada uma dessas passagens Husserl apela para a presença ou dadidade do ego como predominante: o ego permanece após a realização da redução como uma característica essencial da consciência, é envolvido na "afirmação verdadeiramente primeira" e é "continuamente dado".

A afirmação segundo a qual um "eu" é persistentemente dado na experiência é o principal alvo de Sartre em *A transcendência do ego*. Como Sartre diz na página de abertura: "Gostaríamos de mostrar aqui que o ego não está formal nem materialmente *na* consciência: está lá fora, *no mundo*. É um ser do mundo, como o ego de outro" (TE: 31). A afirmação de Sartre, se confirmada, constitui uma crítica especialmente severa à fenomenologia husserliana, uma vez que tem importância crítica mesmo que aceitemos a estrutura básica da redução fenomenológica. Como um "ser do mundo", o ego não pode sobreviver à redução fenomenológica como um elemento constitutivo da "consciência pura", não mais

Fenomenologia 111

do que minha mesa ou xícara de café, entendidas como entidades existindo no mundo.

Revisões fenomenológicas

Vimos nas passagens de *Meditações cartesianas* que a redução fenomenológica afirma que "Eu existo para mim mesmo e sou continuamente dado a mim mesmo". A afirmação de um "'eu' ou ego dado continuamente" é fundamental para as afirmações mais amplas de Husserl sobre a estrutura essencial tripartite de toda experiência intencional:

Ego --------- Cogito -------- Cogitatum

[Eu --------- Noesis ----------- Noema]

Cada experiência, Husserl afirma, tem essa estrutura, onde o eu e o "cogitatum", ou seja, o ego e o objeto-como-intencionado, formam os dois "polos" da experiência. O termo médio, o cogito ou noesis, designa o tipo ou modo da experiência, por exemplo, percepção, recordação, desejo, esperança, medo e assim por diante.

Toda a experiência consciente tem de fato essa estrutura tripartite? Se recordarmos um slogan introduzido anteriormente em nossa discussão segundo o qual "toda consciência é consciência de alguma coisa", ou seja, que a intencionalidade é a característica definidora da consciência, então os elementos médios e os elementos mais à direita dessa fórmula de três partes, na verdade, parecem essenciais. Cada experiência (intencional) requer um objeto (cogitatum/noema) e esse objeto deve ser experienciado de um modo ou de outro, por exemplo, percebido, desejado, temido, recordado e assim por diante (cogito/noesis). Embora Husserl argumente que o elemento mais à esquerda seja igualmente essencial, Sartre afirma que a atenção cuidadosa à experiência mostra que isso não é assim. Ou seja, Sartre argumenta que, quando restringimos nossa atenção ao fluxo da experiência estritamente *como* experienciada, que, fundamentalmente, é o que a redução fenomenológica tem em vista facilitar, nenhum "eu" ou o "ego" é manifesto como parte desse fluxo. Isso é verdadeiro, ao menos, sobre o que Sartre chama "consciência de primeiro grau".

Considere o seguinte exemplo. Eu estou em minha cozinha fazendo pão. Minha tigela grande de cerâmica está diante de mim no balcão. Eu já adicionei água morna e fermento à tigela, e estou agora misturando farinha para fazer a massa. O interior da tigela quase exaure meu campo visual enquanto observo intencionalmente a massa lentamente se formando (farinha demais produz uma sólida bala de canhão, inadequada para assar, muito menos para comer; muito pouca farinha resulta numa coisa grudenta), mas eu estou perifericamente consciente do entorno do balcão, o copo de medidas e o saco de farinha exatamente à direita, o canto do livro de receitas, à esquerda, a torradeira, não utilizada, situada atrás da tigela. Ao mesmo tempo, eu sinto os cheiros familiares do fermento que são fundamentais na elaboração do pão, junto com o aroma persistente, embora tênue, do café da manhã. Eu ouço a colher enquanto bate contra o lado da tigela, mas o rádio está ligado e intermitentemente presto atenção à música que está tocando ou às palavras do apresentador do programa. Minha mão esquerda segura o lado da tigela, que é frio e liso, e minha mão direita segura a áspera colher de pau. Rapidamente sinto uma dor chata no meu bíceps direito à medida que a farinha adicionada aumenta a resistência da mistura.

Se refletirmos sobre esse esboço de uma descrição, tudo isso pareceria ser grão demais para o moinho de Husserl. Ao fim e ao cabo, cada sentença da descrição contém ao menos uma ocorrência de "eu" ou "meu" (ou ambos), e assim cada sentença remete explicitamente a um ego ou eu: *eu* estou na cozinha, *eu* sinto o cheiro do fermento, *minha* mão esquerda segura a tigela, e assim por diante. Portanto, é difícil, diante disso, entender a afirmação de Sartre segundo a qual o eu ou o ego não é uma parte manifesta da consciência de primeiro grau. Todavia, não deveríamos ser tão precipitados em extrair essa conclusão, uma vez que a descrição proposta de minha atividade não é puramente fenomenológica. Considere, por exemplo, a terceira sentença, que começa com "Eu já adicionei..." Essa sentença pode ser parte de uma descrição narrativa de minha elaboração do pão, algo que eu poderia relatar enquanto estou fazendo isso, caso estivesse, digamos, ensinando alguém a fazer pão ou talvez demonstrando o processo de elaboração do pão como convidado de um programa ("Ok, Rosie, agora vou começar a misturar a massa..."), mas é improvável que qualquer coisa correspondente a essa sentença figure em minha experiência enquanto estou sozinho na cozinha. Uma descrição narrativa é, de algum modo, uma descrição mista, contendo tanto elementos objetivos como subjetivos, relatando o que estou fazendo e minha experiência do que estou fazendo. Uma descrição fenomenológica, por contraste, restringe-se inteiramente a como as coisas são manifestas na experiência, a atividade *como* experienciada, e aqui, Sartre afirmaria, as muitas ocorrências de "eu" e "meu" que povoam a descrição narrativa estão fora do lugar. Enquanto dissolvo o fermento, mexo a farinha e assim por diante, o conteúdo de minha experiência é simplesmente o fermento dissolvido, cujo cheiro senti na tigela, a tigela e a farinha vistas no balcão, a música ouvida no rádio, a dor sentida no braço e assim por diante, mas não necessita haver, e usualmente não há, qualquer experiência de um eu que está fazendo todo esse cheirar, ver, ouvir e sentir. Minha absorção pode, é claro, ser interrompida em qualquer ponto, de modo que eu possa então reflexivamente apreender aquilo com que estive ocupado, talvez mesmo ao ponto de explicitamente pensar para mim mesmo coisas como, "Aqui estou eu fazendo pão", ou "Eu realmente gosto do cheiro de fermento", ou "Agora quase terminei de misturar a farinha", mas seria um erro, Sartre afirma, impor a estrutura dessa apreensão reflexiva à experiência não reflexiva. (Nós também necessitamos ser cuidadosos, Sartre pensa, sobre

114 Pensamento Moderno

como descrevemos a estrutura dessa apreensão reflexiva, mas falaremos sobre isso mais tarde.) Embora Sartre aceite a ideia kantiana de que deve ser sempre possível anexar um "eu penso" (ou, melhor, "eu experiencio") a cada uma de minhas experiências, não deveríamos exagerar essa possibilidade em uma realidade.

Nesse momento, podemos imaginar a seguinte objeção husserliana: por que pensar sobre a estrutura da apreensão reflexiva como uma imposição; por que não, em vez disso, como uma revelação? A apreensão reflexiva de minha experiência revela o ego ou eu como um elemento essencial dessa experiência. O fato de que eu posso denominar todas essas experiências como *minhas* não mostra que esse é o caso? Para Sartre essas questões fornecem pouco em termos de vantagem argumentativa. Para começar com o tema mais básico, nada se ganha ao substituir "revelação" por "imposição", uma vez que falar de reflexão como revelando um ego implica que esse ego estava escondido antes para a reflexão e, desse modo, não manifesto na experiência não reflexiva, que é precisamente o ponto de Sartre. Qualquer coisa que requeira reflexão para trazê-la ao nível da manifestação não poderia ser parte do conteúdo da consciência de primeiro grau; a própria ideia de um conteúdo não experienciado da experiência mostra sua própria absurdidade.

Essa resposta inicial para nossa objeção imaginada pode ser mais desenvolvida de modo a revelar um problema ainda mais profundo com um apelo a um eu ou ego como um elemento essencial em toda experiência. Se permitirmos que a reflexão revele o eu ou ego, e assim conceda que o eu ou ego não é manifesto na consciência de primeiro grau antes do ato de reflexão, então postular que o ego é sempre uma característica estrutural da consciência é violar o princípio mais fundamental da fenomenologia. Ou seja, a fenomenologia se apresenta como um empreendimento não especulativo, não hipotético. O ponto todo da redução fenomenológica, como Husserl o desenvolve, é trabalhar de acordo com seu "princípio de todos os princípios", o qual, você recordará, exige "que *tudo originalmente* (por assim dizer, em sua realidade 'pessoal') *oferecido* a nós *na 'intuição' deve ser aceito simplesmente como se apresenta*, mas também *somente dentro dos limites nos quais se apresenta*" (*Ideas* I: § 24). A cláusula final é a mais importante para nossos propósitos, uma vez que a postulação de um ego onipresente equivale a uma interferência que vai para além dos "limites" do que é apresentado na experiência. O conteúdo da experiência não é senão o que é experienciado: não existem elementos não experienciados da experiência. A descrição fenomenológica cuidadosa mostra que o ego transcendental de Husserl é exatamente esse elemento não experienciado. Postular um ego no nível da consciência de primeiro grau é introduzir um elemento "opaco" na consciência, consequentemente ocluindo o que Sartre chama sua "translucidez", e assim, como Sartre, de um modo mais colorido, expressa, o ego transcendental é "a morte da consciência" (TE: 40).

Estamos agora nas proximidades da segunda principal objeção de Sartre à concepção de Husserl sobre o ego transcendental, ou seja, a de que o eu ou ego não serve para unificar a consciência. Colocada mais incisivamente, a afirmação de Sartre é que um eu ou ego assim não poderia desempenhar esse papel, uma vez que, como vimos, a introdução de um elemento não experienciado marca "a morte da consciência", em vez de estabelecer sua unidade. De acordo com Sartre, a consciência não necessita senão de si mesma para sua unidade; a intencionalidade da consciência, sua estrutura sintético-horizontal, confere toda unidade que ela requer. Para retornar ao exemplo de minha experiência de fazer pão, todos os momentos e modalidades daquele trecho de experiência formam um fluxo interconectado, unificado – as apresentações adumbrativas da tigela enquanto gira, os lados não vistos previsivelmente se tornando vistos, a simultaneidade dos cheiros de fermento e a audição do rádio – sem qualquer agente sintetizador complementar situado por detrás ou sob eles, ou seja, sem nenhum sujeito. Para Sartre, portanto, o ego não é uma fonte de unidade, mas em vez disso é estabelecido em uma unidade anterior que ele não criou.

Sartre certamente não quer negar que um eu ou ego é sempre manifesto na ou para a consciência; a consciência reflexiva, ou de segundo grau, é um fenômeno genuíno, e aqui um eu ou ego faz, na verdade, uma aparição. No entanto, Sartre afirma que a atenção cuidadosa à consciência reflexiva também ilustra as falhas na concepção de Husserl acerca do ego e seu lugar na fenomenologia. Em vez de uma característica transcendental, estruturalmente essencial, da consciência, o ego é um objeto transcendente *para* a consciência, que não difere, a esse respeito, de qualquer outra entidade mundana. O que isso significa é que mesmo atos de reflexão, da consciência de segundo grau, são ainda sem sujeito, em um importante sentido; o eu aparece como um objeto, como parte do conteúdo intencional da experiência, e não como seu sujeito. Essa característica transcendente, objetiva, do eu dita, para os próprios critérios de Husserl, que ele deve "cair diante do golpe da redução fenomenológica" (TE: 53). Aqui podemos ver o modo pelo qual Sartre planeja sua crítica à fenomenologia husserliana para constituir uma série de críticas internas, equivalentes a uma observância mais cuidadosa das críticas e métodos do próprio Husserl. Em *A transcendência do ego*, ao menos, Sartre não rejeita a redução fenomenológica (como Heidegger o faz em *Ser e tempo*, por exemplo) nem reconsidera os resultados desse procedimento.

A despeito do desejo de manter uma certa fidelidade à concepção madura de fenomenologia de Husserl (sem, é claro, o que Sartre vê como a inclusão errada de um ego transcendental), a prática real de Sartre da fenomenologia, e, portanto, sua concepção de método fenomenológico, em efeito, constitui uma separação significante. O que pretendo dizer aqui é que Husserl considera a reflexão como essencial ao método fenomenológico. Como vimos, "atos de segundo grau", ou seja, atos reflexivos, constituem "o *campo* fundamental *da fenomenologia*" (*Ideas* I: § 50). Ora, Husserl reconhece que a reflexão constitui uma "modificação" da experiência de primeiro grau. A reflexão, Husserl admite, "*altera* o processo subjetivo original", de modo que ele "perde seu modo original, 'direto', pelo próprio fato de que a reflexão constrói um objeto a partir do que era previamente um processo subjetivo, mas não objetivo" (CM: § 15).

Ao mesmo tempo, Husserl não está preocupado com essas alterações, uma vez que "a tarefa da reflexão [...] é não repetir o processo original"; em vez disso, o objetivo da reflexão é "considerar [...] e explicar o que pode ser encontrado" no processo original (CM: § 15). Em *A transcendência do ego*, Sartre escreve:

> Husserl é o primeiro a reconhecer que um pensamento irrefletido experimenta uma modificação radical ao se tornar refletido. Mas é necessário restringir essa modificação à perda da "ingenuidade"? O essencial da mudança não seria a aparição do eu? (TE: 45-46).

O peso crítico da segunda questão de Sartre não deveria ser subestimado, já que, se ele estiver certo, as modificações efetuadas pela reflexão se estendem ao *conteúdo*, como oposto justamente ao "modo", da consciência de primeiro grau, alterando-o radical e enganosamente. Mas se isso ocorre, a reflexão não pode ser o método próprio para "considerar e explicar" atos da consciência de primeiro grau, uma vez que ela inevitavelmente afirmará como características essenciais o que são, na verdade, artefatos de sua própria operação, a presença afirmada do eu ou ego sendo um caso principal em questão.

A crítica de Sartre força não somente uma re-avaliação dos resultados dos procedimentos fenomenológicos, mas uma reconsideração desses próprios procedimentos. A descrição fenomenológica adequada da consciência de primeiro grau não pode ser via reflexão, uma vez que a reflexão falha em preservar o caráter sem sujeito da experiência não reflexiva. Mas como então a fenomenologia deveria proceder? Como estabelecermos que falta à consciência de primeiro grau um eu ou ego, se a reflexão nos desencaminha ao introduzir um? Afinal, o próprio Sartre não afirma estar cuidadosamente prestando atenção à consciência de primeiro grau, descrevendo-a e explicando-a, e não é essa atenção cuidadosa exatamente o tipo de apreensão reflexiva que Husserl recomenda? Como poderia haver fenomenologia sem reflexão? Em vez de refletir sobre sua experiência não reflexiva, Sartre, em troca, caracteriza-se como "conspirando" com essa experiência, no sentido de reviver a experiência enquanto segue ao lado dela. De acordo com Sartre: "é necessário que eu dirija minha atenção para os objetos ressuscitados, mas *sem perder de vista a consciência irrefletida*, preservando com ela um tipo de cumplicidade e inventariando seu conteúdo de maneira não posicional" (TE: 46). Essa prática fenomenológica conspiratória de observar a experiência à medida que ela é re-atuada na memória, em vez de interrompê-la à medida que ocorre, é inerentemente retrospectiva para Sartre. Se, enquanto faço pão, eu fosse parar e refletir, minha absorção em minha atividade seria interrompida e eu teria a experiência de *mim mesmo* vendo, ouvindo, cheirando e sentindo, e eu erraria, fenomenologicamente, caso fosse reler esse eu aparente em minha experiência até esse momento de reflexão. Em vez disso, eu me dou conta de que minha experiência enquanto faço pão carecia de um eu ou ego para revivê-la após ter transcorrido. Ao recordá-la *tal como* foi vivida inicialmente, posso agora apreender que nenhum eu ou ego figurou nesse episódio de consciência.

Considere como um outro exemplo aquelas vezes em que nós, como se costuma dizer, "nos perdemos" em pensamento. Durante qualquer momento em que eu esteja assim "perdido", não me dou conta de que um eu está ausente de minha experiência. Caso fosse atingido por esse pensamento, não estaria mais perdido, e sim reflexivamente consciente de mim mesmo. Em outras palavras, eu não posso ter o pensamento "Aqui estou eu tendo experiências semo-eu", uma vez que a própria ocorrência desse tipo de pensamento introduz precisamente o que estava até então faltando. Entretanto, quando sou despertado de minhas divagações, posso então reconhecer que estava, na verdade, perdido em pensamentos e posso também relatar o episódio em detalhes consideráveis: o que estava pensando; a ordem de meus pensamentos; os sentimentos presentes em tais pensamentos, incluindo o caráter do episódio como marcado por meu *estar perdido*. À medida que tais avaliações retrospectivas, em vez de reflexivas, são possíveis (e Sartre afirma que "por definição é sempre possível reconstituir o momento completo" (TE: 46) da consciência irrefletida), existe então amplo material para a descrição fenomenológica.

A qualificação com que essa afirmação final está envolvida pode resultar ser consideravelmente mais severa do que a confiança de Sartre sugeriria. Falta em Sartre qualquer argumento para o fato de ser "por definição sempre possível" reconstruir a consciência de primeiro grau, e, certamente, algo que nos diga como nos certificarmos de que qualquer "reconstituição" assim reproduza, fielmente, a experiência original. Ou seja, Sartre não responde à questão de como separamos revivificações acuradas de experiências previamente desfrutadas das não acuradas, de modo a determinar, por exemplo, que uma re-atuação é uma reprodução mais fiel do que outra; nem nos diz como impedir a introdução de características que não estavam presentes da primeira vez. Deixar tais preocupações sem tratamento, no mínimo, ameaça colocar a "retrospectiva conspiradora" de Sartre na mesma situação da reflexão, ou seja, como uma fonte de distorção e corrupção em vez de uma garantidora da fidelidade descritiva. Como veremos no capítulo 5, essas preocupações são mais profundas, de modo que ignorá-las não é um descuido menor ou omissão da parte de Sartre; ao contrário, alguns argumentaram que essas preocupações, suficientemente desenvolvidas, ameaçam a própria possibilidade da fenomenologia.

A constituição do ego revisitada

Se o ego é um objeto transcendente à consciência, aparecendo a ela nos atos de segundo grau, reflexivos, que tipo de objeto ele é? Essa questão é proposta como puramente fenomenológica, ou seja, como perguntando pelos modos sob os quais o ego aparece na e para a consciência; a questão é, portanto, concernente à constituição do ego precisamente da mesma maneira que a fenomenologia pergunta pela constituição de outras entidades transcendentes, tais como a pedra e a melodia exploradas no capítulo 1. Que para Sartre o ego seja transcendente à consciência, um "ser do mundo", como ele diz, fornece uma pista sobre como uma descrição de sua constituição deveria suceder. Ou seja, na fenomenologia de Husserl uma característica definidora das entidades transcendentais é que elas são dadas adumbrativamente, através de apresentações parciais, perspectivas: eu sempre ouço a melodia nota por nota; eu sempre vejo um lado ou outro da pedra; e assim por diante. Na descrição de Sartre, isso ocorre do mesmo modo com o ego: sua aparição na consciência de segundo grau é sempre parcial, trata-se de apresentações que fornecem somente perspectivas incompletas sobre ele. Considere um dos próprios exemplos de Sartre: a transição de um sentimento momentâneo de repulsa na presença de Peter para a conclusão mais reflexiva de que eu odeio Peter. O sentimento momentâneo, como um episódio da consciência de primeiro grau, é sem dono e, portanto, sem ego; além disso, o sentimento está inteiramente presente no episódio. Não existe distinção a ser feita aqui entre parecer sentir repulsa na presença de Peter e realmente sentir repulsa, o que indica o caráter não adumbrativo da manifestação de sentimento à consciência. O caso do ódio, porém, é marcadamente diferente, estendendo-se bem além de qualquer episódio momentâneo da consciência. O ódio é um estado duradouro vinculado ao eu. Assim, concluir que eu odeio Peter é me arriscar a um padrão futuro de sentimentos e atitudes. Dizer que eu odeio Peter é dizer mais do que, nesse exato momento, um ataque de repulsa, mesmo que intenso, está presente à consciência. Na verdade, odiar Peter significa, por exemplo, que, quando me acordar amanhã, ainda vou odiá-lo; esse pensamento sobre ele ocasionará sentimentos similares; que eu esteja inclinado a dizer, ou ao menos a pensar para mim mesmo, que eu o odeio; que eu não sairei de meu caminho para ser amável com ele, exceto hipocritamente, e assim por diante. Como Sartre habilidosamente expressa, a postulação reflexiva do ódio envolve uma "passagem ao infinito" (TE: 63). (O caso é precisamente análogo a concluir que "eu vejo uma cadeira" com base em uma apresentação perspectiva, uma vez que o ser da apresentação de uma cadeira (real) significa, dentre outras coisas, que eu posso ver outros lados seus, que se eu esticar meu braço para tocá-la minha mão não irá passar através dela, que eu posso sentar nela, que ela não vai desaparecer e reaparecer várias vezes nos próximos cinco minutos e assim por diante.) E é claro que eu posso estar errado sobre essas coisas: o sentimento pode amainar; Peter e eu podemos "parecer amáveis"; os muitos episódios de aborrecimento previstos podem não suceder. Assim, diferente do caso do sentimento de repulsa, uma distinção entre parecer odiar e realmente odiar *pode* ser traçada; eu posso apenas parecer odiar Peter. Que eu o odeie é uma conclusão apressada, extraída do que resulta ser meramente um breve episódio de maus sentimentos.

O exemplo de ódio pode ser generalizado e estendido, uma vez que para Sartre o ego que aparece na consciência reflexiva é, fundamentalmente, a *unidade* de *estados*, tais como ódio, assim como de *ações* (embora Sartre também inclua uma terceira categoria, as *qualidades*, como um tipo de intermediário opcional entre estados e ações: por exemplo, como uma pessoa má (qualidade), estou inclinado a *odiar* (estado) Peter e *desejar* (ação) que ele morra). Por "ações", aqui, Sartre não quer dizer ações corporais (essas ocupam uma categoria separada, discutida brevemente abaixo), mas, sim, ações "psíquicas", tais como as ações de duvidar, acreditar, desejar etc. O eu aparece nesses estados e ações reflexivos como o mesmo, de modo que, por exemplo, o eu que odeia Peter é o mesmo eu que duvida que Paul chegue na hora. Existe, contudo, uma peculiaridade que Sartre nota na constituição do eu ou ego. Por um lado, qualquer que seja o conteúdo que o eu tenha ele é dado por meio dos estados e ações reflexivos da consciência de segundo grau, ou seja, nada mais parece haver para o eu além do papel que ele desempenha ao unir esses vários estados e ações (aqui, é um lugar em que, a despeito de seu total desacordo, as ideias de Sartre são semelhantes às de Husserl no que concerne à constituição do ego puro). Sartre diz, de diversos modos, que o ego é "a totalidade infinita dos estados e das ações que nunca é redutível a *uma* ação ou a *um* estado" (TE: 74), e que "não nos parece que poderíamos encontrar um polo esquelético se tirássemos uma a uma todas as suas qualidades [...] no final desse despojamento nada restaria; o ego teria desaparecido" (TE: 78). Por outro lado, o eu aparece na reflexão como uma fonte ou substrato desses vários estados, ações e qualidades e, assim, como tendo um tipo de prioridade relativa a eles. Paradoxalmente, "a reflexão objetiva uma relação que atravessa o tempo pelo avesso e que dá o *eu* como a fonte do estado" (TE: 77).

O ego, cuja constituição estivemos considerando, é um objeto exclusivamente disponível para e pela consciência de segundo grau, ou seja, por atos reflexivos. Existe, entretanto, outro sentido de "eu", considerado por Sartre, que não envolve reflexão. Esse eu não reflexivo aparece quando, enquanto estou fazendo pão, por exemplo, perguntam-me o que estou fazendo e respondo, sem interromper minha atividade: "Eu estou fazendo pão". O "eu", aqui, Sartre sustenta, é "vazio", à medida que nada determinado é apresentado em conexão como ele; um eu não se mostra aqui, senão adumbrativamente, como a "fonte" do fazer, como o titular da ação, e, assim, como o referente do relato. Quando uso "eu" desse modo, estou usando-o quase na forma de uma terceira pessoa, como outro modo

Fenomenologia **123**

de identificar algo acontecendo no mundo, em vez de revelar ou relatar minha existência interior. À medida que qualquer coisa é identificada por esse uso do "eu", ele seria meu corpo enquanto o lugar ou centro dessas atividades. Sartre se refere ao corpo, aqui, como constituindo um "preenchimento ilusório" (TE: 90). Imagino que, com isso, ele queira dizer que meu corpo não é, de modo particular algum, manifesto à consciência no momento desses tipos de relatos. Pense, aqui, sobre a peculiaridade de substituir "eu" por "meu corpo": "Meu corpo está fazendo bolo" em vez de "Eu estou fazendo bolo". A artificialidade da substituição indica que meu corpo realmente não serve para desempenhar o sentido de "eu" quando usado de um modo não reflexivo.

Individualidade e autoconhecimento

Uma consequência do compromisso de Sartre com a transcendência do ego é uma distinção acentuada entre a consciência e a psique. De acordo com Sartre, "A psique é o objeto transcendente da consciência reflexiva", e é também "o objeto da ciência chamada 'psicologia'" (TE: 71). Embora a consciência seja "transparente", imediata e exaustivamente manifesta (na verdade, a consciência nada mais é do que manifestação), a psique em geral, como um objeto transcendente, não desfruta de *status* epistemológico algum em comparação com qualquer outra categoria de entidades transcendentes; o conhecimento em todas essas categorias é igualmente parcial, incompleto, falível e revisável. Mais radicalmente, talvez, Sartre extraia essa conclusão mesmo quando se trata do autoconhecimento: para o conhecimento, por assim dizer, de meu próprio eu ou ego. Não ocupo posição especial alguma, não tenho acesso especial algum, quando se trata de adquirir conhecimento sobre meu próprio ego: eu sou manifesto a mim mesmo não menos adumbrativamente do que sou para você; minhas conclusões sobre meus próprios estados e ações são tão falíveis e abertas para revisão como minhas conclusões sobre os seus; e assim por diante. Existe ainda, para Sartre, um tipo de assimetria entre a perspectiva de primeira e de terceira pessoa com respeito a qualquer ego particular, mas isso é somente uma questão acerca do que Sartre chama "intimidade", pela qual ele significa que meu ego constitui, para mim, um tipo de interioridade, uma vida psíquica da qual eu participo. Como tal, meu ego é manifesto para mim de dentro dessa vida em curso. O ego que odeia Peter é manifesto a mim por meio de sentimentos de repulsa que o ego tem, quando sou esse ego, embora alguém tivesse que extrair essa conclusão sobre mim por outros meios (que não, certamente, o de sentir *meus* sentimentos). Mas embora eu esteja mais intimamente conectado com meus sentimentos de repulsa, ou seja, por tê-los ou sofrê-los, eu posso ainda estar errado sobre minha conclusão de que eu odeio Peter, de que esse estado na verdade se vincula ao meu ego. Alguém, apenas observando meu ataque de fúria em vez de vivenciá-lo, pode, não obstante, estar mais correto em concluir que eu não odeio realmente Peter, que minha raiva vai passar e que amanhã será como se nada tivesse acontecido. A intimidade, portanto, não deve ser confundida com autoridade.

As preocupações de Sartre com relação ao autoconhecimento são ainda mais profundas, e se originam, fundamentalmente, de suas conclusões concernentes ao *status* peculiar do ego relativo a outras entidades transcendentes. O que quero dizer aqui é que mesmo que neguemos, como Sartre faz, qualquer tipo de autoridade de primeira pessoa quando se trata de autoconhecimento, de modo que eu não tenha "acesso privilegiado" algum a mim mesmo, isso por si só não descarta totalmente a possibilidade do autoconhecimento. Uma negação assim significa apenas que o autoconhecimento não é tão especial como, com frequência, os filósofos fizeram parecer: é falível, aberto à revisão, passível de correção, mesmo de uma perspectiva de terceira pessoa, e assim por diante. Isso, como sugeri, já é uma conclusão radical, relativa a muitos pontos de vista filosóficos, mas Sartre parece ir ainda mais longe. Em alguns pontos, ele sugere não somente que o autoconhecimento não é mais confiável do que o conhecimento de outro, mas que é, em vez disso, invariavelmente menos. A própria intimidade com que o ego é dado em meu próprio caso impede que eu venha a conhecê-lo. Tudo o que Sartre considera como os procedimentos-padrão para conhecer uma entidade transcendental (Sartre lista observação, aproximação e antecipação como exemplos de tais procedimentos – cf. TE: 86) envolve assumir um ponto de vista externo sobre a entidade a ser conhecida, e, portanto, devido à internalidade de minha perspectiva acerca do ego, esses procedimentos não se ajustam ao meu projeto de reunir conhecimento sobre mim mesmo. Embora eu possa tentar obter algum distanciamento com relação ao meu ego, reunindo informação da mesma maneira que o faria se estivesse na tarefa de aprender algo sobre alguém, ao fazer isso eu perco de vista a própria coisa que quero conhecer. A busca por distanciamento nega a própria intimidade com a qual o ego é dado, elidindo, desse modo, o objeto de minha investigação. Como Sartre conclui: "Portanto, 'conhecermo-nos realmente' é inevitavelmente nos considerarmos sob o ponto de vista do outro, quer dizer, um ponto de vista que é necessariamente falso" (TE: 87).

Recorde a passagem de Hume citada bem no começo deste capítulo. Lá, Hume sugere que qualquer tentativa por meio da introspecção para situar seu eu – ou seja, aquilo que possui suas várias percepções – se mostra vazia; tudo que Hume relata ser capaz de encontrar são apenas mais percepções, vários pensamentos e sentimentos. Hume conclui que nada corresponde à noção de um eu: a noção falha em identificar qualquer coisa além das várias percepções detectadas através da introspecção. O eu é, portanto, um tipo de ficção, de acordo com Hume, e, assim, nesse sentido, o autoconhecimento é impossível, não devido a quaisquer dificuldades com respeito ao acesso ou perspectiva, mas porque não existe eu algum para conhecer. A posição de Sartre sobre o ego pode em princípio parecer completamente contrária à de Hume. Por exemplo, embora o ego seja dado somente adumbrativamente, e, portanto, possua o tipo de "opacidade" comum a todas as entidades transcendentes, Sartre insiste que ele não é dado somente hipoteticamente. Conquanto eu possa sempre, para qualquer estado ou ação dada que eu considere meu ego ter ou executar, conceber a possibilidade de que esse juízo seja equivocado ("Talvez eu não odeie Peter", "Talvez eu não duvide da amizade de Paulo", e assim por diante), não faz sentido, Sartre pensa, raciocinar desse modo sobre o próprio ego. "Talvez eu não tenha ego" é patentemente absurdo, assim como é a conjectura "Talvez eu tenha um ego". Embora a rejeição de Sartre à ideia de que a existência do ego é hipotética possa parecer conferir um tipo de certeza acerca de sua existência, esse não é o caso. Em vez disso, a absurdidade dessas duas sentenças hipotéticas deriva, de acordo com Sartre, da ideia de que atribuir estados e ações a um ego nada acrescenta a eles e, portanto, eu não incorro em outro compromisso por meio dessa atribuição. Na verdade, Sartre compara a relação entre o ego e seus estados à da "produção poética" (TE: 77), de acordo com sua descrição da manifestação do ego como envolvendo uma travessia inversa do tempo, que empresta ao ego uma aura um tanto mágica. Na verdade, Sartre afirma que "é exclusivamente em termos mágicos que deveríamos falar das relações do *eu* com a consciência" (TE: 68), e que "somos mágicos para nós mesmos cada vez que vemos nosso *eu*" (TE: 82). Sartre, portanto, parece, aqui, um pouco mais perto de Hume do que podemos ter inicialmente pensado. A manifestação "poética", mesmo "mágica", do ego relembra a estratégia geral de Hume ao explicar a origem das ideias para as quais não existe impressão correspondente alguma por apelo ao funcionamento da imaginação.

Igualmente mágica é a fala de Sartre sobre o "evanescimento" do ego na remoção de todos os estados, ações e qualidades que ele reúne. Ora, essa ideia não necessita ser interpretada como subvertendo a realidade do ego. Afinal, para qualquer entidade transcendente, poderíamos muito bem nos perguntar o que permanece quando todas as suas várias propriedades ou qualidades são consideradas ausentes. Para sustentarmos que uma entidade transcendente é real, não necessitamos estar comprometidos com a ideia de que ela existe como algum tipo de substrato simples, independente de toda e qualquer qualidade que possa possuir. Contudo, o que Sartre tem em mente aqui vai mais longe, sugerindo algo não análogo ao que se aplica a outros objetos transcendentes. O ponto pode ser expresso assim: mesmo que sustentemos que uma cadeira, por exemplo, nada seja além de suas várias propriedades ou qualidades, nós ainda em geral pensamos que, quando apreendemos essas qualidades, apreendemos, desse modo, a cadeira. A cadeira é aberta à visão quando suas qualidades são manifestas, mesmo que concedamos que a visão seja parcial, incompleta, aberta à revisão, e assim por diante. De acordo com Sartre, as coisas são de outro modo no caso do ego: "O ego nunca aparece, de fato, exceto quando alguém não está olhando para ele" (TE: 88). (Tente dizer isso sobre uma cadeira!) Para entender por que Sartre sustenta essa visão, recorde sua ideia central, a saber, a de que o ego é manifesto na consciência reflexiva como a unidade dos estados e ações. O ego é apreendido nesses momentos de consciência por meio dos estados e ações; ele aparece "por detrás do estado, no horizonte" (TE: 88). Tentar apreender o ego diretamente, para torná-lo unicamente o objeto da consciência, rompe o domínio da reflexão: "Eu retrocedo ao nível irrefletido, e o ego desaparece junto com o ato refletido" (TE: 88-89). O desaparecimento observado aqui sinaliza uma vez mais uma acentuada desanalogia entre o ego e outras entidades transcendentes. "O ego", Sartre escreve, "é um objeto que aparece somente na reflexão, e que é, por conseguinte, radicalmente extirpado do Mundo [sic]" (TE: 83). (Eu deveria observar aqui que existe uma tensão um tanto óbvia entre essa última afirmação e a afirmação inicial de *A transcendência do ego*, a saber, que o ego "está do lado de fora, *no mundo* [...] um ser do mundo, como o ego de outro". No que lhe concerne, Sartre não trata dessa aparente contradição.) A futilidade de tentar obter um "olhar" direto para o ego, primeiro plano da nossa consciência consciente, em vez de espreitar no horizonte, leva Sartre a concluir que "o ego é *por natureza* fugaz" (TE: 89). Embora não exatamente a posição de Hume, a de Sartre é talvez uma explicação dela; ou seja, se Sartre está correto, então podemos entender por que a busca de Hume estava condenada desde o início.

Consciência, nada e má-fé

Como mencionado no início do capítulo, *A transcendência do ego* é um trabalho inicial de Sartre, escrito um pouco depois de sua introdução à fenomenologia, mais de uma década antes de sua própria autodescrição como um "existencialista", e quase uma década antes da publicação de seu maciço *O ser e o nada* em 1943. A despeito desse lapso de tempo, e a despeito do aumento em cerca de dez vezes o tamanho do primeiro trabalho para o segundo, muitos dos temas centrais de *O ser e o nada* são antecipados por *A transcendência do ego*. No restante deste capítulo, em vez de tentar algo como um sumário abrangente de *O ser e o nada*, tentarei esboçar algumas dessas linhas de continuidade, a fim de mostrar como a crítica inicial de Sartre a Husserl principiou o desenvolvimento de uma visão filosófica elaborada e ricamente urdida.

Como vimos, em *A transcendência do ego* Sartre ainda concebe a fenomenologia como operando dentro de uma estrutura predominantemente husserliana: sua disputa com Husserl concernente à questão acerca do ego transcendental é, podemos dizer, uma disputa intramuros. Sartre, portanto, concebe a consciência, ao menos como estudada pela fenomenologia, em termos de pureza e translucidez, e, assim, em termos da redução fenomenológica. Na verdade, Sartre vê sua prática da redução como mais rigorosa do que a de Husserl, purificando o campo da consciência consciente de *todas* as entidades transcendentes, incluindo o eu ou ego. O campo resultante é inteiramente desprovido de objetos, e, portanto, por estranho que isso soe, não é, realmente, algo. Como Sartre expressa próximo do fim de *A transcendência do ego*:

> O Campo Transcendental, purificado de toda estrutura egológica, recupera sua transparência inicial. Em um sentido, é um *nada*, uma vez que todos os objetos físicos, psicofísicos e psíquicos, todas as verdades, todos os valores estão fora dele; uma vez que meu Eu cessou ele próprio de fazer parte dele (TE: 93).

A equiparação que Sartre faz da consciência com o nada antecipa as seções de abertura de *O ser e o nada*, nas quais argumenta que a existência humana, um aspecto essencial do que é a consciência ou o que Sartre vem a chamar o "ser-para-si" (no qual o "para" indica autopresença ou autoconsciência, em vez de egoísmo, como quando dizemos que alguém está somente voltado para si mesmo) é a fonte do não ser. Ou seja, Sartre argumenta que se tentarmos conceber a realidade em si mesma, o que ele chama o "em-si", encontraremos, então, a "positividade pura", ou seja, o que é real ou puramente existente inclui nada irreal ou não existente. Entretanto, quando descrevemos o mundo como o experienciamos, nós o caracterizamos em termos tanto positivos como negativos. Eu digo, por exemplo, que minha xícara de café está sobre minha mesa, mas também que não está no andar de baixo; que minhas chaves não estão no porta-chaves próximo à porta; que eu não tenho mais um suéter favorito porque foi destruído pelas traças. Todas essas descrições incorporam algum tipo de negatividade, descrevendo o mundo tanto em termos de como é como em termos de como não é.

Se refletirmos sobre esses exemplos, podemos chegar a notar a ubiquidade dessas formas de descrição, de tal modo que pode começar a parecer difícil descrevermos o mundo sem nos utilizarmos de termos carregados negativamente. Na verdade, a dificuldade aqui não diz respeito apenas a como podemos descrever o mundo, mas, mais basicamente, a todos os nossos modos de encontrar e atuar no mundo. Por isso eu ter dito acima que "se tentarmos conceber a realidade em si mesma", uma vez que Sartre pensa que à medida que percebemos e descrevemos o mundo de determinados modos, essas percepções e descrições incorporam algum tipo de negatividade. Na verdade, a própria ideia de determinaçao pressupõe isto: quando algo é determinado, então existe de algum modo particular e não de outro (meu cachorro, sendo um cachorro, não é um gato; minha xícara de café, sendo uma xícara de café, não é um cachorro, e assim por diante). O máximo sentido que podemos extrair da realidade em si mesma é uma plenitude indiferenciada da existência, algo que Sartre pensa ser quando muito apenas manifesto em momentos do que ele chama "náusea", quando experienciamos a realidade apenas como um vazio repugnante que-ela-é.

Embora sua descrição sobre a origem do nada sustente que a consciência ou subjetividade seja, de algum modo, sua fonte, Sartre argumenta contra a ideia de que o nada deva ser explicado através da elaboração de juízos negativos, derivando-o do ato subjetivo da negação. A negatividade é, Sartre insiste, "pré-judicativa", o que significa que os juízos negativos são fundados no nada, e não o contrário. Para usar o exemplo de Sartre (cf. BN: 40-44), quando estou procurando por Pierre no café e dou pela sua falta, tanto sua ausência como as mesas e cadeiras que estão lá são parte de minha experiência perceptual do café. Ou seja, eu não julgo meramente que Pierre está ausente com base no que percebo; em vez disso, eu percebo sua ausência junto com as mesas e cadeiras (na verdade, ele argumenta que a ausência de Pierre é o objeto mais proeminente de minha experiência perceptual, os outros itens presentes de fato no café formando apenas o pano de fundo). A ausência palpável de Pierre é marcadamente diferente das ausências que eu posso notar de um modo mais puramente intelectual, por exemplo, se eu fosse julgar que Abraham Lincoln também não estava no café, junto com Sócrates, Napoleão e um sem-número de outros. Esses últimos casos são exclusivamente criaturas de juízo, pospostos ao café tal como eu o experiencio. A ausência de Pierre, por contraste, é um exemplo do que Sartre chama *"negatités"*: características negativamente carregadas do mundo; "conglomerados de nada" povoando a realidade tal como a percebemos e concebemos. Embora o nada não possa ser concebido como uma imposição subjetiva por meio do ato de juízo, eu estou, apesar disso, inextricavelmente envolvido no fato de a ausência de Pierre ser uma característica perceptual da situação. É somente porque estou procurando por Pierre, somente porque eu espero encontrá-lo no café, e assim por diante, que ele está ausente do café. Sem essas expectativas, a ausência de Pierre não é uma característica do café mais do que a de Napoleão. Esse ponto pode ser generalizado: as características negativas do mundo, todas as *negatités*, não podem ser explicadas exceto em relação às atitudes humanas para com o mundo. "O ente humano é o ente por meio do qual o nada chega ao mundo" (BN: 59).

Esse apelo às atitudes humanas nos coloca inequivocamente no domínio da intencionalidade, no domínio da consciência, e isso fornece um *insight* mais profundo sobre as origens do nada. Como vimos na passagem citada de *A transcendência do ego*, a própria ideia de consciência envolve a ideia do nada. A consciência "é um nada", e isso pode ser identificado na própria noção de intencionalidade. Os estados conscientes são sobre objetos, mas não são esses objetos. A intencionalidade, portanto, envolve um tipo de déficit ou lacuna, apresentando ou representando objetos sem literalmente ter ou ser esses objetos. A consciência é acerca de algo que ela não é, e nesse sentido, portanto, é o que ela não é. Sartre, então, pensa que uma característica definidora do para-si, da existência humana entendida em termos de consciência, é a falha do princípio de identidade (a máxima do Bispo Butler, segundo a qual "tudo é o que é e não uma outra coisa" falha em se manter válida no domínio do para-si). Uma vez mais, essa ideia é antecipada em *A transcendência do ego*, onde Sartre conclui que os estados conscientes, como um tipo de nada, não podem ser explicados por quaisquer realidades precedentes:

> Portanto, cada instante de nossa vida consciente nos revela uma criação *ex nihilo*. Não um novo *arranjo*, mas uma nova existência. Assim, há algo angustiante para cada um de nós: apreender, no ato, essa incansável criação da existência, da qual *nós* não somos os criadores. Nesse nível o ente humano tem a impressão de incessantemente escapar de si mesmo, de se transbordar, de ser surpreendido pelas riquezas que são sempre inesperadas (TE: 98-99).

Quero enfatizar especialmente a conclusão dessa passagem, com sua imageria de fuga e transbordamento. Essas imagens antecipam a rejeição anterior do princípio de identidade ao definirem o para-si. Como não autocoincidente, a existência humana é inerentemente paradoxal, como pode ser visto em muitas formulações de Sartre, por exemplo, quando diz que um ente humano é "um ente que é o que não é e não é o que é" (BN: 107), e, escrevendo na primeira pessoa, "eu sou o eu que serei, sob a forma de não sê-lo" (BN: 68). Essas formulações, baseadas em ideias de *A transcendência do ego*, mas não completamente formadas até *O ser e o nada*, por sua vez, apoiam a afirmação de Sartre de que, no caso dos entes humanos, "a existência precede a essência" (cf. BN: 438, 439, 480), que se tornaria o slogan definidor do existencialismo de Sartre (cf. HE: 34).

Existencialismo

O termo "existencialismo" (na verdade, seu equivalente francês) foi cunhado por Marcel, que o aplicou ao pensamento de Sartre e de Simone de Beauvoir. Sartre, inicialmente, rejeitou a denominação, afirmando não saber o que significava. Logo depois, em seu *O existencialismo é um humanismo*, Sartre aplicou providencialmente o termo, tanto à sua própria concepção como à de outros antes dele, incluindo Heidegger, a despeito de um atraso de aproximadamente duas décadas entre o aparecimento de *Ser e tempo* e o neologismo de Marcel. O termo veio a ser associado não somente a Heidegger, mas também a outras figuras do início do século XX, tais como Karl Jaspers (cuja "*Existenzphilosophie*" foi, sem dúvida, uma fonte de inspiração para a cunhagem de Marcel) e Martin Buber, bem como a figuras do século XIX, tais como Friedrich Nietzsche e Søren Kierkegaard. Vários contemporâneos de Sartre também foram denominados como pensadores existencialistas, incluindo Merleau-Ponty e Albert Camus. Para Sartre, os compromissos definidores do existencialismo são, em primeiro lugar, que, no caso dos entes humanos, "a existência precede a essência", e, em segundo, que "a subjetividade deve ser o ponto de partida". O que essas duas sentenças indicam é o interesse do existencialismo pelo caráter especial da existência humana, como algo irredutivelmente subjetivo e, portanto, inadequado para ser completamente apreciado ou explicado a partir de um ponto de vista objetivo. Para o existencialista, esse interesse não é de importância meramente teórica, mas acarreta significância igualmente prática. Uma vida genuinamente humana pode ser vivida somente no reconhecimento desse *insight* sobre a existência humana; ao mesmo tempo, o existencialista se preocupa com o fato de que todos nós, com frequência, também perdemos ou obliteramos nossa liberdade, e, em troca, passamos nossa vida afligidos pelo "desespero" (Kierkegaard), como membros do "rebanho" (Nietzsche), como afundados na "inautenticidade" (Heidegger), ou na "má-fé" (Sartre).

Existe outro elemento antecipatório sobre a passagem acima, junto com a imageria de fuga e transbordamento: a sugestão de Sartre de que essas imagens são "aflitivas". A inerente paradoxalidade da existência humana significa que os entes humanos são inelutavelmente propensos à angústia. Por ser perturbada, a existência humana é, por conseguinte, também perturbadora. Aqui vemos um eco das ideias iniciais de Heidegger sobre o Dasein; enquanto um ente para o qual o "ser é um tema", e, portanto, um ente cujo ser pressupõe sempre um "ainda-não", a angústia é uma possibilidade permanente. Existe outro eco de Heidegger na concepção de Sartre. Do mesmo modo que o Dasein formula estratégias para fugir à ameaça da angústia e sua revelação acerca do inelutável "ainda-não", os entes humanos, na descrição de Sartre, com frequência, também lutam para encobrir esse fato infeliz sobre nosso modo de existência. Em vez de inautenticidade, Sartre escreve "má-fé". A ideia da má-fé é uma vez mais antecipada pela descrição anterior de Sartre sobre o ego, que se manifesta à consciência como um objeto transcendente e igualmente como a fonte da consciência. A consciência é, portanto, levada a se identificar com esse ego, e as várias e fúteis buscas para experienciar e conhecer esse eu indicam o esforço da consciência para atingir um tipo de fixidez ou estase. Escrevendo na Conclusão de *A transcendência do ego*, Sartre caracteriza uma possível relação entre a consciência e o ego que antecipa um dos padrões característicos da má-fé:

> Tudo se passa, portanto, como se a consciência constituísse o ego como uma falsa representação dela mesma, como se ela se hipnotizasse diante desse ego que ela constituiu, se absorvesse nele, como se o tornasse sua salvaguarda e sua lei (TE: 101).

Os apelos de Sartre, nessa passagem, à falsa representação, à hipnose e à absorção indicam tentativas da consciência de evitar seu próprio nada: suprimir a angústia inerente a ele. A má-fé, uma vez que Sartre chega a conceber essas tentativas em *O ser e o nada*, compartilha dessa imageria, mas a estrutura da má-fé é mais complexa do que suas formulações anteriores, devido à sua divergência mais abrangente da fenomenologia husserliana. Em particular, no início da parte I de *O ser e o nada*, Sartre rechaça a redução fenomenológica como o ponto de partida apropriado para uma ontologia fenomenológica. Qualquer tentativa de purificar a consciência, ou o ser-para-si, rigorosamente quarentenada, ou de isolá-la do ser-em-si, é uma espécie de abstração, e Sartre sugere que seremos incapazes de reconciliar o para-si e o em-si novamente uma vez abstraídos; como Humpty Dumpty[5] depois de sua queda, essas duas regiões do ser estarão irreparavelmente separadas. (Se Sartre está correto aqui, a conclusão é devastadora para o projeto transcendental de Husserl, que procura responder à questão sobre como é possível para a consciência "atingir" ou "contatar" um objeto. Sartre compara uma concepção husserliana dos estados de consciência a "moscas se chocando com a janela sem serem capazes de transpor a vidraça" (BN: 153).) Em troca, a fenomenologia deve proceder "concretamente" ao investigar a existência humana enquanto se desenrola no mundo. A descrição de Sartre acerca das origens do nada ilustra esse método concreto, enquanto Sartre se move discretamente entre aspectos da realidade objetiva e vários modos, mais subjetivos, de apreender a realidade, mostrando como as duas estão, fundamentalmente, entrelaçadas (sem *negatités* fora da existência humana, mas nenhuma existência humana sem um mundo enquanto um *locus* para suas "condutas"). A existência humana não é puramente uma questão de ser-para-si, mas também não pode ser reduzida ao ser-em-si (como, por exemplo, as várias versões cientificamente fundamentadas de materialismo podem afirmar). A existência humana é uma mistura das duas, uma combinação do que Sartre chama "facticidade" e "transcendência". A facticidade se refere aos modos sob os quais a existência humana sempre tem alguma medida de determinação objetiva e história acumulada, e a "transcendência" registra os modos sob os quais a existência humana é sempre não completamente determinada, e, portanto, "adiante de si própria". (A terminologia,

---

5 Personagem de uma canção infantil inglesa. É retratado como um ovo de formas humanas, com rosto, braços e pernas. Esse personagem aparece em várias obras literárias inglesas, dentre elas *Alice através do espelho*, de Lewis Carroll [N.T.].

lida em íntima proximidade à nossa discussão sobre o trabalho inicial de Sartre, pode ser confusa, uma vez que o sentido de "transcendência", aqui, não deve ser confundido com a fala anterior de Sartre sobre a transcendência do ego. Embora marcasse anteriormente o ser transcendente do ego para a consciência, um objeto aparecendo nela, mas como fora dela, a "transcendência", agora, registra a ideia de que a consciência está sempre fora de si mesma, ultrapassando qualquer determinação momentânea.) Que a existência humana tenha essa estrutura combinatória indica, uma vez mais, sua natureza paradoxal. A má-fé, como uma estratégia para suprimir esse sentido de paradoxo e seu resultante sentimento de angústia, pode se mover em uma ou outra direção. Embora, em *A transcendência do ego*, o prenúncio da má-fé dissesse respeito à consciência lutando pela fixidez e determinação tantalizantemente oferecida pela manifestação do ego, em *O ser e o nada*, a existência humana pode, por meio da má-fé, lutar para ser mais semelhante ao objeto ou para, em geral, negar completamente sua objetividade, ou seja, eu posso estar de má-fé ao me considerar como pura facticidade ou como pura transcendência. Como veremos em breve, essa última formulação é equívoca, uma vez que falar sobre "me considerar", de um modo ou de outro, soa muito ativo, como se eu explicitamente me pensasse de um modo ou de outro. A má-fé não pode se referir a pensamentos explícitos, mas sim a padrões de atividade que manifestam essa autocompreensão.

A estrutura combinatória da existência humana não somente fornece a motivação para a má-fé, mas também serve para explicar sua possibilidade. Que a má-fé requeira uma explicação especial pode ser visto na discussão de Sartre sobre o autoengano, uma vez que a "má-fé é uma mentira a nós mesmos" (BN: 87). Tais mentiras, Sartre adverte, devem ser cuidadosamente distinguidas dos tipos de mentiras que contamos uns aos outros. Considere primeiro o engano ordinário, ou o que Sartre chama a "consciência cínica"

(BN: 87). Não existe coisa alguma particularmente misteriosa ou intrigante sobre o engano ordinário. Quando engano alguém, mantenho escondido dessa pessoa o que sei ser verdadeiro, usualmente enquanto me esforço para fazê-la acreditar, ou ao menos manter sua crença, no oposto. Como uma relação entre duas ou mais consciências, é fácil de entender como a verdade pode permanecer oculta. Que minha consciência e a consciência daquela pessoa que desejo enganar sejam separadas uma da outra garante que eu seja capaz de manter o que sei ser verdadeiro escondido, indisponível para quem desejo enganar (contanto que, é claro, eu seja cuidadoso e esperto, de modo a não me entregar ou deixar com que a verdade seja descoberta).

Autoengano, em contraste, não pode ser caracterizado por esse modelo simples: "A má-fé [...] tem, em aparência, a estrutura da mentira. Só que, na má-fé, o que muda tudo, é de mim mesmo que estou escondendo a verdade" (BN: 89). Uma vez que o enganador e o enganado são a mesma consciência, está longe de claro como posso saber que uma coisa é verdade (o que é necessário para eu poder desempenhar o papel de enganador) e ao mesmo tempo mantê-la oculta de mim (o que é necessário para eu poder desempenhar o papel de enganado). Se eu sei que alguma coisa é verdadeira, então eu não posso esconder esse fato de mim mesmo, e se alguma coisa é oculta de mim, então eu não posso saber se é verdadeira. A própria ideia de autoengano parece desmantelar-se ao pressupor requisitos que não podem ser simultaneamente encontrados. Se o autoengano é de fato possível, necessitamos, então, de uma descrição da consciência e da existência humana que torne essa possibilidade inteligível.

Um modo pelo qual podemos tentar entender a possibilidade do autoengano (e, portanto, a possibilidade da má-fé) é introduzindo uma cisão ou divisão na consciência, de modo a replicar a estrutura do engano ordinário; a verdade é mantida oculta em uma parte da mente, enquanto o oposto é considerado ser verdadeiro na outra. Em *O ser e o nada*, Sartre dedica atenção considerável a uma concepção extremamente influente dessa cisão ou divisão, a saber, a concepção de Freud acerca da mente como envolvendo a consciência e uma região mais subterrânea, o "inconsciente" (cf. BN: 90-96). O modelo bifurcado de Freud acerca da mente, junto com o mecanismo de "repressão", pareceria resolver o enigma do autoengano. A verdade profunda, obscura, é mantida reprimida na região do inconsciente, enquanto a consciência continua alegremente em uma feliz ignorância acerca dessa verdade. A despeito de sua sedução, entretanto, Sartre acha o modelo de Freud altamente insatisfatório. Não irei relatar a totalidade do argumento de Sartre aqui, mas a ideia básica é que o modelo de Freud, para servir como explicação do autoengano pressupõe, ao fim e ao cabo, a ideia de má-fé, e, portanto, não é explicação alguma. Ou seja, a divisão que Freud faz na mente corre o risco de tratá-la em termos do em-si, como dois repositórios, um marcado "consciente", o outro, "inconsciente", preenchido com vários itens (crenças, vontades, desejos etc.). Concebida assim, a mente é puramente passiva, e, portanto, não pode ser concebida como fazendo qualquer coisa a respeito de si mesma. Para evitar essa passividade, Freud pode, é claro, apelar para a atividade da repressão, e, assim, postular um censor que se coloca entre o inconsciente e a consciência, não permitindo com que itens problemáticos deixem o inconsciente e entrem na consciência. Mas como o censor "sabe" quais itens são problemáticos? Para serem problemáticos, eles devem ser aqueles que a pessoa, à qual pertence a consciência, acharia perturbadores ou disruptivos, e, portanto, esses vários itens reprimidos devem ser considerados problemáticos, a fim de serem reprimidos, e devem, enquanto reprimidos, permanecerem desconhecidos. Enquanto conhecidos e desconhecidos, encontramo-nos simplesmente duplicando o paradoxo do autoengano em vez de explicá-lo, e isso, Sartre pensa, não é explicação alguma. A fim de que uma pessoa consiga reprimir verdades indesejadas, ela deve estar de má-fé com respeito a si própria. A repressão, portanto, pressupõe, em vez de tornar inteligível, a possibilidade da má-fé.

Fundamentalmente, Sartre pensa que o que torna a má-fé possível é precisamente a estrutura combinatória da existência humana: que os entes humanos são uma combinação de facticidade e transcendência. Pelo fato de essa combinação ser inerentemente instável, os entes humanos estão em perigo de acentuar um aspecto combinatório em vez do outro. Os entes humanos podem viver e, igualmente, considerar-se, em termos predominantemente objetivos (e. g., quando eu me torno "mais maduro" e penso sobre meus padrões e rotinas como completamente determinados) ou em termos predominantemente transcendentes (e. g., quando rechaço meu passado inteiramente, afirmando que ele nada tem em absoluto a ver comigo ou com quem sou). Em outras palavras, os entes humanos caem na má-fé toda vez que são tentados a fazer afirmações de identidade com qualquer finalidade (isso é quem eu sou ou tudo aquilo que diz respeito a mim) ou a negar que qualquer coisa serve para identificá-los. Sartre se refere à má-fé como "metaestável", querendo dizer que ela é um fenômeno inerentemente instável, efervescente, algo no qual entramos e saímos várias vezes e de vários modos.

Considere o exemplo mais famoso de Sartre sobre a má-fé: o garçom do café (cf. BN: 101-103). Sartre se imagina sentando-se a uma mesa, observando o garçom exercendo seu ofício. O garçom, Sartre observa, é preciso e conscencioso em suas ações. Seu caminhar, à medida que se move de uma mesa a outra, a maneira com que carrega a bandeja de modo a parecer tanto precário como seguro, o ângulo de sua cabeça enquanto se inclina em direção a um cliente para anotar um pedido: tudo isso pareceria exemplificar perfeitamente os padrões definidores de um garçom de café. Eles o exemplificam, Sartre observa, quase perfeitamente, o que o leva a concluir que o garçom está fingindo ser um garçom: tratando sua ocupação como um papel que ele vivencia em vez de algo com que se identifica. Ora, dada a falta de autocoincidência na existência humana, não pareceria haver coisa alguma especialmente problemática sobre o garçom, mas Sartre declara que ele está de má-fé. A tensão no garçom do café pode ser identificada na oscilação entre diferentes sentidos nos quais ele pode declarar afirmações de identidade a respeito de si próprio. Ou seja, existem vários modos pelos quais ele pode declarar "eu não sou um garçom de café", e sua maneira de se comportar denuncia uma combinação desses diferentes sentidos. Em um sentido, "Eu não sou um garçom de café", declarado de si mesmo pelo garçom, está perfeitamente em ordem, uma vez que ele não é um garçom do modo que, por exemplo, minha xícara de café é uma xícara de café; uma vez que os entes humanos carecem de identidades fixas, nenhuma sentença é completamente verdadeira acerca de nós. Ainda assim, existe algo equívoco na declaração do garçom, no sentido de que ela é menos verdadeira quando declarada por ele do que, por exemplo, pelo dono da mercearia no fim da rua: o garçom do café é um garçom de café de um modo que o merceeiro não o é, no sentido de que ser um garçom identifica um de seus padrões de atividade, e não um dos padrões de atividade do merceeiro. O garçom, ao somente fingir ser um garçom, portanto, exemplifica esse último sentido de "Eu não sou um garçom de café", negando, por conseguinte, que ser um garçom tenha qualquer coisa a ver com quem ele seja. Ele, portanto, nega sua facticidade, identificando-se exclusivamente com sua transcendência, e, portanto, está de má-fé.

Dada a instabilidade e paradoxalidade da existência humana, podemos muito bem nos perguntar como a má-fé pode ser evitada: nós estamos sempre, parece, em perigo de realçar demais uma em vez da outra de nossas dimensões constitutivas. Isso pode ser assim, mas Sartre também afirma que "esses dois aspectos da realidade humana são e, na verdade, devem ser suscetíveis de coordenação válida" (BN: 98). Independentemente de como, ao fim e ao cabo, esta "coordenação válida" se pareça, Sartre é claro ao afirmar que o antídoto para os padrões de engano da má-fé não deve ser encontrado em noções tais como sinceridade, honestidade e boa-fé. Na verdade, Sartre argumenta que a sinceridade é ela própria um padrão da má-fé, uma vez que a admoestação para "ser como você realmente é" afirma sobre a existência humana precisamente o tipo de fixidez e determinação que falta a ela. Mas se a boa-fé não é melhor que a má-fé, que outras possibilidades existem?

Para responder a esta última questão, necessitamos considerar uma outra ideia que omiti até aqui de nossa discussão. Sartre sustenta que uma vez que os entes humanos, enquanto seres conscientes, são não autocoincidentes, eles são também seres cujo modo de existência é a liberdade. Nós somos, como Sartre notoriamente expressa, "condenados a ser livres" (HE: 41), precisamente porque não somos completamente determinados, e, portanto, incapazes de sermos sumarizados por um conjunto permanente de fatos. Nossa angústia e nossa liberdade estão vinculadas uma à outra (por isso a ideia de que somos *condenados* a ser livres). Nossa existência é algo que temos de confrontar e determinar por meio do existir, por meio das escolhas e decisões que tomamos. Os entes humanos, Sartre pensa, podem sempre confrontar sua existência em termos de escolha, enquanto padrões de atividade, podem sempre continuar ou descontinuar projetando-se no futuro.

A ideia de que os entes humanos são entes livres significa também que os entes humanos, por meio de sua capacidade de escolha, são sempre e completamente responsáveis pela forma de sua existência, e essa ideia de responsabilidade, eu sugeriria, fornece o antídoto para a má-fé. Ou seja, eu evito a má-fé quando ativa e abertamente afirmo minha completa responsabilidade por tudo em relação à minha existência (e vivo de acordo com isso). À primeira vista, isso pode soar apenas como outro padrão de má-fé, uma vez que a noção de "completa responsabilidade" pode soar como uma variação da "pura transcendência", igualmente permeada de

142   Pensamento Moderno

fantasia e distorção. Quando eu me considero completamente responsável, porém, eu não renego ou rechaço minha facticidade; ser completamente responsável requer o reconhecimento dos padrões de atividade que serviram para me definir até o presente, bem como a responsividade para com eles. Em vez de simplesmente negar esses padrões, declarando sua irrelevância para quem sou no presente, ao assumir a responsabilidade por eles, reconheço que sua continuação depende de mim: que eu posso projetar esses padrões no futuro ou escolher não fazê-lo. Fazer o último pode nem sempre ser fácil, e certamente requer mais do que apenas decidir não projetá-los ou viver do modo que vivi até agora. Ver essas mudanças de vida como ativando uma decisão ou declaração momentânea significaria cair novamente na má-fé.

Que a fenomenologia de Sartre fundamentalmente implica a completa responsabilidade do sujeito humano por sua própria existência revela a dimensão ética total de sua filosofia. Condenados a ser livres, seres conscientes confrontam o mundo em termos de escolhas e decisões, e, assim, devem avaliar suas ações à luz dessa liberdade. Eximir-se da tarefa de avaliação é, uma vez mais, um tipo de má-fé, uma vez que fazer isso envolve uma recusa a reconhecer o caráter distintivo da existência humana. A tarefa da fenomenologia, em contraste, é precisamente combater essa recusa: despertar o para-si para sua própria autorresponsabilidade. Embora não tenhamos dado muita atenção a ela, a ideia de que a fenomenologia tem uma dimensão ética não é nova na concepção de Sartre. *Ser e tempo* está igualmente interessado em despertar o Dasein para a possibilidade de sua "autenticidade", e mesmo Husserl, a despeito de sua abordagem teórica frequentemente mais fria, vê a fenomenologia como conectada com a realização de um tipo de autonomia cognitiva e ética. Embora a fenomenologia se caracterize, com frequência, se não sempre, como uma iniciativa puramente descritiva, suas descrições não são sem significância prática; na verdade, descobrir as descrições certas pode ser completamente transformador, convertendo-nos de entes semelhantes a coisas passivas, a sujeitos da experiência lúcidos, ativos, completamente atentos.

Sumário dos pontos-chave

• Sartre afirma, *contra* Husserl, que o ego não aparece na ou para a consciência na experiência não reflexiva.

• O ego aparece como um objeto transcendente na consciência reflexiva de segundo grau.

• O ego é constituído como outros objetos transcendentes, por meio de aparições adumbrativas incompletas.

• "O ego é *por natureza* fugaz", o que significa que qualquer tentativa de autoconhecimento é, no fim, fútil.

• A existência humana, enquanto envolvendo a consciência ou o para-si, é a fonte do nada, de quaisquer características negativas que a realidade possua.

• Enquanto envolvendo o nada e a indeterminação, a existência humana é propensa à angústia.

• Para aliviar essa angústia, os entes humanos caem na "má-fé", que envolve agir seja como se quem fôssemos já estivesse fixado e determinado ou como se nossa existência fosse inteiramente distinta de nossa situação e das escolhas passadas.

4

Merleau-Ponty e a fenomenologia da corporificação

Merleau-Ponty: vida e trabalhos

Contemporâneo íntimo de Sartre, Maurice Merleau-Ponty nasceu em 1908, em Rochefort-sur-Mer, na França. Sua formação inicial foi seguida da esperada trajetória de um acadêmico: entrou na École Normale Supérieure em 1926, onde estudou com o neokantiano Léon Brunschvicg e também se tornou conhecido de Sartre e de Beauvoir. Em meados dos anos de 1930, após lecionar e realizar pesquisa sob os auspícios de uma bolsa de estudos da Caisse Nationale de la Recherche Scientifique (CNRS), Merleau-Ponty retornou à École Normale para realizar um doutorado. Em 1938, apresentou sua tese preliminar, *A estrutura do comportamento*, que só foi publicada em 1942. Nesse trabalho Merleau-Ponty desenvolve uma crítica às concepções então predominantes sobre o reflexo condicionado como um fenômeno puramente fisiológico, e também foi altamente crítico das teorias behavioristas em psicologia. A orientação dessas críticas, no sentido de que essas visões quase mecânicas falham em explicar o sentido e a significância de movimentos e atividades incorporados, antecipou suas concepções fenomenológicas mais maduras.

Ao iniciar a Segunda Guerra Mundial, Merleau-Ponty serve na infantaria como tenente. Volta a lecionar após a desmobilização, e começa a realizar a pesquisa que o levou à finalização de *Fenomeno-*

logia da percepção, publicado em 1945. Ao longo dos anos de 1940, esteve estreitamente vinculado a Sartre, bem como a outras figuras da emergente escola de pensamento existencialista, ajudando-o a fundar e editar o *Les temps modernes*. Como Sartre, além de assumir posições públicas sobre questões sociais e políticas, tem suas concepções políticas profundamente influenciadas pelo marxismo. Contudo, questões políticas, incitadas pela Guerra da Coreia, criaram uma divergência entre ambos, que se tornou formal em 1953 quando Merleau-Ponty se desligou do *Les temps modernes*.

Durante esses debates e desacordos politicamente carregados, a carreira de Merleau-Ponty continuava progredindo. Em 1945 começou a lecionar na Universidade de Lyons, onde foi nomeado Professor em 1948, e, em 1952, eleito para a Cátedra de Filosofia no Collège de France, uma posição anteriormente ocupada por Henri Bergson. Suas publicações depois de *Fenomenologia da percepção* incluem *Humanismo e terror* (1947), *Sentido e não sentido* (1948), *Aventuras da dialética* (1955), *Elogio à filosofia e outros ensaios* (1960) e *A prosa do mundo* (1969), o último, um manuscrito inacabado publicado após sua morte prematura em 1961. No momento de sua morte, Merleau-Ponty estava trabalhando também em uma significativa extensão e revisão de sua fenomenologia. Esse manuscrito igualmente inacabado foi publicado sob o título de *O visível e o invisível*.

Neste capítulo, vamos nos concentrar exclusivamente em *Fenomenologia da percepção*, e mesmo aqui vamos nos restringir principalmente ao prefácio, à introdução e à parte um do livro (aproximadamente as primeiras 200 páginas). *Fenomenologia da percepção* constitui um completo repensar do método fenomenológico e da fenomenologia (como veremos abaixo, Merleau-Ponty sustenta que esse repensar é essencial à prática constante da fenomenologia), embora não haja dúvidas de que ele tenha aprendido muito com Husserl, Heidegger e Sartre, e igualmente com Scheler. Talvez a característica mais surpreendente da fenomenologia de Merleau-Ponty, em contraste com a de Husserl, de Heidegger e de Sartre, seja a extensão de seu envolvimento com a pesquisa empírica em curso nas ciências naturais, especialmente na psicologia, fisiologia e linguística. Merleau-Ponty foi profundamente influenciado pela psicologia da Gestalt (nos anos de 1930, ele assistiu às conferências de Aron Gurwitsch sobre o sujeito), especialmente sua ênfase na estrutura holística da experiência.

> ### Psicologia da Gestalt
> Uma característica proeminente da fenomenologia de Merleau-Ponty é a influência do movimento da Gestalt na psicologia. O movimento, cujas figuras dominantes incluem Max Wertheimer, Wolfgang Köhler e Kurt Koffka, rejeitou descrições "sensacionistas" da experiência perceptual – ou seja, teorias que concebem a percepção como envolvendo algum tipo de átomos sensórios ou sensações como os elementos fundamentais – em favor de uma teoria que enfatiza a prioridade das formas significativas inerentes à experiência perceptual ("Gestalt" = configuração). Ou seja, os gestaltistas argumentam que a experiência perceptual está organizada em todos significativos, por exemplo, em figura-e-fundo, cuja significância não pode ser entendida como o resultado ou produto da combinação de átomos sensórios simples, menos-que-significantes. Na experiência, o todo é anterior às partes e, portanto, é mais do que sua soma (na verdade, na visão da Gestalt, é somente em termos do todo que podemos delinear, de algum modo, quaisquer partes significantes).

Contudo, Merleau-Ponty não se curvou servilmente às descobertas empíricas da época. Ao contrário, uma grande parte de sua atenção à pesquisa empírica é dedicada a expor as suposições não examinadas concernentes à natureza da experiência e às frequentes concepções procustianas da percepção, da corporificação e da atividade humana em ação na maneira com que cientistas interpretam seus achados. Essas suposições, tensões e distorções servem para enfatizar a necessidade de investigações fenomenológicas adicionais: do que Merleau-Ponty chama "um retorno aos fenômenos". Todavia, antes de examinar esse retorno, devemos primeiro voltar brevemente a Husserl.

Sobre a corporificação em Husserl

Temos, em grande parte, evitado até agora o tema do caráter corporificado da experiência. Vimos em *A transcendência do ego* que Sartre, ao desenvolver uma descrição de ocorrências não reflexivas do "eu", apela para o corpo como o "preenchimento ilusório" dessas ocorrências. Embora o corpo "sirva como um símbolo visível e tangível do eu", ao mesmo tempo também "pode consumar a degradação total do eu concreto da reflexão" (TE: 90). Exceto por essas observações breves, e um tanto depreciativas, Sartre é mais ou menos silente sobre a questão da corporificação nesse trabalho inicial. Na época de *O ser e o nada*, conforme sua atenção à existência humana em suas manifestações "concretas", a concepção de Sartre sobre o corpo se torna muito mais nuançada e complexa. Uma vez que o para-si é, ao mesmo tempo, sempre um em-si, ou seja, uma vez que a existência humana é sempre uma combinação de facticidade e transcendência, ela é sempre existência corporificada. Qualquer instância particular do ser-para-si se experiencia como um ente corporificado, agindo no e sobre o mundo. (Essa ideia se aplica igualmente a Heidegger e à sua concepção de existência humana como Dasein. Heidegger, entretanto, é em grande medida silente sobre a questão do caráter corporificado da existência do Dasein, aludindo somente de um modo críptico e delegatório à ideia de que "a 'natureza corporal' do Dasein esconde por si só toda uma problemática", que, Heidegger observa, "não será tratada" em *Ser e tempo* (BT: § 23). De um modo geral,

Heidegger nunca se ocupará realmente dessa problemática.) Sartre, portanto, dirá em *O ser e o nada* que "o ser-para-si deve ser completamente corpo e deve ser completamente consciência" (BN: 404). Ele em seguida acrescenta que o ser-para-si "não pode ser *unido* a um corpo" (BN: 404). Falar sobre uma união entre a consciência e o corpo envolve uma combinação de duas manifestações do corpo, diferentes e mutuamente exclusivas: meu corpo como experienciado por mim e meu corpo como experienciado por outros.

Em muitos dos trabalhos de Husserl, publicados ao longo de sua vida, a experiência do corpo e o seu papel na experiência de outros tipos de objetos recebe pouca, se alguma, atenção. Na verdade, seus esforços para isolar e descrever a consciência "pura" ou "absoluta" e o ego puro, não empírico, bem como os procedimentos necessários da redução fenomenológica, incitam a imageria de um tipo de campo, ou reino, fantasmático, descorporificado, da consciência. Essa imageria é posteriormente encorajada pelas próprias caracterizações que Husserl faz de suas investigações como sendo conduzidas no espírito de Descartes (e. g., seu trabalho de 1929, intitulado *Meditações cartesianas*). É Descartes o autor do dualismo cartesiano, que concebe a mente e o corpo como duas substâncias distintas, mutuamente exclusivas, cada qual podendo existir independentemente uma da outra (isso é parte do que significa pensar sobre cada uma delas como substâncias). Na sexta meditação, como parte do argumento central para essa separação entre mente e corpo, Descartes afirma ser capaz de se conceber "clara e distintamente" existindo exclusivamente como uma "coisa pensante", inteiramente separada de seu corpo (do mesmo modo, é capaz de conceber seu corpo existindo inteiramente separado de sua mente). Embora Descartes sustente também que a mente e o corpo existam de fato em um estado de "união substancial", unidos e capazes de mutuamente afetar um ao outro, sua separação ontológica permanece uma pedra angular de sua visão geral.

Fenomenologia **149**

A despeito de suas alusões a Descartes e ao cartesianismo, Husserl não compartilha do dualismo ontológico de Descartes. Na verdade, quando Husserl trata do tema da corporificação e do caráter corporal da experiência, suas conclusões vão diretamente de encontro às afirmações que motivam a concepção de Descartes, ou seja, às afirmações relativas à concebilidade da distinção entre mente e corpo. O tratamento mais altamente desenvolvido de Husserl acerca do corpo aparece no segundo volume de *Ideias*, que não foram publicados durante sua vida. Atenção a esse trabalho dispersa inteiramente a imagem fantasmática da consciência, que sua caracterização da redução fenomenológica com frequência incita, e serve, além disso, para estabelecer os fundamentos para as investigações futuras de Merleau-Ponty. Merleau-Ponty fez um estudo cuidadoso de *Ideias* II, quando ainda estava sob sua forma arquival não publicada, e sua influência pode ser percebida em *Fenomenologia da percepção*. Um breve esboço de algumas das principais teses sobre o corpo, extraídas desse trabalho, ajudará a dar uma imagem mais desenvolvida da fenomenologia husserliana e a preparar o caminho para uma descrição da fenomenologia de Merleau-Ponty acerca da experiência corporificada.

A descrição de Husserl sobre o corpo em *Ideias* II é orientada em torno de duas afirmações principais:

(a) O corpo é algo que aparece na experiência como um tipo de coisa categoricamente distinto.

(b) O corpo e a autoexperiência corporal desempenham um papel essencial com respeito à possibilidade de formas diferentes de intencionalidade, ou seja, à possibilidade da experiência que é de ou sobre objetos diferentes do próprio corpo.

Como Husserl, vamos explorar primeiro a afirmação (b). A afirmação de que o corpo desempenha um papel essencial com respeito às diferentes formas de intencionalidade deveria ser entendida como uma afirmação constitucional: a constituição na experiência de vários tipos de objetos envolve o corpo. Com "envolve", Husserl não pretende expressar uma afirmação sobre fisiologia; ele não está fazendo uma afirmação sobre mecanismos causais que estejam em ação no corpo e que possam ser produtivos com respeito às várias formas de experiência. Em vez disso, "envolve" deveria também ser entendido fenomenologicamente. A fim de ter experiências que sejam de ou sobre vários tipos de objetos, eu devo me experienciar como corporificado, como tendo um corpo. (De acordo com as críticas sobre a redução fenomenológica, essa última afirmação pode ser verdadeira ainda que eu não tivesse "de fato" um corpo.)

Os objetos que Husserl tem em mente são objetos materiais, espaçotemporais: coisas ordinárias tais como pedras e árvores, mesas e cadeiras. Assim, sua afirmação é que a fim de termos experiência de ou sobre objetos materiais, espaçotemporais, devemos nos experienciar como corporificados. De um modo mais geral, Husserl afirma: "O Corpo é, em primeiro lugar, o *meio de toda percepção*; é o órgão da percepção e está *necessariamente* envolvido em toda percepção" (*Ideas* II: § 18). Para começar a explicar essa afirmação, devemos começar com uma observação sobre a terminologia, uma vez que o uso de letra maiúscula para "Corpo" registra uma distinção importante. Em alemão, todos os substantivos são grafados com letra maiúscula, mas o uso do "C" maiúsculo, feito pela tradução, indica que a palavra alemã que está sendo traduzida é *Leib*, enquanto "corpo" com "c" minúsculo traduz *Körper*. O último termo, etimologicamente relacionado com a palavra inglesa "corpse", significa o corpo entendido em termos materiais, como um objeto físico de um tipo particular, enquanto *Leib* especifica o corpo vivo e, no contexto fenomenológico, o corpo experienciado ou o corpo-como-vivido. Como observado em (a), acima, um dos principais pontos de Husserl (e que prossegue em Merleau-Ponty) é que o corpo não é experienciado como apenas mais um objeto material dentre outros,

Fenomenologia   **151**

mas sim que é manifesto de uma maneira categoricamente distinta. (No restante desta seção, minhas citações de passagens preservarão essa distinção, mas eu mesmo não a utilizarei.)

Para retornar à afirmação mais ampla de Husserl, parece razoavelmente claro que o corpo é o "meio" e o "órgão" da percepção, uma vez que muitas das mais básicas descrições de nossa experiência perceptual envolvem referência à nossa existência corporal. Dizemos, por exemplo, que vemos com nossos olhos, ouvimos com nossos ouvidos, tocamos e sentimos com nossas mãos, e assim por diante, e essas referências, por sua vez, dizem respeito ao corpo de um modo mais geral: olhos e ouvidos estão localizados na cabeça, as mãos, nas extremidades dos braços, e assim por diante. Embora as referências ao corpo nessas descrições básicas pareçam importantes, em que sentido elas se referem ao corpo *necessariamente*, como Husserl afirma? Afinal, pareceria que poderíamos imaginar uma experiência perceptual, especialmente visual e auditiva, que não fosse de fato mediada pelo corpo, por exemplo, na experiência do sonho, ou, mais drasticamente, nas maquinações do "gênio maligno" de Descartes. Além do mais, a própria prática de Husserl da redução fenomenológica não nos ensina a "colocar entre parênteses" ou "parentesar" nossa existência empírica, que incluiria nossa existência como entes corporificados? Mesmo que permaneçamos dentro da perspectiva da redução fenomenológica, devemos ainda permanecer fiéis aos contornos de nossa experiência como experienciada, e assim, mesmo que coloquemos entre parênteses a existência real de nossos corpos materiais, nossa experiência perceptual ainda se reporta tanto a nossos corpos como aos vários objetos percebidos (e o compromisso com a existência real da última também foi, é claro, suspenso). Além disso, mesmo que cedamos aos cenários mais fantásticos do engano, Husserl afirmaria que uma explicação cuidadosa de nossa experiência perceptual nesses cenários ainda envolve uma referência essencial ao corpo, à medida que essa experiência apresenta objetos materiais, espaçotemporais.

Para ter uma ideia disso, recorde o que Husserl considera como outra dimensão essencial da experiência perceptual de objetos materiais, ou seja, que ela é sempre de natureza perspectiva: eu sempre vejo a pedra de um lado ou de outro, de um ângulo ou de outro, a uma distância particular, e assim por diante. Minha experiência perceptual da pedra é sempre orientada, mesmo quando eu apenas imagino ver a pedra no "olho da minha mente", e o corpo, Husserl afirma, desempenha um papel essencial aqui como o que ele chama o "ponto-zero da orientação" (*Ideas* II: § 18). Ou seja, o corpo serve como o ponto de referência que, junto com a localização do objeto, determina o modo pelo qual o objeto será percebido. Eu vejo este lado da pedra porque é o lado que está diante de mim (de meus olhos/face/corpo); ela ocupa este tanto de meu campo visual porque está a uma distância tal ou tal de mim (meus olhos/face/corpo). Na verdade, se considerarmos o caráter métrico de nossa experiência perceptual, ou seja, que coisas são manifestas como "aqui" ou "ali", como "próximas" ou "distantes", "acima" e "abaixo", à "direita" ou à "esquerda" e assim por diante, todas essas locuções pressupõem estarmos localizados e orientados com respeito às coisas que são assim manifestas. Estarmos localizados e orientados, por nossa vez, pressupõe nossa morada corporal no espaço que experienciamos. Se não tivéssemos localização alguma no espaço que percebemos, então as coisas não apareceriam com orientação perspectiva alguma. Ao mesmo tempo, muitas dessas locuções métrico-espaciais não se aplicam adequadamente com respeito à nossa experiência de nossos próprios corpos. Eu não estou perto nem longe de meu próprio corpo, nem meu corpo jamais está em um lugar diferente de onde eu estou; é por isso que Husserl se refere ao corpo como o ponto-*zero* da orientação.

Maior atenção ao caráter perspectivo, adumbrativo da experiência perceptual implicará o corpo em um grau muito maior. Considere a apresentação visual adumbrativa de uma mesa. Quando vejo a mesa, eu a vejo de um lado, e a partir de um ângulo. Contudo, a mesa é também manifesta para mim como visível de outros ângulos e como tendo outros lados para serem vistos, de modo que se eu virasse minha cabeça, veria a mesa de um ângulo levemente diferente, e se caminhasse para outro lugar na sala, veria o lado dela agora oculto para mim. Incrustada em nossa experiência perceptual, uma rede elaborada de condicionais registra experiências perceptuais possíveis, mas não atualmente reais: se eu virar minha cabeça, então verei o canto da mesa; se eu estender minha mão, então sentirei a superfície da mesa; se eu chegar mais perto, então sentirei o cheiro do óleo de limão que usei para limpá-la ontem. Esses condicionais, que Husserl chama de relações de "motivação", são essenciais para nossa experiência ser de ou sobre objetos materiais. Esses condicionais se referem essencialmente aos nossos corpos. Sem eles, nossa experiência não apresentaria coisas com nenhum tipo de densidade, como tendo lados e aspectos para serem posteriormente explorados. Contudo, duas coisas deveriam ser observadas aqui. Primeiro, o apelo de Husserl a esses condicionais não pode constituir uma descrição completa ou suficiente da constituição dos objetos materiais, uma vez que é perfeitamente compatível com tais condicionais que "lados ocultos" surjam somente quando realmente me movo para observá-los. Em segundo lugar, essa concepção não é de Merleau-Ponty, uma vez que conceber o caráter "motivado" da percepção como envolvendo, não importa o quão implicitamente, tais condicionais significa conceber a percepção como envolvendo, não importa o quão implicitamente aqui também, algo que tem a forma de juízos. Como veremos, essa concepção é enfaticamente rejeitada por Merleau-Ponty.

O corpo (ou Corpo) não somente desempenha um papel essencial com respeito à constituição de outras categorias de objetos, mas é ele próprio constituído na experiência como um tipo de entidade categoricamente distinto. Essa ideia já está implícita no papel desempenhado pelo corpo na constituição da experiência de outras coisas, por exemplo, no fato do corpo ser manifesto como o ponto-zero de orientação e como o local de motivações cinestésicas em condicionais motivadores/motivados. Mas mesmo essas caracterizações do corpo não são suficientes para capturar completamente seu lugar distintivo na experiência, como indicado pela afirmação provocativa de Husserl de que um *"sujeito cujo único sentido fosse o sentido da visão não poderia em absoluto ter um Corpo aparente"* (*Ideas* II: § 37). Embora pudesse ter sensações cinestésicas, e, assim, ver-se como de algum modo conectado ou vinculado a um objeto material, a esse sujeito faltaria, no entanto, sensações cinestésicas. Por exemplo, esse sujeito pode apreender visualmente o movimento de "seu" braço, ao ver que o movimento segue de acordo com seu desejo de que se mova, mas ele não sentiria o movimento de seu braço. Se, ao mover esse braço, ele colidisse abruptamente com um obstáculo, nosso sujeito imaginado poderia também observar isso se acontecesse de ainda estar olhando para esse braço, mas ele não sentiria dor alguma em seu braço, nem qualquer sensação de resistência diante desse obstáculo.

Sem esses tipos de sensações táteis, o sujeito consideraria seu braço, no máximo, como um tipo especial de utensílio, sobre o qual ele tivesse uma forma especial e exclusiva de controle, mas não o consideraria como parte dele próprio. Seu corpo não seria ainda um corpo-vivido: "Obviamente, o Corpo também deve ser visto como qualquer outra coisa, mas ele se torna um *Corpo* somente ao incorporar sensações táteis, sensações de dor etc. – em suma, pela localização dessas sensações como sensações" (*Ideas* II: § 37). Falta à experiência visual esse tipo de "localização". Embora eu veja com meus olhos e, portanto, veja essa localização em meu corpo como conectada à minha experiência de ver (e. g., eu sei que, se eu puser minha mão sobre meus olhos, não serei mais capaz de ver), ainda assim não localizo a experiência em ou sobre meus olhos. A experiência visual me concede um mundo "exterior", para além dos limites

Fenomenologia **155**

de meu corpo (assim como esses próprios limites, até certo ponto), e embora essa experiência seja orientada com respeito aos meus olhos, ela não é experienciada enquanto acontecendo aí. O sentido do tato, por contraste, é localizado; eu experiencio sensações táteis somente quando coisas entram em contato com meu corpo e experiencio as sensações nos pontos em que sou tocado (nenhum contato assim é requerido para a experiência visual). Um corpo-vivido é um "campo localizado de sensações", não meramente um conduto causal de sensações, mas o lugar em e sobre o qual essas sensações ocorrem. Dentro do domínio das sensações táteis, Husserl coloca ênfase especial sobre o fenômeno de "duplo tato", que diz respeito ao fato de o corpo ser algo que toca coisas, ou seja, tem sensações táteis localizadas, e poder ele próprio ser tocado. Se eu coloco minha mão direita sobre meu braço esquerdo, tenho a sensação de ser tocado sobre meu braço esquerdo e sensações de tocar um objeto no interior de minha mão direita.

A "dupla constituição" do corpo-vivido, como algo que toca e é tocado, estabelece sua materialidade e sua distinção categórica com respeito aos objetos materiais em geral. De acordo com Husserl, o corpo não é apenas um objeto material que eu, este ego, tenho; nem é algo ao qual sou agregado e que me leva a ter várias experiências. Em vez disso, o corpo-vivido está completamente entrelaçado com minha existência como um ser consciente, como Husserl deixa claro na seguinte passagem, enfaticamente anticartesiana:

> Dizer que esse ego, ou a alma, "tem" um Corpo não significa meramente que exista uma coisa físico-material que, através de seus processos materiais, apresentaria pré-condições reais para "eventos conscientes" ou mesmo, inversamente, que em seus processos ocorram dependências de eventos conscientes dentro de um "fluxo de consciência" [...] A alma e o ego psíquico "têm" um Corpo; existe uma coisa material, de certa natureza, que não é meramente uma coisa material, mas um Corpo, i. e., uma

coisa material que, enquanto campo de localização para sensações e indícios de sentimentos, como um complexo de órgãos do sentido, e como parceiro e equivalente fenomênico de todas as percepções das coisas [...] constitui um componente fundamental da dadidade da alma e do ego (*Ideas* II: § 40).

Muitas dessas ideias-chave na fenomenologia da experiência corporificada, de Husserl, vão parar, mais tarde, em *Fenomenologia da percepção*, de Merleau-Ponty. As páginas de abertura da parte um, o capítulo 2 ("A Experiência do Corpo e a Psicologia Clássica") recapitulam em um grau considerável as afirmações de Husserl considerando a distinção categórica do corpo em relação aos objetos materiais em geral. Merleau-Ponty chama atenção para a "presença permanente" do corpo em nossa experiência perceptual, distinguindo-a claramente da "permanência de fato de certos objetos, ou o órgão comparado a um utensílio que está sempre disponível" (PP: 91). A permanência do corpo não é de fato, mas, em troca, absoluta: "O corpo, por conseguinte, não é mais um dentre os objetos externos, que ofereceria somente essa particularidade de estar sempre aí. Se é permanente, é de uma permanência absoluta que serve de fundo para a permanência relativa dos objetos evanescentes, os objetos reais" (PP: 92).

O apelo de Merleau-Ponty ao corpo como o "fundamento" para a aparição de outros objetos ecoa a afirmação de Husserl de que o corpo serve como o "ponto-zero de orientação", e, assim, permite a possibilidade de ter, de algum modo, uma perspectiva sobre o mundo. Como tal, o corpo não é ele próprio apenas mais um objeto revelado dentro dessa perspectiva. Embora Merleau-Ponty tenha aprendido claramente de Husserl e fosse inspirado por ele, *Fenomenologia da percepção* não é uma mera apropriação ou duplicação dos *insights* e descobertas anteriores de Husserl. Quaisquer que sejam os traços da fenomenologia de Husserl a serem encontrados em *Fenomenologia da percepção* eles estão localizados dentro de uma concepção original e distintiva da fenomenologia. Dessa concepção iremos tratar agora.

O "retorno aos fenômenos" de Merleau-Ponty

O prefácio à *Fenomenologia da percepção* começa com Merleau-Ponty levantando novamente a questão sobre o que é a fenomenologia. Dada sua colocação relativamente tardia na tradição fenomenológica, subsequente não só a Husserl, mas também a *Ser e tempo* de Heidegger e a *O ser e o nada* de Sartre, começar com essa questão é dissonante, para dizer o mínimo. Afinal, não deveríamos saber na época de *Fenomenologia da percepção* o que a fenomenologia é, como é feita e o que pode obter? Certamente, houve desacordos e debates, modificações e divergências, mudanças tanto nos métodos como nas conclusões, mas isso torna a própria ideia de fenomenologia opaca ou, de algum modo, aberta à questão? Como sua discussão subsequente revela, Merleau-Ponty está bem consciente da estranheza de sua questão inicial, e tanto antecipa como saúda seu efeito desconcertante. Ao retornar à questão acerca do que é a fenomenologia, ele espera, consequentemente, iniciar um retorno aos próprios fenômenos, e, assim, redespertar em nós um sentido tanto do tema da fenomenologia como de sua significância. A ideia de "retornar" aos fenômenos, de "redespertar" nossa sensibilidade para eles, permeia o trabalho como um todo. Merleau-Ponty descreve repetidamente seu projeto como uma recuperação e recordação; aqui estão alguns exemplos:

> Devemos começar por redespertar a experiência básica do mundo (PP: viii).

> Retornar às coisas mesmas é retornar a esse mundo anterior ao conhecimento (PP: ix).

É necessário reencontrar, como anterior às ideias de sujeito e objeto, o fato de minha subjetividade e o objeto em estado nascente, a camada primordial na qual nascem tanto as ideias como as coisas (PP: 219).

Esses imperativos de reencontrar, de redespertar e de retornar estão conectados ao fato de Merleau-Ponty levantar uma vez mais a questão justamente acerca do que é a fenomenologia, uma vez que sua concepção de fenomenologia e seu chamado de "retorno" aos fenômenos estão unidos. A fenomenologia facilita esse retorno e registra os resultados. Na verdade, a ideia de retornar, de ter nossa atenção trazida de volta a algo agora negligenciado, é inerente à própria ideia de fenomenologia e serve como seu impulso fundador, especialmente se considerarmos o procedimento primário de Husserl: a redução fenomenológica. Como Heidegger observa em suas conferências *Os problemas básicos da fenomenologia*, a "redução" deve sua etimologia à combinação de "*re-*" (para trás ou de novo) e "*ducere*" (conduzir), de modo que na execução da redução somos levados de volta a algo indisponível para, ou obscurecido por, uma perspectiva não fenomenológica (cf. BP: 21). Essa ideia também está implícita na discussão de Husserl sobre o tema da fenomenologia como "invisível aos pontos de vista naturalmente orientados", especialmente quando consideramos o papel desse tema com respeito à possibilidade precisamente desses "pontos de vista naturalmente orientados" (SW: 10). O tema da fenomenologia é algo que precede e torna possíveis pontos de vista a partir dos quais não é mais prontamente visível ou acessível. A fenomenologia esteve completamente envolvida com retornar, redespertar e redescobrir, e, assim, a questão de abertura de Merleau-Ponty pode ser lida como uma aplicação reflexiva sobre esse envolvimento; a prática da fenomenologia exige uma disposição para reabrir a questão acerca da natureza da própria fenomenologia, e, assim, a própria *Fenomenologia da percepção* começa com essa reabertura.

De acordo com o modo como Merleau-Ponty concebe a fenomenologia, sua tarefa é puramente descritiva, o que significa que a fenomenologia de modo algum se envolve em especulação; nem busca construir explicações de qualquer tipo. Assim, a fenomenologia é radicalmente distinta das ciências naturais. A fenomenologia não só é distinta das ciências naturais como tem um tipo de prioridade com respeito a elas, uma vez que o que busca descrever é nossa experiência perceptual, corporificada, do mundo que torna possíveis as ciências naturais. Como vimos em Husserl, as ciências naturais são uma consequência da atitude natural de forma mais geral, que supõe um mundo objetivo, repleto de uma variedade de entidades materiais e relações causais. O que a atitude natural, assim como as ciências naturais, negligencia são as origens dessa concepção do mundo na experiência, e para Merleau-Ponty a tarefa da fenomenologia é "retornar" a essas origens: descrever nossa experiência perceptual "pré-objetiva" que precede e torna possível uma concepção objetiva do mundo. De acordo com seu sentido da prioridade das relações entre elas, Merleau-Ponty marca a distinção entre a fenomenologia e seu domínio (a experiência perceptual pré-objetiva) e as ciências naturais e seu domínio (o mundo objetivo) como uma distinção entre expressão de primeira e de segunda ordem, respectivamente.

Retornar aos fenômenos, "revelar uma 'camada primária' da experiência sensível" (PP: 227), requer a execução da redução fenomenológica, para ser entendida uma vez mais como tendo nossa atenção "conduzida para trás", às origens perceptuais da nossa concepção do mundo. Para Merleau-Ponty, o que é "posto fora do jogo" ou entre parênteses é a concepção objetiva do mundo: do mundo entendido como um reino de objetos e relações terminado, determinado e já-pronto. A insistência de Merleau-Ponty em recuperar o ponto de vista da experiência consciente não deveria ser entendida como uma recolha à esfera da "consciência pura", para a experiência tida por um ego puro que serve como a condição de possibilidade

160 Pensamento Moderno

da experiência. Uma esfera de pura consciência, com seus processos constituídos pelos sentidos, é tão descritivamente inadequada como a perspectiva sobre a experiência fornecida pelas ciências naturais, que concebem a percepção como o resultado ou produto final de um processo causal mecânico. Para Merleau-Ponty, o sujeito da experiência nunca é, em primeiro lugar, cortado ou separado do mundo, e o mundo dentro do qual ele se encontra não é o mundo completamente determinado e objetivo das ciências naturais, nem um produto de vários processos conscientes subterrâneos, tais como a síntese: "Quando volto a mim, após uma excursão ao reino do senso comum dogmático ou da ciência, encontro não uma fonte de verdade intrínseca, mas um sujeito destinado ao mundo" (PP: xi). Que sejamos, enquanto sujeitos da experiência, "destinados ao mundo" explica por que Merleau-Ponty diz, com relação a Husserl, que "a lição mais importante que a redução nos ensina é a impossibilidade de uma redução completa" (PP: xiv). O retorno à experiência perceptual nunca apaga o caráter mundano de nossa existência, nem cinde os "fios intencionais" que nos ligam ao mundo circundante.

A fenomenologia de Merleau-Ponty prossegue sob o lema "Eu estou aberto ao mundo" (PP: xvii), e a tarefa da fenomenologia é recuperar e preservar esse sentido de abertura, sem falsificá-lo, introduzindo clandestinamente hipóteses explicativas ou uma concepção de coisas formadas no nível de expressão de segunda ordem. Levar a cabo essa tarefa é difícil, precisamente devido ao poder e à penetrabilidade de nossa(s) concepção(ões) de segunda ordem acerca do mundo. Existe uma tentação irresistível de "repassar" as características de nossa concepção de segunda ordem em descrições de experiência perceptual, obscurecendo, desse modo, o papel fundamental da experiência perceptual na formação dessa concepção. Do mesmo modo que, para Husserl, a tendência da atitude natural é focar sobre as coisas experienciadas em vez de na experiência das coisas, para Merleau-Ponty existe uma tendência constante de usar os resultados

Fenomenologia **161**

da experiência para explicar essa experiência. Fazer isso não pode senão distorcer a natureza da experiência, uma vez que envolve usar uma concepção determinada, objetiva, do mundo para caracterizar e explicar a experiência, que é pré-objetiva (mas, por conseguinte, não completamente subjetiva) e, em importantes aspectos a serem explicitados, indeterminada.

Superando preconceitos tradicionais I: o empirismo e a integridade da percepção

Considere a seguinte passagem, de um texto central na tradição empirista clássica:

> Pela visão tenho as ideias de luz e cores, com seus vários graus e variações. Pelo tato, eu percebo, por exemplo, o duro e o macio, o calor e o frio, o movimento e a resistência, e todas essas mais ou menos seja quanto a quantidade ou grau. O olfato me fornece odores, o paladar, gostos, e a audição transmite sons para a mente em toda sua variedade de tom e composição. E como várias delas são observadas acompanharem uma à outra, elas vêm a ser marcadas por um nome, e, assim, a serem consideradas como uma coisa. Desse modo, por exemplo, quando se observa certa cor, gosto, cheiro, figura, e consistência ocorrendo juntos, são considerados uma coisa distinta significada pelo nome "maçã"; outras coleções de ideias constituem uma pedra, uma árvore, um livro e coisas sensíveis e similares – que à medida que são prazerosas ou desagradáveis excitam as paixões de amor, ódio, alegria, tristeza, e assim por diante (BERKELEY [1710] 1957: § 1).

Essa passagem, embora breve, incorpora uma teoria muito particular da percepção que, com várias modificações e ajustes, ainda desfruta de alguma aceitação mesmo hoje. Ou seja, a teoria da percepção de Berkeley pode muito facilmente ser "fisicalizada", o que envolve substituir seu, agora antiquado, relato sobre os vários tipos de "ideias" por uma variedade de estímulos físicos. Recorde, por exemplo, a passagem citada na Introdução, de W.V. Quine, uma figura importante no empirismo do século XX, que caracteriza sua experiência perceptual em termos de raios de luz atingindo suas retinas e moléculas bombardeando seus tímpanos e as pontas de seus dedos. A concepção de Quine sobre a percepção herda as características mais importantes da imagem clássica de Berkeley, embora tornando-a talvez mais cientificamente respeitável.

Essa imagem da percepção, seja no idioma clássico de Berkeley ou no mais moderno de Quine, envolve quatro ideias principais que deveriam ser delineadas e consideradas mais extensamente, à medida que todas essas ideias são aquelas às quais Merleau-Ponty se opõe:

- A percepção envolve a recepção ou o registro de algum tipo de unidades ou átomos sensórios simples, por exemplo, ideias de luz e cor, sensações simples, estímulos retínicos, que são de algum modo menos que as coisas que tipicamente dizemos ver, tais como maçãs, mesas ou cadeiras. Essas unidades sensíveis são qualitativa e quantitativamente independentes uma da outra.

- Cada faculdade ou modalidade sensível serve como um "canal" independente dessas unidades sensíveis – a faculdade da visão registra ideias de luz e cor, a faculdade do tato, ideias de dureza e resistência, e assim por diante – de modo que o que eu vejo não é literalmente a mesma coisa que eu toco.

- A percepção das coisas que tipicamente dizemos ver, ouvir, cheirar, tocar e provar, por exemplo, maçãs, mesas e cadeiras, é uma consequência, produto ou resultado da recepção e combinação das unidades mais básicas da experiência. Nossa percepção de coisas ordinárias diz respeito ao fato de termos "observado" que essas unidades sensíveis "andam juntas" ou "acompanham" uma a outra, e, assim, nós "as consideramos uma coisa distinta", tal como *uma* maçã, *uma* mesa, e assim por diante.

• Qualidades afetivas e emocionais são adições posteriores a, ou continuações da, experiência perceptual propriamente dita, que são "estimuladas pela" experiência perceptual, mas não uma parte dela.

Ora, o primeiro ponto contra essa imagem empirista da percepção é que nossa experiência imediata não envolve uma consciência de quaisquer unidades sensíveis individuais. Considere a experiência visual. Aqui, não temos, em primeiro lugar, sensações puras de luz e cor, mas em vez disso vemos, e dizemos ver, coisas, e nem mesmo vemos coisas isoladas, mas em vez disso as vemos dentro de uma cena e, assim, contra um pano de fundo. Eu vejo, por exemplo, minha xícara de café vermelha e branca, não sensações de vermelho e branco, e vejo a xícara sobre minha mesa, de modo que a superfície da mesa e várias outras coisas sobre a mesa servem como o pano de fundo. Merleau-Ponty afirma que "o 'algo' perceptual está sempre em meio a alguma outra coisa, forma sempre parte de um 'campo'" (PP: 4), e isso ocorre mesmo quando estamos olhando somente para uma mera porção de cor. A descrição mais básica da experiência perceptual mais básica envolve as ideias de figura-e-fundo.

Esse primeiro ponto nada tem de semelhante a uma objeção forte ao empirismo, uma vez que o empirismo afirma estar oferecendo uma teoria da percepção, que fornece os elementos fundamentais da experiência perceptual. É claro que, quando percebemos, esses elementos fundamentais já estão, por assim dizer, constituídos em algo mais complexo (toda a "consideração" da qual fala Berkeley já foi feita); apesar disso, o empirismo afirma que uma análise cuidadosa mostrará que existem esses elementos fundamentais; na verdade, devem existir, dada a separação entre os vários "inputs" sensíveis. Embora esse movimento evite a objeção inicial, já deveria parecer um tanto forçado como uma defesa do empirismo, uma vez que apela a elementos não percebidos da percepção, ou seja, a unidades de percepção às quais não corresponde momento algum da consciência no ato de perceber. Mas mesmo deixando este mundo de lado, a principal afirmação de Merleau-Ponty é que o empirismo não é apenas descritivamente inadequado (embora esse seja um grande problema se estivermos fazendo fenomenologia!), mas, mais fortemente, que suas inadequações descritivas o tornam teoricamente irrecuperável. Ou seja, sua afirmação é que se fôssemos começar com tais elementos fundamentais atomísticos, sensações, ideias ou estímulos tão simples, então nunca poderíamos recuperar a experiência ordinária, uma vez que a última contém características que não são redutíveis aos elementos fundamentais sensíveis do empirismo e, entre eles, quaisquer relações são possíveis. Em outras palavras, se o empirismo estivesse correto sobre os elementos fundamentais da experiência perceptual, então o tipo de experiência perceptual da qual desfrutamos de fato seria impossível.

Para começar a ver isso, considere uma vez mais a alegação de Merleau-Ponty de que mesmo a forma mais simples de experiência visual envolve as noções de figura e fundo. Até mesmo ver uma forma simples ou uma mera porção de cor envolve vê-la contra um pano de fundo do qual ela é separada. Uma vez mais, "o 'algo' perceptual está sempre em meio a algo mais, forma sempre parte de um 'campo'", como na figura seguinte:

Quando olhamos para essa figura percebemos uma forma particular, um triângulo preto, contra um pano de fundo mais claro. Não experienciamos primeiro um número (quantos?) de sensações independentes – umas mais escuras, outras mais claras – que então se agrupam. Nós não só não experienciamos, como não poderíamos experienciar, a figura desse modo, uma vez que seríamos incapazes de explicar como essas sensações se combinam para constituir essa figura. Para ver isso, considere como as várias características da figura são relacionadas uma à outra: o triângulo preto se sobressai do pano de fundo; o triângulo tem bordas que o delineiam claramente e o separam do que o cerca; as bordas pertencem à forma, não ao pano de fundo, assim como toda a área escura que as bordas contêm. Perceber a figura como um triângulo preto sobre um pano de fundo branco envolve ver o triângulo preto como sobre o pano de fundo, de modo que o branco é visto como passando debaixo do triângulo, assim como vejo a superfície de minha mesa se estendendo sob a xícara de café que repousa sobre ela. (Existem outros modos de ver a figura, por exemplo, como uma superfície branca com um buraco triangular cortado nela, e aqui a relação de figura e fundo muda, mas sem desaparecer. Que coisas possam ser vistas de mais de um modo torna o projeto do empirista ainda mais desafiador.)

O problema para o empirista é o de explicar essas características da figura. Ou seja, o empirista deve explicar como todos os átomos sensórios independentes se agrupam exatamente desse modo. Como, por exemplo, o empirista explica a ideia de toda a área escura convergir? Por que as bordas da figura não são vistas como pertencendo ao branco circundante, em vez de à área mais escura de dentro? Claramente, as bordas são vistas como pertencendo desse modo, mas o que é misterioso na descrição do empirista é como isso ocorre. A noção dos elementos sensíveis mais claros formando um pano de fundo é ainda mais misteriosa, uma vez que ao sentido do pano de fundo como continuando por trás da figura, necessariamente, não poderiam ser aduzidos quaisquer átomos sensórios: esses átomos, subjazendo à figura, seriam imperceptíveis e, assim, não poderiam desempenhar um papel na construção da experiência perceptual. Se olharmos de novo para a passagem de Berkeley, descobriremos que observamos "ideias" ocorrendo juntas e que elas "acompanham" uma à outra, e podemos tentar usar essas noções para explicar nossa percepção da figura. Os elementos escuros da figura foram observados "ocorrendo juntos", assim como os elementos mais claros, e é por isso que vemos a figura como uma figura preta sobre um pano de fundo mais claro. Mas o que devemos entender dessa fala sobre os elementos "terem sido observados ocorrendo juntos"? Deveria estar claro que esse apelo é circular, uma vez que ter feito essa observação é já ter visto a figura como uma figura mais escura sobre um pano de fundo mais claro, e o empirista nos deve uma explicação acerca de como essa observação ocorre, e, assim, de como esse agrupamento é feito desse modo particular. Igualmente circular são quaisquer apelos por parte do empirista à memória ao explicar o agrupamento de sensações de um modo particular. Dizer, com respeito a uma experiência particular, que o arranjo é devido à memória de coisas tendo sido experienciadas de acordo com esse arranjo, somente empurra mais para trás o problema de explicar a ideia básica de experienciar sensações em um arranjo.

Para evitar a acusação de circularidade, o empirista necessita de um mecanismo que seja sensível a possíveis relações entre átomos sensórios independentes que não pressuponham a consequência do funcionamento do mecanismo. O empiricista pode apelar, por exemplo, a relações de proximidade espacial: todos os átomos sensórios mais escuros estão mais perto um do outro do que quaisquer átomos sensórios mais claros, e, portanto, são agrupados e separados dos mais claros. Esse apelo à proximidade espacial é problemático, e em mais de um sentido. Em primeiro lugar, a afirmação é simplesmente falsa, uma vez que existem pontos no triângulo que estão igualmente tão próximos aos pontos no pano de fundo como a outros pontos no triângulo, quer dizer, ao longo das bordas, que, novamente, pertencem à figura, não ao pano de fundo. Mas mesmo que a afirmação fosse verdadeira, ela seria insuficiente para explicar o funcionamento do mecanismo como o faz, uma vez que existem muitos casos em que coisas são percebidas como separadas uma da outra a despeito da proximidade espacial. Ou seja, partes do que é percebido não se agruparão apesar de estarem espacialmente mais próximas do que estão das partes com as quais estão agrupadas.

Nesse momento o empirista pode tentar outra relação: todos os elementos pretos estão agrupados porque são mais similares um ao outro do que a quaisquer outros átomos sensórios constituindo a percepção da figura. Uma vez mais essa relação é insuficiente para explicar a experiência da figura, e uma vez mais por mais de uma razão. Primeiro, a similaridade é uma relação extremamente vaga, e, portanto, o empirista nos deve algum tipo de "similaridade métrica" a fim de explicar a operação do mecanismo. Além disso, mesmo que concedamos ao empirista sua noção de similaridade, ela parece aberta a contraexemplo. Considere uma segunda figura, relativamente simples:

Aqui, existem elementos escuros e claros constituindo a figura, que uma vez mais repousa sobre um pano de fundo mais claro. Os traços claros da figura são ao menos tão similares ao pano de fundo como o são os traços mais escuros da figura (e certamente muito mais similares com respeito à sombra), e ainda assim são vistos como pertencendo à figura e não ao pano de fundo. Simplesmente por que, então, o mecanismo que agrupa átomos sensórios agrupou-os exatamente desse modo resulta um mistério. Merleau-Ponty diz em um determinado momento que "uma impressão nunca pode por si mesma ser associada a outra impressão" (PP: 17), o que significa que qualquer mecanismo que o empirista possa propor não parecerá senão arbitrário, ou, até o ponto em que o fizer, a explicação cairá na circularidade.

Para Merleau-Ponty, o problema, portanto, reside não nas relações possíveis até aqui consideradas, mas no projeto de tentar reconstruir a experiência perceptual usando os materiais disponíveis na descrição empirista. Isso ocorre porque as várias características da figura estão internamente relacionadas uma à outra, ou seja, as características da figura não podem ser descritas ou explicadas independentemente uma da outra, embora sensações ou átomos sensórios, devido à sua independência, possam estar relacionados apenas externamente um ao outro. A alegação de Merleau-Ponty é que nunca podemos recriar ou explicar relações internas a partir de relações externas. Considere um dos próprios exemplos de Merleau-Ponty, que é mais realístico do que as figuras até aqui apresentadas: ver um retalho de tapete vermelho de lã (cf. PP: 4-5). Essa experiência não pode ser interpretada como a combinação da sensação de vermelho mais a sensação de lanosidade, porque o vermelho que percebemos não seria este vermelho caso não fosse também lanoso (e igualmente para a lanosidade). As características da percepção infundem e influenciam umas às outras, e, assim, não podem ser tratadas como elementos autônomos, estando uma pela outra somente em relações externas. Posto sucintamente, o empirista ignora o que podemos chamar de "integridade da percepção", que acentua a prioridade do todo sobre as partes, de modo que as partes não são independentes, elementos dados de antemão, mas estão internamente conectadas uma à outra e ao todo que elas constituem: "Quando voltamos aos fenômenos descobrimos, como uma camada básica da experiência, um todo já prenhe de um significado irredutível, não sensações com lacunas entre elas" (PP: 21-22).

Ao ignorar o que estou chamando aqui de integridade da percepção, o empirismo comete dois erros principais sobre a percepção e as qualidades perceptuais. Primeiro, o empirismo tem uma tendência para tratar qualidades perceptuais como elementos da consciência, em vez de como elementos para a consciência, por exemplo, ele trata minha percepção do carpete como uma sensação vermelha que eu tenho. Esse primeiro erro distorce a percepção ao torná-la demasiadamente subjetiva, interpretando-a como uma série de eventos ocorrendo dentro da mente ou da consciência (recorde da fala de Berkeley sobre "ideias de luz e cores"). O segundo erro vai na direção oposta, tratando a percepção em termos demasiadamente objetivos. Esse erro envolve tratar as qualidades percebidas como completamente determinadas e desenvolvidas. Aqui, o empirista está olhando tanto para os objetos percebidos, que são, ao fim e ao cabo, um modo em vez de outro, como para os estímulos dos órgãos sensíveis, que uma vez mais são um modo determinado. Dados esses tipos de determinações, o empirista insiste que a experiência perceptual deve ela própria ser determinada. Em vez disso, Merleau-Ponty argumenta que "devemos reconhecer o indeterminado como um fenômeno positivo" (PP: 6), como essencial à própria ideia de experiência perceptual. Existe um terceiro erro, ao qual o empirista está propenso, que está intimamente relacionado ao seu tratamento da percepção como completamente determinada. Esse erro é o que Merleau-Ponty, seguindo o psicólogo da Gestalt, Wolfgang Köhler, chama de "hipótese da constância", que advém de pensar sobre a experiência principalmente como envolvendo a recepção de determinados estímulos. A hipótese da constância sustenta que a percepção, como a consequência da recepção de estímulos definidos e determinados, reproduz e varia com esses estímulos. Ou seja, a constância dos estímulos significa a constância da experiência perceptual, e uma mudança nos estímulos significa uma correspondente mudança na experiência perceptual.

Considere o seguinte exemplo. Suponha que eu esteja olhando para uma sala de aula cheia de alunos. Objetivamente, a sala tem, digamos, dezoito alunos. Suponha, além disso, que eu esteja posicio-

170 Pensamento Moderno

nado de tal modo que possa ver toda a sala de uma só vez. De acordo com a hipótese da constância, minha experiência visual consiste igualmente de dezoito alunos; afinal, *existem* dezoito alunos, e todos os dezoito alunos são reproduzidos ou representados em minhas imagens retínicas. Mas esse não necessita ser o caso. Se, por exemplo, eu estiver focando em um aluno, o resto de meu campo visual estará desfocado e indeterminado, de modo que outros alunos formariam somente um pano de fundo indistinto. Embora eu esteja visualmente consciente de alguns alunos, até mesmo de "muitos", é um erro dizer que deve existir um número determinado em meu campo visual. Ou considere uma variação do exemplo. Eu entro na sala de aula e quero saber se uma aluna em particular está presente. Uma vez mais, eu apreendi a sala inteira de uma só vez, mas levei alguns segundos para registrar que a aluna em questão está, na verdade, na sala. Durante esse tempo minhas imagens retínicas não mudam, e, portanto, alguém olhando para as imagens poderia ver a aluna que estou procurando refletida junto com todos os outros alunos o tempo todo; ainda assim eu não *vejo* a aluna até registrar que ela está lá, e até que isso se dê soa forçado, para dizer o mínimo, insistir, devido à constância das imagens retínicas, que a aluna estava presente em meu campo visual o tempo todo. Se a aluna estava presente em meu campo visual o tempo todo, como podemos compreender o fato de eu ter de encontrá-la, de eu ter registrado sua presença somente em um momento particular de minha experiência de perceber a sala? Ao mesmo tempo, não é o caso que antes de meu registro da presença da aluna ela estivesse completamente ausente de minha experiência visual. A aluna estava tanto oculta como, num sentido, lá para ser vista; antes que eu a notasse, sua presença estava latente em meu campo visual, e, assim, registrar sua presença é um desenvolvimento possível de minha experiência visual.

Há uma consideração final concernente à integridade da percepção: o empirismo, ao interpretar a percepção como recepção dos estímulos e posse das sensações, trata a experiência perceptual como envolvendo "canais" independentes. Ou seja, na descrição empirista, cada modalidade ou faculdade perceptual fornece seu próprio fluxo separado de informação, e produz sua própria reserva de sensações na mente. Berkeley, por exemplo, está disposto a seguir essa ideia até sua conclusão lógica e afirmar que não vemos literalmente as mesmas coisas que tocamos, ouvimos, cheiramos e provamos, de modo que uma afirmação tal como "eu ouço o pássaro laranja cantando e vejo suas frágeis penas" é respaldada por um processo complexo de combinar e correlacionar ideias ou sensações que ocorrem independentemente. Com base nas descobertas da psicologia da Gestalt, e consistente com sua ideia de que a experiência perceptual envolve "um todo já prenhe de um significado irredutível", Merleau-Ponty vê as relações internas no coração da integridade da percepção como abarcando as diferentes faculdades ou modalidades perceptuais. Considere novamente o exemplo de ver o tapete vermelho de lã. A lanosidade que eu percebo visualmente é manifesta *como* lanosa em parte devido ao meu sentido tátil. Eu vejo o tapete como lanoso devido ao modo como tapetes de lã são sentidos ao tocarem minha pele. O tapete vermelho de lã, ao parecer lanoso, parece macio e convidativo ao meu toque, mesmo quando o estou olhando à distância. Outro exemplo que Merleau-Ponty oferece é o modo como a chama de uma vela parece para uma criança antes e depois de ela ter sido queimada por ela. O calor e a dor sentidos no último caso influenciam a experiência visual, de modo que a chama parece quente e dolorosa, e, por conseguinte, diferente do que era antes (cf. PP: 52). (Podemos ver nessas ideias uma continuação da concepção de Husserl sobre o caráter horizontal da experiência, uma vez que o horizonte de qualquer experiência perceptual particular envolverá outras modalidades igualmente perceptuais. Quando vejo a cadeira, parte do horizonte da experiência é que eu posso estender minha mão ao longo do braço dela.) O exemplo da vela mostra que a integridade da percepção se estende para além das faculdades perceptuais reconhecidas pelo empirismo. Não somente as modalidades de ver, ouvir, tocar, cheirar e provar se influenciam mutuamente, mas também são influenciadas por respostas afetivas, emocionais, às coisas. A chama da vela, que parece dolorosa para a criança queimada, também parece igualmente assustadora. A chama assume uma aparência ameaçadora, perigosa, que é parte da experiência visual imediata da criança, como oposta, digamos, a uma conexão ou inferência meramente associativa.

Superando preconceitos tradicionais II: o intelectualismo e o papel do juízo

A descrição empirista da percepção, como recepção de estímulos e posse de sensações, converte a experiência em algo completamente passivo e inerte: uma série de eventos que surgem de um modo causal, quase mecânico. Pouco admira, então, que o que ela aceita como os componentes da experiência perceptual sejam insuficientes para capturar a percepção tal como é vivida. Na verdade, o empirismo parece negligenciar inteiramente o fato de que a experiência perceptual é vivida por alguém que percebe. A experiência perceptual não é meramente o registro passivo dos estímulos, uma reprodução fiel do ambiente circundante, mas uma atividade, como é indicado, por exemplo, pelos vários termos ativos que usamos em conexão com a percepção. Mesmo que restrinjamos nossa atenção à experiência visual, descobriremos, por exemplo, noções ativas tais como olhar, observar, examinar, procurar, notar, encontrar, atentar, investigar, focar, relancear, espiar, espreitar, encarar e olhar de esguelha. O segundo dos dois "preconceitos tradicionais", que Merleau-Ponty chama de "intelectualismo", tem a virtude de enfatizar o papel do sujeito que percebe no ato de percepção, e sua concepção de percepção, como a consecução de um sujeito ativo, não é inteiramente indiferente a Merleau-Ponty. Ao mesmo tempo, como indica o fato

Fenomenologia **173**

de ele designar o intelectualismo como um "preconceito", a descrição que o intelectualismo faz da percepção permanece problemática.

Podemos ter uma ideia dos compromissos centrais do intelectualismo se considerarmos uma famosa máxima de Kant, uma das principais fontes desse preconceito tradicional, concernente à ideia de que a percepção envolve tanto a faculdade de receptividade (pela qual a mente é passivamente provida com o que Kant chama "intuições") como a da espontaneidade (pela qual a mente aplica ativamente conceitos ao que ela recebe passivamente). A máxima diz o seguinte: "Pensamentos sem conteúdo são vazios; intuições sem conceitos são cegas" (KANT, [1781] 1965: 93). A experiência, que não é cega, envolve, portanto, tanto uma dimensão passiva ou receptiva como uma ativa. A dimensão receptiva assegura que a experiência seja conectada com o mundo empírico, acolhendo o mundo "exterior", e a dimensão conceitual, ativa, assegura que a experiência possa ser uma fonte de conhecimento, uma consecução obtida, frequentemente, com muito esforço. Dado que a percepção envolve a combinação de intuições e conceitos, a figura da percepção que emerge da famosa máxima de Kant é que a experiência perceptual envolve, central e necessariamente, a noção de *juízo*: toda experiência perceptual envolve juízo, e, portanto, perceber alguma coisa consiste em fazer um juízo a respeito dessa coisa. A experiência perceptual, como envolvendo centralmente juízo, envolve, portanto, centralmente o sujeito que faz o juízo, tornando, desse modo, a experiência perceptual inteiramente ativa.

Já vimos uma descrição fenomenológica da percepção que diverge da afirmação de que os juízos desempenham um papel central na experiência perceptual. Em sua descrição das origens do nada, Sartre insistia que nossa experiência perceptual sempre envolve um elemento negativo e que essas experiências são, fundamentalmente, "pré-judicativas". Quando percebo a ausência de Pierre no café, eu compreendo isso sem formar o juízo de que Pierre está ausente. Mesmo a simples experiência de perceber uma figura contra um pano de fundo, como envolvendo um campo dividido em figura e não figura (ou pano de fundo e não pano de fundo), inclui negatividade, mas sem necessariamente haver qualquer julgamento da parte daquele que percebe. A formação de um juízo é uma ocupação secundária, de acordo com Sartre: o juízo é construído sobre a experiência perceptual, em vez de ser constitutivo dela.

Merleau-Ponty compartilha a concepção de Sartre de que o juízo é secundário com respeito à experiência perceptual, e concorda, portanto, que falsifica o caráter da experiência perceptual ver o juízo como um traço onipresente. Considere o caso da ilusão de Müller-Lyer:

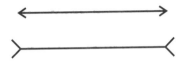

Mesmo após termos determinado que as linhas contidas pelas setas sejam na verdade iguais, e, assim, ao vê-las julgarmos que são iguais, ainda vemos as linhas como não sendo iguais. Se percepção e juízo fossem equivalentes, então as linhas pareceriam iguais tão logo tivéssemos sido informados sobre a ilusão. Que a ilusão permanece, indica, em efeito, uma distinção entre ver e julgar. Podemos também ver essa distinção emergindo muito claramente no caso de ver um cubo esquemático, tal como:

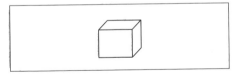

Aqui, sabemos, e, portanto, julgamos que essa figura seja realmente apenas nove linhas no papel, um desenho bidimensional. Ao mesmo tempo, é extremamente difícil, na verdade, ver a figura como meramente uma reunião bidimensional de linhas. A figura aparece

Fenomenologia 175

imediata e involuntariamente como um cubo tridimensional, não importando quais juízos, na verdade juízos verdadeiros, possamos ter formado. O ver pareceria ser pré-judicativo.

Ilusões perceptuais persistentes não são o único domínio em que a distinção entre perceber e julgar é evidente; casos de ilusão persistente somente ajudam a ressaltar a distinção de uma maneira especialmente vívida. De acordo com Merleau-Ponty, a distinção é em geral bastante aplicável: a "primeira camada" da experiência perceptual que a fenomenologia busca isolar e descrever, em conformidade com seu *status* pré-objetivo, é inteiramente pré-judicativa. A indeterminação e incompletude que são constitutivas da experiência perceptual indicam o papel secundário do juízo. Quando vasculho a sala de aula procurando por uma aluna em particular, posso, finalmente, julgar explicitamente que ela esteja de fato presente, mas esse é somente um momento em minha experiência perceptual; antes do juízo, eu estava vendo a sala de aula e os alunos, mas faltava à minha experiência visual o tipo de determinação registrada pelo juízo resultante. A aluna que eu procurava estava lá-para-ser-vista e ainda assim não completamente presente em meu campo visual. Ao insistir na primazia do juízo, o intelectualista elimina esses tipos de tensões e indeterminações no ato da percepção, tornando, desse modo, a experiência perceptual mais imóvel e estática do que ela realmente é e deve ser. O intelectualismo é, portanto, uma reação exagerada ao modelo sem vida e mecânico oferecido pelo empirista. Como Merleau-Ponty observa, nenhuma das duas concepções pode acomodar o caráter vital da experiência perceptual tal como é vivida:

> No primeiro caso [empirismo] a consciência é muito pobre, e no segundo caso [intelectualismo], muito rica para que qualquer fenômeno possa *incitá-la*. O empirismo não vê que temos necessidade de saber o que procuramos, do contrário, não o procuraríamos, e o intelectualismo não

vê que temos necessidade de ignorar o que procuramos, do contrário, uma vez mais, não o procuraríamos. Eles estão de acordo quanto a não compreenderem a consciência *no ato de aprender* nem atribuírem a devida importância a essa ignorância circunscrita, essa intenção ainda "vazia", mas já determinada, que é a própria atenção (PP: 28).

Embora o intelectualismo se apresente como, e em alguns aspectos seja, um antídoto ao empirismo, corrigindo os erros e distorções presentes na concepção empirista de percepção, parte do problema com a posição intelectualista é que ela tem muito em comum com a concepção empirista que ela alega rejeitar. Considere novamente a máxima de Kant. Que a experiência perceptual envolva, como um de seus dois componentes, o que Kant chama "intuições" indica que o intelectualista retém e se fundamenta no modelo empirista de percepção. Como Merleau-Ponty observa: "O juízo é, com frequência, introduzido como *o que falta à sensação* para tornar a percepção possível" (PP: 32). O problema aqui é que a introdução do juízo, como complementando o que falta à sensação, ainda mostra um compromisso com as sensações enquanto um ingrediente ou componente da experiência perceptual: "A percepção se torna uma 'interpretação' dos sinais que nossos sentidos fornecem de acordo com os estímulos corporais, uma 'hipótese' que a mente desenvolve para 'explicar suas impressões para si própria'" (PP: 33). Ao somente complementar a concepção empirista da percepção, em vez de abandoná-la completamente, o intelectualismo herda, portanto, os mesmos problemas e deficiências inerentes à concepção que ele busca suplantar.

O curioso caso do membro fantasma

A crítica de Merleau-Ponty aos "preconceitos tradicionais" que caracterizam muitas concepções predominantes (na época e hoje) da percepção, tanto na filosofia como na psicologia, assim como sua insistência no que venho chamando de integridade da percepção, dá acesso a um arranjo mais amplo dos fenômenos a serem descritos. Em particular, o que ambos os preconceitos tradicionais ocultam é uma apreciação adequada do caráter corporificado da experiência perceptual: a integridade da percepção é caracterizada pela integridade da autoexperiência corporal e fundada sobre ela, o que não é reconhecido pelo empirismo nem pelo intelectualismo. Vimos que a descrição empirista da percepção a trata como o ponto final de um processo causal, mecânico (a recepção dos estímulos, a presença das sensações diante da mente), enquanto o intelectualista trata a percepção como uma espécie de juízo. No caso do empirista, o próprio corpo é tratado como um mecanismo, ou talvez um conjunto de mecanismos, causalmente conectados ao mundo circundante através do "bombardeio" de raios de luz e moléculas, servindo, desse modo, como um canal de sensações. A descrição intelectualista da percepção, vinculada como é ao ato mental do juízo, trata o sujeito percipiente como corporificado somente acidental ou contingentemente, com todo o trabalho organizatório e esquematizador da experiência perceptual ocorrendo dentro dos limites da consciência. Podemos mostrar que os dois preconceitos, em última instância, compartilham igualmente tanto de uma imagem da percepção como envolvendo estímulos ou sensações enquanto um ingrediente-chave, como de uma concepção de corpo enquanto uma entidade meramente material entre outras, desempenhando somente um papel causal na produção da experiência perceptual. A diferença entre eles reside em determinar se, para haver experiência perceptual, algo mais é necessário além do funcionamento de tais mecanismos causais. Já vimos como a fenomenologia de Husserl, acerca da experiência corporificada, abre uma perspectiva a partir da qual os defeitos dessa concepção subjacente do corpo podem ser identificados, e Merleau-Ponty continua nessa via, aprofundando e desenvolvendo os *insights* de Husserl. Consequentemente, "o retorno aos

178   Pensamento Moderno

fenômenos", de Merleau-Ponty, que começa como uma descrição da integridade da percepção, rapidamente se transforma em uma fenomenologia do corpo e da autoexperiência corporal.

O que um leitor ainda não acostumado à *Fenomenologia da percepção* pode achar chocante sobre essa transformação é a quantidade de atenção que Merleau-Ponty dedica à consideração dos casos patológicos. A parte um, que é dedicada ao corpo, abre com uma discussão sobre o fenômeno do membro fantasma (junto com a anosognosia, na qual o membro ainda está presente, mas é "ignorado" pelo paciente), e continua após isso com uma análise ainda mais longa sobre um caso particular: o de um homem referido como Schneider, veterano da Primeira Guerra Mundial, com danos cerebrais, que tem dificuldade de realizar vários tipos de movimentos. Quero examinar com mais detalhe essas discussões, mas é importante primeiro tratar da questão geral de por que Merleau-Ponty foca nesses casos, dado seu desejo de "retornar" aos fenômenos da experiência vivida. Afinal, a maioria de nós não participou dessas patologias, e, portanto, elas não pareceriam ser um ponto de partida produtivo para compreender a experiência corporificada "normal", não patológica. Todavia, essa aparência é equívoca, e por três razões ao menos:

a) Casos patológicos receberam atenção considerável de teóricos e pesquisadores em psicologia, fisiologia e filosofia. Esses casos têm servido, portanto, como o domínio no qual modelos teóricos explanatórios, de subjetividade corporificada, têm sido desenvolvidos, e que são indicados para serem aplicáveis de forma mais geral, ou seja, igualmente a casos não patológicos. O modo como pesquisadores e teóricos lidam com casos patológicos revela suas concepções de experiência corporal ordinária não patológica, e, portanto, seu tratamento desses casos é um bom objeto de observação no desenvolvimento de uma crítica de suas concepções.

b) Mesmo deixando de lado o que pesquisadores e teóricos sugeriram para explicar casos patológicos, considerar tais casos nos diz algo importante sobre a experiência não patológica. Ao chegarmos a uma descrição adequada sobre a patologia em questão, aprendemos, consequentemente, algo sobre o modo de experiência não patológico correspondente. Por exemplo, se dissermos que o estado do membro fantasma pressupõe que um paciente continue a experienciar a presença de um membro que foi amputado ou destruído, isso levanta a questão de exatamente o que significa experienciar a presença de um membro.

c) Em um determinado ponto, em *Fenomenologia da percepção*, Merleau-Ponty diz que "nada é mais difícil do que saber *precisamente o que vemos*" (PP: 58), o que indica a dificuldade de efetuar o retorno desejado aos fenômenos. Uma fenomenologia propriamente dita da experiência ordinária é difícil porque a experiência ordinária é transparente para nós; negligenciamos nossa própria experiência das coisas, dirigindo nossa atenção, em troca, para as coisas às quais a experiência nos permite acessar. Casos patológicos, ao fornecerem um claro contraste com formas não patológicas de experiência, ajudam a delineá-las, tornando-as mais vívidas e explícitas. Ao induzir em nós o pensamento "Bem, minha experiência não é como essa", casos patológicos nos impõem, e nos ajudam a responder, a questão acerca de como é nossa experiência.

Com essas considerações em mente, vamos focar mais atentamente no tratamento que Merleau-Ponty dispensa ao fenômeno do membro fantasma (pelo bem da clareza, omitirei suas observações sobre o caso análogo de anosognosia). Como mencionado em (ii) acima, a caracterização mais neutra do fenômeno do membro fantasma é pressupor que um paciente continue a experienciar a presença de um membro que foi amputado. Pacientes sofrendo do estado do membro fantasma relatarão, por exemplo, sentir dores e outras sensações no membro perdido; além disso, de vez em quando, pacientes ainda agirão de modo a pressupor a presença continuada do membro, por exemplo, ao saírem da cama ou ao começarem a caminhar, para então caírem ao chão. Merleau-Ponty foca principalmente em teorias que tentam descrever ou explicar o fenômeno do membro fantasma. De acordo com sua equiparação entre empirismo e intelectualismo, ele considera duas formas dominantes de explicação: explicações fisiológicas (mais de acordo com o empirismo) e explicações psicológicas (talvez mais intimamente aliadas ao intelectualismo). Embora haja méritos em cada forma de explicação, suas inadequações e antagonismos mútuos revelam que nenhuma delas é suficiente.

Talvez a forma mais direta de explicação seja o modelo fisiológico, que explica o problema do estado do membro fantasma principalmente em termos da continuação de impulsos nervosos do coto remanescente após a amputação. Esses impulsos imitam aqueles normalmente recebidos do membro, e, assim, o paciente continua a sentir várias coisas como se fossem no membro perdido. Existe, com certeza, apoio empírico para essa forma de explicação. Por exemplo, seccionar os nervos que ligam o coto ao cérebro descontinuará efetivamente o fenômeno do membro fantasma. Ao mesmo tempo, existem problemas que surgem se considerarmos que a explicação fisiológica seja completa. Por exemplo, o estado do membro fantasma com frequência persistirá mesmo quando o coto tenha sido anestesiado. Além disso, o fenômeno do membro fantasma tende a ser sofrido por pacientes somente intermitentemente, em vez de continuamente, e as ocasiões em que os pacientes são acometidos por crises desse problema estão com frequência conectadas a características particulares das circunstâncias dos pacientes: o membro perdido será sentido quando as circunstâncias de sua perda forem recordadas, ou quando alguém conectado àquelas circunstâncias for encontrado. O papel desempenhado por tais características sugere

Fenomenologia **181**

uma forma psicológica de explicação à medida que essas características servem para lembrar o paciente de seu membro agora perdido. Na verdade, é tentador descrever o estado do membro fantasma principalmente em termos psicológicos, de modo que o paciente tenha esquecido a perda do membro, que não lembre, ou não queira lembrar, que o membro não mais existe. Nos casos do estado do membro fantasma, o paciente "recusa" sua mutilação, reprime seu conhecimento da ausência desse membro, como pode ser visto quando o paciente continua a tentar se erguer e caminhar sem a ajuda de muletas ou outras formas de apoio. Embora essas observações deem respaldo ao modelo psicológico, esse tem dificuldades para acomodar o fato de que o seccionamento dos nervos encerra a experiência do membro fantasma do paciente.

Dado que cada forma de explicação desfruta de algum apoio observacional e experimental, é tentador buscar uma explicação que de algum modo combine os dois. Merleau-Ponty afirma que essa compatibilização é difícil de ser conseguida, uma vez que, em cada caso, a própria forma de explicação se coloca contra a outra, tornando improvável a possibilidade de uma combinação bem-sucedida. Ou seja, o modelo fisiológico, em última instância, interpreta o fenômeno do membro fantasma como a representação continuada do membro perdido, ocasionada pela recepção de impulsos nervosos, e o modelo psicológico interpreta o fenômeno como envolvendo a ausência, por meio da repressão, de uma representação da verdadeira condição do paciente. Em um caso, Merleau-Ponty observa, temos a representação de uma ausência, e, no outro, a ausência de uma representação, e, portanto, não está claro como combinar uma presença ausente com uma ausência presente (cf. PP: 80).

O problema subjacente é que ambas as formas de explicação, fisiológica e psicológica, descrevem o estado do membro fantasma, e, desse modo, a experiência continuada de um membro perdido, como envolvendo centralmente a noção de representação, seja presente ou ausente. O paciente continua, seja através da recepção dos impulsos nervosos apropriados, seja através do mecanismo de repressão, a representar para si a perna perdida e, assim, a representar para si seu corpo intacto, como era antes da perda do membro. Portanto, suas sensações continuadas de dor e seus esforços comoventes para se envolver em atividades se tornaram agora mais inadequadas, se não impossíveis. O que é problemático aqui é que isso sugere que mesmo no caso normal, em que não há o estado do membro fantasma, a autoexperiência e o conhecimento corporais são de natureza representacional. Mas se atentarmos para os modos pelos quais executamos vários movimentos corporais, descobriremos que isso não ocorre. Por exemplo, quando, querendo uma xícara de café, eu me levanto de minha mesa e me dirijo à cozinha, eu raramente, se alguma vez, penso muito no que minhas pernas estão fazendo. Eu simplesmente me levanto da cadeira e começo a caminhar, sem prestar, de modo algum, muita atenção aos movimentos de minhas pernas. Na verdade, à medida que penso sobre isso e tento figurar os movimentos exatos de minhas pernas, descubro que isso é muito difícil de fazer. Não posso dizer com certeza exatamente como se parece a série de movimentos que começam comigo levantando da cadeira e terminam comigo lá embaixo na cozinha. Portanto, parece implausível, para dizer o mínimo, afirmar que minha execução desses movimentos pressupõe que eu tenha uma representação deles.

Merleau-Ponty diz que "o braço fantasma não é uma representação do braço, mas a presença ambivalente de um braço" (PP: 88). O membro fantasma, em outras palavras, implica um tipo de confronto ou conflito entre dois níveis de autoexperiência corporal: o que Merleau-Ponty chama o "corpo habitual" e o "corpo neste momento" (cf. PP: 82). O paciente sofrendo do estado do membro fantasma continua a contar com o membro perdido, supondo sua presença, do mesmo modo impensado que fazem todos aqueles de nós que têm todos os membros. A confiança continuada do paciente testemunha o caráter profundamente arraigado de suas ações e rotinas habituais: o repertório de atividades corporais que o paciente poderia fluentemente executar antes da perda. Esses hábitos profundamente arraigados conflitam, porém, com a configuração atual do corpo do paciente; os hábitos não "combinam" mais com o que o paciente é presentemente capaz de fazer. Portanto, o paciente cai ao se levantar da cama ou ao começar a caminhar, não em decorrência da presença ou ausência de uma representação, mas porque a forma do corpo habitual do paciente ainda não se conformou aos fatos da situação. (Esses tipos de confrontos são experienciados em uma escala menor sem o tipo de trauma envolvido em perder um membro: pense sobre como é estar na situação de alguém que passou horas andando de *skate*, ou como poderia ser passar pela porta após ter usado um chapéu especialmente alto, por um tempo considerável. É necessário um tempo para nos "atualizarmos" à atual configuração do nosso corpo, de modo que continuaremos a nos sentir levemente elevados, mesmo que os *skates* tenham sido removidos, ou a abaixar a cabeça, mesmo que o chapéu tenha sido retirado.)

Em vez de uma combinação de fatores fisiológicos e psicológicos, a descrição de Merleau-Ponty sobre o estado do membro fantasma opera no nível anterior a esses tipos de divisões e dicotomias: a autoexperiência corporal é uma dimensão de meu "ser-no-mundo", que resiste à decomposição em componentes fisiológicos e psicológicos. O ser-no-mundo, em troca, serve como o fundamento para essas distinções categóricas: "O ente humano, considerado como um ente concreto, não é uma psique unida a um organismo, mas o movimento para trás e para frente da existência que num momento se permite assumir a forma corporal e em outros se move em direção a atos pessoais" (PP: 88).

"Eu posso" e "Eu penso": a intencionalidade motora

Considere, e tente executar, os seguintes exercícios:

• Diga, seja em voz alta ou para você mesmo, como suas pernas estão, neste momento, dispostas.

- Estenda sua mão direita para baixo e coce seu tornozelo direito.

- Finja que você é um soldado em posição de sentido e faça uma saudação militar formal.

- Trace um oito no ar com seu dedo indicador direito.

Provavelmente, todos esses devem ser exercícios relativamente fáceis de executar, requerendo pouco, quando muito, em termos de esforço ou deliberação. Em particular, a execução desses exercícios geralmente requer pouco em termos de observação. Posso dizer, e então digo, que minhas pernas estão cruzadas neste exato momento, sem ter de confirmar isso por meio de uma inspeção visual delas. Para coçar meu tornozelo não necessito encontrar minha mão nem meu tornozelo; eu simplesmente estendo minha mão para baixo e coço o lugar desejado. Embora eu nunca tenha prestado serviço militar, quando era menino brinquei com "jogos militares" e assisti a filmes e programas de televisão o bastante para executar os movimentos requisitados mais ou menos automaticamente. Similarmente, nenhuma dificuldade se apresenta ao levar a cabo o exercício de traçar; eu posso usualmente dizer que tracei um oito mesmo se mantiver meus olhos o tempo inteiro fechados. Esses exercícios novamente sugerem que nossa relação com nosso próprio corpo, em primeiro lugar, não diz respeito a representações: "O movimento não é pensamento sobre movimento, e espaço corporal não é espaço pensado ou representado" (PP: 137). Não necessito figurar para mim mesmo os movimentos antes de começar a fazê-los, e não encontro figuração alguma ocorrendo no ato de fazê-los.

Agora considere Schneider, o caso patológico ao qual Merleau-Ponty dedica considerável atenção na parte um de *Fenomenologia da percepção*. Schneider é um veterano da Primeira Guerra Mundial que foi severamente ferido na cabeça por um estilhaço, resultando em danos cerebrais permanentes. Schneider, apesar da severidade do dano que sofreu, é ainda capaz de levar uma vida relativamente normal em muitos aspectos. Ele consegue se envolver em muitas atividades rotineiras e é empregado em uma fábrica de carteiras, onde desempenha suas atividades competentemente, embora um pouco mais lentamente que os outros trabalhadores. O dano para o cérebro de Schneider não se manifesta muito, contanto que as ações em questão sejam executadas de um modo reflexivo, rotineiro. Por exemplo, se Schneider sente necessidade de assoar seu nariz, ele pode estender o braço para pegar seu lenço no bolso de sua camisa e trazê-lo ao seu nariz; se um mosquito pousa em sua perna, ele pode espantá-lo enquanto continua sua conversação. Merleau-Ponty, seguindo os pesquisadores que estudaram Schneider por um longo período, chama a classe de ações que Schneider é competentemente capaz de executar de *"greifen"*, que é o alemão para "segurar". Contudo, existe outro amplo âmbito de ações que Schneider pode executar somente com grande dificuldade, quando consegue. Ele tem enorme dificuldade de descrever a disposição de seus membros ou a posição de seu corpo. Se solicitado a tocar seu nariz ou a apontar para um lugar particular de sua perna, Schneider não pode responder com nenhum tipo de prontidão: ele deve primeiro localizar sua mão e guiá-la visualmente para o lugar ao qual foi solicitado a tocar. Merleau-Ponty denomina a segunda classe de ações *"zeigen"*, que é o alemão para "apontar". Ele também se refere a ações-de-*zeigen* como movimentos "abstratos", e ações-de-*greifen* como movimentos "concretos".

Gelb e Goldstein

As discussões de Merleau-Ponty sobre Schneider e outros casos patológicos em *Fenomenologia da percepção* dependem em grande medida da pesquisa, no início do século XX, do psicólogo da Gestalt Adhémar Gelb e do neurologista Kurt Goldstein. Como Gelb e Goldstein observam, a Primeira Grande Guerra "chamou a atenção da ciência para um grande número de casos em que homens jovens e saudáveis, devido a danos cerebrais, foram subitamente transformados em um tipo de pacientes encontrados muito raramente em tempos de paz" (ELLIS, 1938: 315). Ao estudarem esses pacientes, a proposta de Gelb e Goldstein era a de "determinar o que estava contido na consciência deles" (ELLIS, 1938: 315). Pacientes como Schneider foram submetidos a vários testes e exercícios para delinear os contornos de suas incapacidades e para entender mais claramente como era sua experiência. Por exemplo, no caso de Schneider, foi descoberto que a identificação das palavras e outras figuras mostradas em uma tela dependia de sua habilidade para traçar as figuras, seja com seu dedo ou movendo sua cabeça. Quando tais movimentos eram impedidos, a identificação se tornava impossível. Parte do que Gelb e Goldstein queriam entender era justamente como era a experiência visual de Schneider: "Que o paciente 'veja' não pode ser posto em dúvida, mas essa afirmação não diz senão que ele tem algum tipo de impressões visuais; nada nos diz com relação ao caráter fenomênico dessas impressões" (ELLIS, 1938: 318). Baseado em seus experimentos, eles diagnosticaram Schneider como sofrendo do que chamam "cegueira figural", que denota uma "incapacidade de captar apresentações puramente visuais" (ELLIS, 1938: 316). Apresentações visuais somente poderiam ser captadas indiretamente, por meio do procedimento de traçar e outras formas de inferência. (Gelb e Goldstein se referem a Schneider como "adivinhando" o que objetos do dia a dia são. Por exemplo, ao ver pontos pretos em uma superfície branca, supunha serem dados.)

De acordo com sua estratégia geral, Merleau-Ponty considera tanto a tentativa empirista como a intelectualista de dar sentido às deficiências de Schneider. A descrição empirista de Schneider tenta explicar suas inabilidades causalmente, situando o mecanismo ou a função fisiológica danificados, por exemplo, apelando para o dano de seu sistema visual. Porque a visão de Schneider é debilitada, sua habilidade para executar ações-de-*zeigen* está igualmente debilitada;

Fenomenologia **187**

ele ainda é capaz de executar ações-de-*greifen* porque seu sistema tátil, seu sentido do tato, foi deixado intacto. Essa proposta está aberta a objeção. Por exemplo, pessoas "normais" podem executar movimentos abstratos com seus olhos fechados. Posso, mediante solicitação, tocar meu joelho ou a parte inferior do meu pé sem ter de olhar. A isso o empirista pode responder que essas habilidades ainda dependem de uma acumulação de movimentos visualmente guiados, ao que pode ser então respondido que pessoas cegas de nascença também podem executar movimentos abstratos. O empirista pode acomodar essa observação pressupondo na cegueira congênita habilidades cinestésicas mais altamente desenvolvidas. Não existe término claro para esse ir e vir, e Merleau-Ponty não supõe que exista alguma objeção final, decisiva, a qualquer explicação empirista.

O problema com a abordagem empirista é mais profundo do que sua escolha do sistema visual de Schneider como a causa de suas dificuldades em se envolver em ações-de-*zeigen* (Merleau-Ponty é igualmente crítico sobre explicações que recorram ao dano das habilidades táteis de Schneider). Testes, assim como o próprio testemunho de Schneider sobre sua condição, mostram claramente que ele sofreu dano no seu sentido da visão, assim como em seu sentido do tato, e ninguém pode duvidar de que toda sua debilitação surge do dano forjado pelo estilhaço. Suas dificuldades, portanto, têm uma origem fisiológica, mas o problema consiste em como esse dano fisiológico é concebido com respeito a suas capacidades perceptuais. Ou seja, o problema consiste em tentar explicar os problemas de Schneider por apelo a qualquer tipo de debilitação perceptual (visão *versus* tato, por exemplo), porque fazer isso envolve conceber as modalidades sensíveis como "sistemas" independentes cujas respectivas contribuições causais podem ser isoladas uma da outra. Entretanto, se as modalidades sensíveis não são isoláveis, o que, como vimos, a integridade da percepção indica, então não pode haver considerações decisivas em favor de uma hipótese explicativa em detrimento de outra. O dano anatômico e fisiológico que Schneider sofreu não pode ser prontamente traduzido em hipóteses concernentes à organização de suas capacidades perceptuais e de seu efeito sobre sua execução de vários tipos de ações corporais. Todas essas hipóteses são "interpretações *igualmente prováveis* porque 'representações visuais', 'movimento abstrato' e 'sentido de tato potencial' são somente nomes diferentes para um e mesmo fenômeno central" (PP: 118). Portanto, não temos realmente, de modo algum, hipóteses concorrentes, o que indica, para Merleau-Ponty, "a falha do método indutivo ou do pensamento causal no domínio da psicologia" (PP: 118).

Em vez de proceder como o empirismo, por meio do rastreamento do dano fisiológico efetivo de Schneider à dependência de suas dificuldades no dano a uma modalidade perceptual, o intelectualismo se concentra sobre as debilitações de Schneider, entendidas como limitações em sua subjetividade. De acordo com o intelectualismo, Schneider não é mais um sujeito genuíno. Sua habilidade para continuar a executar ações-de-*greifen* mostra simplesmente que ele ainda tem a capacidade para ações reflexas, que são puramente de natureza mecânica, destituídas de qualquer intencionalidade genuína. Que Schneider tenha dificuldade para executar ações-de-*zeigen* mostra que falta a ele uma compreensão das relações espaciais objetivas. Segundo o modo como Merleau-Ponty formula a posição intelectualista: "Se o paciente não é mais capaz de apontar para alguma parte de seu corpo que é tocada, é porque ele não é mais um sujeito diante de um mundo objetivo, e não pode mais assumir uma 'atitude categorial'" (PP: 121).

De acordo com o intelectualismo, as ações-de-*greifen* de Schneider, não sendo senão reflexos incondicionados, são passíveis de explicações inteiramente causais, fisiológicas, enquanto as dificuldades de Schneider com respeito às ações-de-*zeigen* requerem um esquema explicativo inteiramente diferente. Merleau-Ponty acha essa dicotomia estranha, uma vez que em muitos casos os movimentos "concretos" e "abstratos" são fisiologicamente indistinguíveis. O mosquito picando a perna de Schneider não pareceria diferente da extremidade da régua do médico pressionando o mesmo ponto, e ainda assim Schneider é capaz de dar facilmente um tapa no mosquito, embora hesite em atender ao pedido do médico para que toque o lugar marcado pela ponta da régua. Se o intelectualista estivesse certo de que as ações-de-*greifen* são meros reflexos, passíveis de uma explicação inteiramente fisiológica, então o mesmo deveria ser verdadeiro para a maioria das ações-de-*zeigen*. Uma vez que isso não ocorre, o intelectualista está errado em descartar ações concretas como mero reflexo. Tais ações constituem, em troca, um modo diferente de relação com objetos, conforme a atitude objetiva defendida pelo intelectualista, mas são, entretanto, intencionais: o tapa de Schneider é dirigido ao mosquito, não é um impulso antigo, fisiologicamente indiscernível; seu estender o braço é dirigido ao seu lenço, e assim por diante.

Existe uma outra crítica, mais profunda, que mostra que o intelectualista caracterizou mal não só as ações-de-*greifen*, mas também as ações-de-*zeigen*. Schneider é, ao fim e ao cabo, capaz de executar o último tipo de ações em muitos casos, e o modo como ele faz isso pareceria atender às exigências de uma descrição intelectualista. Ou seja, Schneider executa esses movimentos por meio de observação, inferência, deliberação e esforço. Schneider tem de encontrar sua mão e guiá-la à sua perna ou ao seu nariz; ele tem de olhar e ver, e, portanto, julgar como seu corpo está posicionado antes de relatar ao médico. Sua relação com seu corpo se assemelha mais à relação que podemos ter com um objeto, que é precisamente como o intelectualismo concebe essa relação. Para o intelectualista, um sujeito completamente competente se relaciona com seu próprio corpo por meio de uma compreensão das relações espaciais objetivas, que ele pode aplicar tanto às partes de seu corpo como a qualquer outra coisa que ocupe uma posição no espaço objetivo. Mas como nossos exercícios, no começo desta seção, indicam, nossa execução não patológica dessas ações não é mediada por uma compreensão dessas relações espaciais objetivas. Para executar essas ações, não necessitamos medir nossos corpos, aplicando noções métricas objetivas e calculando os resultados; não necessitamos, de modo algum, situar nossos corpos, e, portanto, quaisquer apelos à observação e inferência são inadequados. Se o intelectualismo fosse verdadeiro, seríamos mais parecidos com Schneider; que não o somos mostra que o intelectualismo fundamentalmente se equivocou com relação à natureza da autoexperiência corporal.

Uma atenção mais cuidadosa ao repertório de Schneider ajuda a revelar o que é problemático ou está faltando no seu caso e, correlativamente, como é a corporificação não patológica. Como vimos, a debilitação de Schneider revela uma distinção entre ações-de-*greifen* e de *zeigen*. Schneider é capaz somente de executar as últimas com considerável esforço, embora entes humanos normalmente corporificados sejam capazes de executar ambos mais ou menos igualmente bem. Para Schneider, executar ações-de-*zeigen* requer ou a adoção de uma atitude completamente objetiva com relação a seu corpo, situando-o e guiando-o como um objeto externo, ou o esforço para tornar a ação tão concreta quanto possível, engajando desse modo sua habilidade continuada para executar ações-de-*greifen*. Se Schneider for solicitado a fazer uma saudação militar, por exemplo, ele não pode fazer isso sem tornar a situação tão "semelhante à de um soldado" quanto possível, adotando completamente a postura e atitude do soldado em serviço. Ele não pode responder à solicitação casualmente, encenando ou fingindo; ele pode saudar somente se conseguir ser um soldado naquele momento. O que está faltando no caso de Schneider é o que Merleau-Ponty refere como poder de "projeção", uma habilidade de confrontar sua situação presente não apenas em termos de realidades, mas também em termos de possibilidades. O que falta a Schneider é um tipo de "espaço livre" no qual ele pudesse se projetar imaginativamente através de seus movimentos corporais, e por isso ele não pode "transcender" sua situação do modo que movimentos abstratos requerem.

Ao mesmo tempo, essa capacidade projetiva, quando presente, não é primeiramente uma capacidade cognitiva, uma categoria do pensamento, como o intelectualista a considera, mas algo "entre" movimento e pensamento:

> O que lhe falta [Schneider] não é a motricidade nem o pensamento, e somos levados a reconhecer entre o movimento, como um processo de terceira pessoa, e o pensamento, como representação do movimento, uma antecipação ou uma apropriação do resultado assegurado pelo próprio corpo como força motora, um "projeto motor"... uma "intencionalidade motora" (PP: 110).

Para Merleau-Ponty, a intencionalidade motora é o fenômeno básico, que é manifesto em casos não patológicos em movimentos tanto concretos como abstratos ("para a pessoa normal, cada movimento é, indissoluvelmente, movimento e consciência de movimento" (PP: 110)). Movimentos concretos não são puramente reflexivos e mecânicos, mas inteligentemente situados e dirigidos, e movimentos abstratos não são puramente representacionais e objetivos, mas em troca utilizam e envolvem o mesmo conjunto de habilidades motoras.

Com respeito aos movimentos tanto concretos como abstratos, nossas habilidades corporais superam nossas capacidades representacionais. Não posso relatar melhor o ângulo, a direção e a velocidade precisos de meu braço se movendo quando atendo à solicitação de tocar meu pé direito do que quando estendo minha mão em direção a ele, sem pensar, para ajustar minha meia. Quando tento representar de antemão os movimentos a serem executados (ou, pior, durante sua execução) isso com muita frequência impede a realização satisfatória; eu "me atrapalho" quando paro para pensar sobre o que estou fazendo, e posso com frequência executar a ação correta se, em vez de pensar sobre ela, simplesmente começo o movimento do modo usual e deixo meu corpo assumir o controle. Se me pedissem, por exemplo, para descrever os movimentos de minha mão enquanto escrevo a palavra "fenomenologia" sobre uma folha de papel ou a digito no teclado (algo que eu fiz muitas e muitas vezes!), muito pouco vem à mente que valha a pena relatar. Posso tentar figurar a configuração das teclas, lembrar que dedo tecla cada letra e como, e assim por diante, mas todas essas representações são evocadas somente com muito esforço e sem muito em termos de confiança. Dê-me uma caneta ou me coloque diante do teclado, porém, e eu posso mostrar como é feito sem qualquer hesitação ou deliberação. Se observo minhas mãos por um tempo longo o bastante, posso ser capaz de decompor, analisar, e, portanto, representar, ao fim e ao cabo, todos os vários movimentos envolvidos em meu escrever ou digitar "fenomenologia", mas essa seria uma realização secundária em vez de uma revelação do que tinha guiado minhas ações desde o começo. Uma vez mais, "movimento não é pensamento sobre movimento", ao que Merleau-Ponty acrescenta:

> e espaço corporal não é espaço pensado ou representado [...] No gesto da mão que se eleva em direção a um objeto está contida uma referência ao objeto não como objeto representado, mas como essa coisa muito determinada em direção à qual nós nos projetamos, próxima da qual estamos por antecipação, que perseguimos (PP: 137-138).

Quando me preparo para teclar, minhas mãos e dedos "encontram" seus lugares sobre o teclado sem que eu tenha que olhar. Posso, ocasionalmente, ter de ajustar minhas mãos ou corrigir sua posição, mas em geral teclo sem, de modo algum, observar meus dedos.

Quando aprendi a teclar pela primeira vez, eu tinha de pensar sobre o que estava fazendo – descobrir as teclas centrais, lembrar do arranjo do teclado, e assim por diante –, mas à medida que me tornei mais experiente em teclar, a necessidade de qualquer pensamento assim diminuiu:

> Um movimento é aprendido quando nosso corpo o compreendeu, quer dizer, quando o incorporou a seu "mundo", e movermos nosso corpo é nos dirigirmos a coisas por meio dele; é deixá-lo responder ao chamado delas, que se exerce sobre ele sem representação alguma. A motricidade, portanto, não é como uma criada da consciência, que transporta o corpo ao ponto no espaço do qual formamos, de antemão, uma representação (PP: 139).

Quando se trata de movimento, a incorporação muscular, corporal, em vez do armazenamento de representações, constitui-se em genuína compreensão. Não importa quão bem eu possa recitar a série de movimentos envolvidos em um complicado passo de dança, em uma manobra atlética difícil, ou em uma técnica elaborada de arte, se eu não puder executar essas ações, então não as dominei (ainda); ainda não sou competente. E quando eu atinjo o domínio, a habilidade para recitar a série se torna supérflua, e mesmo prejudicial, uma vez que ser genuinamente hábil envolve ser flexível com respeito às particularidades de uma situação. Ser hábil envolve a habilidade de fazer ajustes, de responder ao "chamado" das coisas em toda sua especificidade, embora de um modo corporal em vez de cognitivo: "A aquisição de um hábito é na verdade a compreensão de uma significância, mas é a compreensão motora de uma significância motora" (PP: 143).

Merleau-Ponty afirma, provocativamente, que "a consciência é, em primeiro lugar, não uma questão de 'Eu penso que', mas de 'Eu posso'" (PP: 137), que aponta para o papel fundamental da intencionalidade motora com respeito a todas as formas de intencionalidade: "A consciência é o ser para a coisa por intermédio do corpo" (PP: 138-139). Descartes concebeu a consciência primeira-

194 Pensamento Moderno

mente em termos de pensamento ("Eu penso, logo existo"), que ele entendeu como a mente tendo dentro de si mesma um estoque de ideias ou representações, todas as quais poderiam ser consideradas independentemente do fato de a mente ser relacionada a um corpo, ou na verdade de qualquer envolvimento com o mundo. Desse modo, "Eu penso que" é tanto independente de, como anterior a, qualquer sentido de "Eu posso", entendido em termos de qualquer habilidade para sermos bem-sucedidos no mundo. As afirmações de Merleau-Ponty concernentes à intencionalidade motora, como muitas das de Husserl concernentes à dimensão corporal da experiência perceptual, podem ser entendidas como direcionadas a esse tipo de concepção cartesiana da mente e da experiência. Conforme Merleau-Ponty, o mundo é manifesto na experiência de acordo com nossa estrutura e habilidades corporais. Coisas são manifestas como perto ou longe, aqui ou ali, ao alcance ou fora do alcance, acima ou abaixo, disponíveis ou indisponíveis, usáveis ou inutilizáveis, convidativas ou repulsivas, e assim por diante, em relação aos nossos modos de habitar o mundo, e esse habitar é sempre de natureza corporal. As coisas não são encontradas primeiramente em termos de um olhar isolado, como se nossa principal relação com o mundo fosse a de olhar. Ao contrário, coisas são manifestas, arranjadas diante e em volta de nós, em relação a nossas habilidades corporais, aos nossos muitos modos de lidar com as coisas que encontramos. Uso a palavra "lidar" aqui tanto literal como figurativamente, como quando eu lido com a caneta, com a xícara de café, com o martelo, com o volante do automóvel, e assim por diante, com minhas mãos (literal) e quando eu "lido" com coisas ou situações, colocando as coisas em ordem, controlando-as e otimizando meu acesso perceptual (figurativo). Esse último tipo de lidar, mais figurativo, envolve uma miríade de habilidades corporais. Ao olharmos para as coisas, de diversos modos, nós as aproximamos ou nos aproximamos delas, ou caso contrário aumentamos nossa distância, dependendo da coi-

Fenomenologia **195**

sa (compare olhar para uma moeda com olhar para a fachada de um edifício), a fim de obter a melhor visão:

> Se aproximo o objeto de mim ou se o faço girar entre meus dedos para "vê-lo melhor", é porque cada atitude de meu corpo é para mim, imediatamente, a possibilidade de uma certa exibição, e porque cada exibição é, para mim, o que é numa certa situação cinestésica; em outros termos, porque meu corpo está permanentemente posicionado diante das coisas a fim de percebê-las e, inversamente, porque as aparências são sempre envolvidas por mim numa certa atitude corporal. Se conheço a relação das aparências com a situação cinestésica, não é em virtude de alguma lei ou em termos de alguma fórmula, mas porque tenho um corpo e estou, por meio deste corpo, em posse de um mundo (PP: 303).

Ser consciente, ser corporificado, estar em "posse de um mundo" não são três noções separadas ou separáveis para Merleau-Ponty, mas são três aspectos sobrepostos, interconectados, internamente relacionados de nossa existência. O "retorno aos fenômenos" revela essa unidade sobreposta e interconectada de consciência, corporificação e o mundo manifesto através de nossa experiência corporificada. Merleau-Ponty chama essa unidade de "arco intencional", que caracteriza cada aspecto de nossa experiência:

> Vamos dizer, portanto [...] que a vida da consciência – a vida cognitiva, a vida do desejo ou a vida perceptual – é subtendida por um "arco intencional" que projeta em torno de nós nosso passado, nosso futuro, nosso ambiente humano, nossa situação física, ideológica e moral, ou, mais precisamente, que faz com que estejamos situados em relação a todos esses aspectos. É esse arco intencional que faz a unidade dos sentidos, a dos sentidos e da inteligência, a da sensibilidade e da motricidade (PP: 136).

Sumário dos pontos-chave

• A despeito da imageria fantasmática provocada pela discussão acerca da "pura consciência", Husserl oferece uma fenomenologia ricamente urdida sobre a corporificação em *Ideias* II.

• O corpo (ou Corpo) é manifesto na experiência como um tipo categoricamente distinto de coisa e como essencial à possibilidade de outros tipos de intencionalidade, ou seja, a experiência perceptual de objetos espaçotemporais.

• Para Merleau-Ponty, a fenomenologia se ocupa com a experiência primária, pré-objetiva, enquanto oposta à concepção secundária, objetiva, do mundo articulado e explorado pelas ciências naturais.

• A experiência perceptual envolve, primeiramente, um todo significativo, "um 'algo' perceptual [...] em meio a alguma outra coisa", que não pode ser entendido como construído fora de algumas unidades experienciais mais básicas.

• A experiência perceptual, devido a sua indeterminação e incompletude essenciais, não pode ser entendida somente pelo modelo do juízo.

• A intencionalidade da atividade corporal não pode ser entendida seja em termos de reflexos fisiológicos, seja em termos de pensamentos representacionais ou juízos.

• A atividade corporal é em troca caracterizada pela "intencionalidade motora": um envolvimento pré-reflexivo com coisas e situações específicas.

5

Problemas e perspectivas

A fenomenologia e seus críticos

Para além da fenomenologia?

Ao longo dos quatro capítulos anteriores, consideramos as quatro figuras principais na tradição fenomenológica. Contudo, como vimos, a tradição fenomenológica dificilmente é monolítica, repleta como é de debates intramuros e em alguns casos de mudanças abrangentes de orientação (considere a divisão entre as respectivas concepções de Husserl e de Heidegger acerca da fenomenologia), apesar disso, encontramos, dentre essas figuras, um sentido compartilhado quanto à existência de uma disciplina filosófica distinta digna do nome "fenomenologia", e, portanto, um sentido compartilhado de que a fenomenologia não só é possível como, na verdade, filosoficamente indispensável. A despeito das muitas diferenças, tanto no nível programático como no nível do detalhe, todas as quatro figuras – Husserl, Heidegger, Sartre e Merleau-Ponty – concordam que a fenomenologia não só merece ser feita como aspira a ser o método para a filosofia.

Ao apresentar as concepções dessas quatro figuras, utilizei uma abordagem de "vendedor de carros usados", por assim dizer, ressaltando os pontos fortes de cada posição e minimizando os pontos fracos, exceto onde incompatibilidades absolutas entre as posições me impediram de fazer isso. Servi, portanto, mais ou menos como um advogado de cada posição, apercebendo-me, ao mesmo tempo, de que ninguém poderia adotar todas as quatro simultaneamente. Embora devamos escolher com cuidado dentre essas posições em fenomenologia, resta a opção de não escolhermos a fenomenologia, e não apenas devido a interesses e inclinações pessoais, mas devido a considerações filosóficas mais rigorosas. Ou seja, talvez seja o caso que a sensibilidade compartilhada por nossas quatro figuras, a saber, que a fenomenologia é tanto possível como valiosa, esteja ela própria aberta à discussão. Talvez a própria ideia de fenomenologia seja de algum modo limitada, intrinsecamente deficiente ou malconcebida, e, assim, em vez de escolhermos entre os pontos de vista examinados ao longo dos últimos quatro capítulos, deveríamos em troca permanecer mais indiferentes, recusando-nos a dar nossa sincera aceitação ou mesmo rejeitando-os em sua totalidade.

Neste capítulo final examinaremos a fenomenologia de uma perspectiva mais crítica, explorando algumas concepções que tentam, de diferentes modos, expor os limites para a investigação fenomenológica ou, mais radicalmente, revelar falhas subjacentes. Vamos considerar três dessas perspectivas críticas – as de Emmanuel Lévinas, Jacques Derrida e Daniel Dennett – que estão conectadas por algumas similaridades intransitivas (a posição de Lévinas é similar em alguns aspectos à de Derrida, e a de Derrida é similar em alguns aspectos à de Dennett, mas estaríamos em dificuldade para encontrar grande parte de qualquer similaridade entre Lévinas e Dennett). Dos três, Lévinas e Derrida estão mais intimamente vinculados à tradição fenomenológica. As linhas de vinculação são em cada caso múltiplas, abrangendo vinculações culturais, cronológicas e, de modo mais importante, filosóficas. Lévinas nasceu na Lituânia, mas estudou e trabalhou na França, e escreveu em francês. Derrida nasceu na Argélia, mas mais tarde igualmente estudou e lecionou na França. Lévinas nasceu um ano antes de Sartre, e dois anos antes

Fenomenologia **199**

de Merleau-Ponty. Derrida é de época mais recente, mas estudou filosofia em um tempo em que alguns dos principais trabalhos de fenomenologia eram relativamente novos. Lévinas foi um estudante dedicado da filosofia de Husserl, fornecendo as primeiras traduções de seu trabalho em francês e escrevendo um trabalho inicial extenso e numerosos ensaios sobre sua filosofia. Ele também foi um leitor atento de Heidegger. O trabalho inicial de Derrida em filosofia estava igualmente impregnado da fenomenologia de Husserl, embora sempre de uma perspectiva mais crítica. Ele combateu a filosofia de Heidegger ao longo de sua carreira filosófica (na verdade, a estratégia de "desconstrução" de Derrida foi consideravelmente influenciada pela tarefa de Heidegger, em *Ser e tempo* e em outros trabalhos seus, de "destruir a história da ontologia" – cf. e. g., BT: § 6).

Dennett, em contraste, ocupa uma posição muito mais externa à tradição fenomenológica. Americano, educado na Inglaterra, e dotado de sensibilidades filosóficas impregnadas do tipo de naturalismo centrado na ciência ao qual a tradição fenomenológica se opôs, Dennett, entretanto, vê sua própria filosofia da mente como emergindo parcialmente de um engajamento crítico com a fenomenologia, especialmente a fenomenologia de Husserl (em um determinado ponto, Dennett se descreve modestamente não como um "estudioso de Husserl, mas como um admirador de longa data" (BS: 184)). Além disso, e talvez surpreendentemente, o envolvimento crítico de Dennett com a fenomenologia se sobrepõe ao de Derrida, e ambos usam suas críticas como uma base para reconceber a própria ideia de consciência de um modo muito diferente de como Husserl (e também Sartre) a concebe. (As críticas de Lévinas, em contraste, são muito mais moderadas: ele está interessado não tanto com depor a fenomenologia, mas com mostrar onde o método fenomenológico é deficiente. Contudo, essas deficiências estão longe de triviais, e, portanto, Lévinas está certamente oferecendo algo mais do que meramente desacordo cortês.)

200   Pensamento Moderno

A parte principal deste capítulo será dedicada a estabelecer e avaliar essas perspectivas críticas sobre tradição fenomenológica, mas na parte final tratarei brevemente da significância continuada da fenomenologia para a filosofia e sugerirei que faríamos bem em ver a tradição fenomenológica como muito mais do que uma peça de museu. Neste livro, ao menos, a fenomenologia tem a última palavra.

Lévinas e a epifania da face

Nos capítulos precedentes demos pouca atenção ao tema que percorre toda fenomenologia (e realmente uma grande parte da filosofia desde Descartes). Embora tenhamos considerado muitos modos e categorias de manifestação – objetos espaçotemporais (Husserl), utensílios e mundo (Heidegger), o ego ou eu (Sartre) e o corpo (Merleau-Ponty) – não consideramos em detalhe algum os modos distintos nos quais outros, ou seja, outros sujeitos de experiência, mostram-se na experiência. Duas questões se apresentam imediatamente:

- Existem, na verdade, modos distintos pelos quais outros são experienciados?

- E, talvez mais incisivamente, outros *podem* ser experienciados de um modo distintivo?

A versão mais incisiva da questão é provocada pelo seguinte tipo de preocupação. Tenho "acesso" direto ou imediato, via reflexão, à minha própria experiência ou consciência, mas de que modo, e em que medida, eu posso experienciar a experiência ou consciência de outro sujeito de experiência? E se, continua a preocupação, a consciência de outro sujeito não está disponível para mim, ou seja, não é algo que eu possa diretamente experienciar, então em que sentido pode ser dito que eu, de algum modo, experiencio o outro como um ser consciente?

Essas questões podem ser familiares a partir de discussões fora do contexto da fenomenologia, à medida que são os tipos de ques-

Fenomenologia **201**

tões que geralmente praticamos ao levantarmos o problema cético "acerca das outras mentes". O problema em sua forma geral diz respeito à possibilidade de constatar ou saber se existem outras mentes além da minha própria. A existência de minha própria mente é concedida pela disponibilidade direta e imediata de minha própria experiência, mas nada assim está disponível com respeito a quaisquer outras mentes. Na falta desse tipo de disponibilidade direta, não posso jamais estabelecer ou saber se existem na verdade outras mentes. O problema, portanto, trata minha relação com "o outro" como fundamentalmente epistemológica – como um problema sobre "acesso" ou conhecimento – e muito frequentemente a preocupação é provocada a fim de mostrar que não pode ser amenizada.

De muitos modos, a tradição fenomenológica como um todo é muito mais sensível ao problema das outras mentes. Isso não significa dizer que cada figura dentro da tradição trata o problema como um problema simples que necessita de uma solução (Husserl chega o mais próximo de sustentar essa visão), mas todas as outras figuras que consideramos nos capítulos precedentes veem esse como um problema a ser tratado, mesmo que a forma de tratamento envolva mostrar por que o problema, ao menos em sua forma epistemológica, é principalmente um falso problema. Um modo de medir a importância de Lévinas é vê-lo como tentando evitar completamente esse problema. A relação com o outro não é epistemológica, mas ética, e toda tentativa de acomodar ou explicar o outro dentro dos limites de minha experiência já constitui um rompimento dessa relação ética fundamental. O outro é precisamente aquele que não pode ser o objeto de minha experiência no sentido de ser completamente manifesto nela, e, assim, não pode ser interpretado de modo algum como um fenômeno. Como algo que não se manifesta no campo de minha experiência, não pode haver uma fenomenologia do outro ou da outridade: no encontro com o outro, a fenomenologia chegou, portanto, a um impasse.

Para avançarmos mais em Lévinas, e, assim, entendermos a natureza dessas críticas à fenomenologia, é melhor começarmos considerando o título de seu trabalho mais importante, *Totalidade e infinito*. O primeiro termo nesse par, "totalidade", é o nome de Lévinas para o que ele vê como o *telos* subjacente da tradição intelectual ocidental, ou seja, o objetivo de compreender tudo o que existe a partir de uma estrutura, teoria ou sistema omnicompreensivo. Considere a frase inicial devidamente famosa de *Metafísica*, de Aristóteles: "Todos os humanos por natureza desejam conhecer" (*Metaphysics* I, 1). Nos termos de Lévinas, Aristóteles está nomeando aqui esse desejo pela totalidade, que em Aristóteles é empregado como o objetivo de ordenar tudo que existe de modo a ser derivável de, e, portanto, explicado em termos de, um conjunto hierarquicamente organizado de princípios. A filosofia ocidental, junto com as ciências naturais que emergiram dela, mostrou ao longo de sua história esse anseio pela totalidade, por uma "grande teoria de tudo". Lévinas se refere a essa busca pela totalidade como um esforço para subsumir tudo ao mesmo: ao tornar tudo inteligível de acordo com nosso sistema abrangente de princípios, tudo é, por meio disso, tornado categoricamente homogêneo (existe certamente espaço para a ideia de diferenciação, e, portanto, categorias heterogêneas, mas isso é tudo diversidade dentro da unidade).

A ligação entre totalidade e assimilação indica um certo tipo de orientação da parte do sujeito em relação ao mundo. Lévinas chama essa orientação de "gozo". Comer é uma forma básica de gozo em que a noção de assimilação é particularmente vívida. A comida que como é ingerida e digerida, e por isso incorporada em meu corpo, e não importam quantos tipos diferentes de comida eu coma, eles são todos inevitavelmente mastigados e misturados em um amálgama no interior de meu único corpo. O ato assimilativo de comer não é a única fonte de gozo; a experiência perceptual também proporciona tais prazeres. Considere a continuação da afirmação de abertura de

Fenomenologia **203**

Aristóteles: que todo humano deseja conhecer é indicado pelo "deleite que temos em nossos sentidos; pois mesmo afastados de sua utilidade eles são amados por si mesmos; e acima de todos os outros o sentido da visão" (*Metaphysics* I, 1). Embora a visão sirva a muitos propósitos práticos, muitas vezes nós simplesmente gostamos de olhar para as coisas, capturá-las com nossos olhos, mesmo quando não temos outro propósito além do prazer de olhar. Observe a frase "capturá-las" na sentença anterior, que indica que ver, e, mais geralmente, perceber, é também um tipo de assimilação, embora de um modo menos simples do que comer. No ato de percepção eu apreendo (um sinônimo para "capturar") o objeto; eu o trago para dentro do campo da minha experiência, e, assim, nesse sentido o torno meu ou, mesmo, uma parte de mim. Quando percebo, a coisa que percebo está aberta à visão, disponível para mim, e, assim, sob meu domínio: "Uma vez que o acesso aos entes concerne à visão, ela domina esses entes, exercita um poder sobre eles. Uma coisa é *dada*, oferece-se a mim. Ao ganhar acesso a ela eu me mantenho interiormente o mesmo" (TI: 194). A visão é comumente referida como um "poder", e ter coisas em vista é já exercitar um tipo de controle sobre elas. Olhar para algo é com frequência o primeiro passo para investigá-lo, começar a conhecê-lo e entender o que ele é e como funciona. Esse tipo de controle é ele próprio também prazeroso.

Embora Lévinas veja esses temas sobre totalidade e assimilação percorrendo a totalidade da filosofia ocidental, a tradição fenomenológica é seu alvo mais imediato. Na verdade, uma das principais afirmações de Lévinas é que esses temas não estão menos presentes na fenomenologia do que em outra parte na tradição filosófica ocidental, a despeito da autocompreensão da fenomenologia como uma resposta esclarecida para essa tradição mais ampla (considere, por exemplo, a crítica de Heidegger acerca da preocupação da filosofia com substância e realidade, ou a rejeição que Merleau-Ponty faz ao intelectualismo e ao empirismo). A própria ideia de fenomenologia, do fenômeno como o que "se mostra" ou como dado, denuncia a presença continuada desses temas. A exigência definidora da fenomenologia de que as coisas se tornem manifestas é tanto totalizante (a fenomenologia trata tudo como um fenômeno a ser descrito e categorizado) como assimiladora (ao tratar tudo como um fenômeno, como algo manifesto, a fenomenologia trata tudo, no fundo, como o mesmo e arrasta tudo para dentro do olhar dominador do sujeito). A concepção de Husserl acerca da consciência transcendental, como o campo omnicompreensivo da inteligibilidade no qual os objetos intencionais são constituídos, fornece um exemplo vívido dessas tendências totalizantes e assimilativas da fenomenologia, mas Heidegger, a despeito de suas próprias críticas a Husserl, também não está imune às de Lévinas. Em *Ser e tempo* Heidegger caracteriza seu projeto como "ontologia fundamental", e, como tal, dedicado a responder à questão sobre o significado de ser em geral. A preocupação de Heidegger com o ser manifesta um esforço continuado pela totalidade, sua equiparação do ser com a noção de um fenômeno como "o que se mostra" não é menos assimiladora do que a noção de Husserl acerca da constituição.

Mas o que essas críticas gerais sobre a fenomenologia, embora não menos culpadas de certas aspirações e ambições muito gerais, têm a ver com uma concepção adequada do outro, ou com a própria ideia de outridade? Como essas aspirações e ambições envolvem qualquer tipo de negligência ou descuido acerca do caráter fundamentalmente ético de minha relação com o outro? Vamos começar a responder essas questões olhando mais detalhadamente para alguns aspectos da abordagem da fenomenologia à questão do outro.

O problema com relação a outros é especialmente severo na fenomenologia de Husserl, devido à redução fenomenológica e ao caráter absoluto do ponto de vista da primeira pessoa do singular. Embora Husserl queira diminuir a preocupação de que o "solipsismo" – a visão de que eu sou o único sujeito genuíno da experiência

Fenomenologia **205**

ou ser senciente – constitua uma condição permanente, ao mesmo tempo ele está ciente de que o ponto de partida legítimo para a fenomenologia é solipsista. A fenomenologia de Husserl começa com a redução ao fluxo da experiência do ego transcendental, o sujeito ou o "eu" do cogito. Desse ponto de partida – o fluxo da experiência consciente – procedemos para fora, por assim dizer, via processo de constituição: a constituição de qualquer objeto intencional, a constituição de objetos reais e assim por diante. Dado esse tipo de ponto de partida, entretanto, não é difícil ver como passa a existir um problema acerca de outros egos, uma vez que o apelo à constituição parece insatisfatório. Ou seja, não podemos estar satisfeitos simplesmente com explicar a constituição do outro como parte de nosso fluxo de experiência imanente, uma vez que a própria ideia de outro pressupõe que ele exista fora de nosso fluxo de experiência, e seja, na verdade, um possuidor de seu próprio fluxo de experiência. A constituição do outro, portanto, pareceria requerer constituir o fluxo de experiência do outro, mas fazer isso tornaria esse fluxo uma parte do meu, o que subverte a ideia de que fui bem-sucedido em constituir, e, desse modo, em experienciar, um outro genuíno, um outro sujeito de experiência. Para Husserl, "a possibilidade do ser para mim de outros" é "uma possibilidade muito desconcertante" (CM: § 41), e, portanto, um problema que necessita muito de uma solução. Para Lévinas, em contraste, o problema reside na própria concepção do problema, quer dizer, tratar o problema do outro como um problema constitucional. Constituir o outro, no sentido de Husserl de constituição, é, por conseguinte, subsumir o outro ao, ou dentro do, campo da nossa própria experiência, privando o outro, por conseguinte, de sua própria outridade.

Vimos no capítulo 2 que Heidegger, consistente com sua rejeição da redução fenomenológica, rejeita o problema das outras mentes como um pseudoproblema. A primazia do Dasein, como ser-no-mundo, elimina o tipo de perspectiva solipsista encontrada em

Husserl. Para Heidegger, o "ser para mim de outros" não é uma "possibilidade desconcertante", como era para Husserl, uma vez que eu e outros estamos desde o começo juntos, aí fora no mundo. Heidegger, portanto, rejeita o tipo de projeto explanatório que Husserl pensa que a fenomenologia deve confrontar. Em troca, outros "são encontrados a partir do mundo, no qual o Dasein se mantém", e, portanto, Heidegger rejeita quaisquer "'explicações' teoricamente confeccionadas sobre o ser-simplesmente-dado dos outros" (BT: § 26). Devemos, Heidegger insiste, "ater-nos aos fatos fenomênicos do caso que assinalamos, quer dizer, que os outros são encontrados *ambientalmente*" (BT: § 26).

Para Heidegger, o eu e o outro são, podemos dizer, comanifestos, e o outro se mostra ser um outro que é o mesmo que eu:

> Por "outros" não queremos dizer todos os demais menos eu – aqueles diante dos quais o "eu" se projeta. Eles são ao contrário aqueles dos quais, na maioria, *não* nos distinguimos – aqueles entre os quais também somos. Esse ser-aí-também com eles não tem o caráter ontológico de um ser-simplesmente-dado-junto-"com" eles dentro de um mundo. Esse "com" é em certa medida o caráter do Dasein; o "também" significa a igualdade no ser enquanto ser-no-mundo que se ocupa dentro de uma circunvisão (BT: § 26).

A ausência, na cotidianidade, de qualquer distinção clara entre o eu e o outro, de modo que eu e outros sejamos marcados por "uma mesmidade do ser", subverte a inteligibilidade do problema das outras mentes. A questão "Como eu posso saber se existem outros sujeitos de experiência?" falha em suscitar quaisquer alarmes epistemológicos, quando o modo de ser do "eu" na questão é revelado ser ser-no-mundo. O Dasein, como ser-no-mundo, "já sempre" tem uma compreensão dos outros (o que Heidegger chama "ser-com"), e assim não existe preocupação geral sobre como tal compreensão ou conhecimento é possível (pode haver, é claro, preocupações em

Fenomenologia **207**

ocasiões particulares como com o que alguém está pensando ou sentindo). Embora Heidegger seja indiferente ao problema epistemológico das outras mentes, condenando-o como um pseudoproblema em vez de um problema a ser resolvido, sua postura sobre a questão dos outros é, porém, considerada problemática por Lévinas. O problema é indicado na sentença final da passagem citada acima, na qual Heidegger essencialmente subsume o outro como sendo ou tendo o mesmo modo de ser que o do "eu". Para Heidegger, os outros não são verdadeiramente encontrados como outros, e, para Lévinas, isso significa que a outridade do outro é eliminada.

A fenomenologia de Sartre acerca do outro em *O ser e o nada* inicia com a ideia de que se partirmos da perspectiva de nossa própria experiência individual, existe naturalmente um tipo de favorecimento de nós mesmos e dessa experiência. Cada um de nós, com respeito à nossa própria experiência, constitui, nas palavras de Husserl, um "ponto-zero de orientação", e, assim, o mundo que experienciamos, seu arranjo e ordenamento, está para cada um de nós organizado em torno de nós mesmos. Quando estou sozinho, o mundo que experiencio é meu mundo, no sentido de que tudo se manifesta somente para mim e somente em relação a mim: as coisas estão perto ou longe, aqui ou ali, em frente ou atrás, somente em relação à posição que ocupo. Minha perspectiva sobre o mundo é a única perspectiva que existe, uma vez mais, desde que eu esteja sozinho. Para Sartre, o primeiro efeito da aparição do outro é romper, na verdade fragmentar, esse sentido complacente de posse e privilégio. A aparição do outro marca o surgimento de um objeto em minha experiência com sua própria experiência, e assim marca a aparição de outra pessoa em torno da qual o mundo é perceptual e perspectivamente organizado: "O outro é primeiramente a fuga permanente das coisas em direção a um objetivo que eu apreendo como um objeto a uma certa distância de mim, e que me escapa, uma vez que ele desdobra ao redor de si suas próprias distâncias" (BN: 343).

Quando o outro chega à cena, o mundo não é mais exclusivamente meu. Em troca, existe "um reagrupamento, ao qual assisto e que me escapa, de todos os objetos que povoam meu universo" (BN: 343) em torno desse novo tipo de objeto.

Esse reagrupamento "me escapa" à medida que sou incapaz de habitar a perspectiva ocupada pelo outro. Mesmo que eu fosse me mover para a locação precisa do outro e o movesse para fora do caminho, orientando, por conseguinte, meu corpo precisamente como o seu estava, antes de minha intrusão, eu ainda não estaria tendo sua experiência, e, na verdade, sua experiência continuaria de qualquer que fosse a nova localização que ocupasse, efetivando, por conseguinte, mais outro agrupamento do qual não sou inteirado. Conforme Sartre, os objetos e suas qualidades voltam "para o outro uma face que me escapa. Apreendo a *relação* entre [os objetos e suas qualidades] e o outro como uma relação objetiva, mas não posso" (BN: 343) apreendê-los *como* eles aparecem para ele. A aparição do outro é, portanto, a aparição de um objeto que "me roubou o mundo" (BN: 343).

Essas rupturas causadas pela aparição do outro em meu campo perceptual são somente o começo, uma vez que, com essas considerações concernentes a perspectiva e orientação, "*o outro* é ainda um objeto *para mim*" (BN: 343). A subjetividade do outro é mais palpável quando sua experiência é dirigida não aos objetos que eu também estou experienciando, mas quando sua experiência é dirigida a mim, de modo que "minha ligação fundamental com o outro-sujeito deve poder se reduzir à minha possibilidade permanente de *ser visto* pelo outro" (BN: 344). A experiência de ser visto pelo outro deve estar sujeita ao que Sartre chama "o olhar". Quando experiencio o outro como algo que pode me experienciar, quando, em outras palavras, eu me encontro submetido ao olhar, sou nesse momento transformado de um sujeito em um objeto. Recorde a caracterização que Sartre faz da consciência de primeiro grau em *A transcendência do ego*: o

Fenomenologia **209**

campo da consciência de primeiro grau é não possuído, e, portanto, nada é senão pura subjetividade. Quando sou absorvido em minha própria experiência, não existe eu que aparece nessa experiência. A aparição do outro rompe tudo isso, tornando-me, repentinamente, consciente de mim mesmo, e, desse modo, objetificando-me. Agora me sinto um objeto para ser percebido, que é capturado na perspectiva aberta pela experiência do outro. Para Sartre, o olhar é antes de tudo ameaçador. O outro é experienciado primeiramente como uma fonte de vergonha, autoconsciência (no sentido ordinário) e vulnerabilidade: "O que eu apreendo imediatamente quando ouço os galhos estalando atrás de mim não é que *tem alguém ali*, mas que estou vulnerável, que tenho um corpo que pode ser ferido, que ocupo um lugar no qual estou sem defesa – em suma, que *sou visto*" (BN: 347).

Portanto, a fenomenologia do outro, de Sartre, não comete o que é, para Lévinas, o pecado da assimilação do outro ao domínio do mesmo, como Heidegger faz. Que para Sartre o outro ocupa uma perspectiva ou tem um ponto de vista acerca do mundo, que é em princípio indisponível para mim, é, para Lévinas, um passo na direção certa, com respeito a caracterizar propriamente a relação entre o eu e o outro. Tanto para Sartre como para Lévinas a aparição do outro constitui uma ruptura radical da homogeneidade da minha experiência. Mesmo a aparição do outro-como-objeto, em Sartre, marca a aparição de algo que resiste à completa assimilação, à medida que as qualidades do mundo tal como aparecem para o outro "me escapam". Ao mesmo tempo, a concepção geral de Sartre acerca da relação eu-outro é respaldada ainda pela orientação para a totalidade e assimilação: o poder objetificante do "olhar" busca em cada caso privar o outro de sua subjetividade, tornando, com isso, o outro apenas mais uma coisa no meu campo perceptual. O quanto a descrição de Sartre acerca da relação eu-outro é permeada com noções de hostilidade, antagonismo e ameaça indica uma falha da parte de Sartre em reconhecer qualquer coisa para além dessa orientação para a objetificação, em outras palavras, qualquer coisa para além do objetivo da totalidade. Falta em Sartre algum sentido no qual a aparição do outro possa ser vista como bem-vinda, como animada pela hospitalidade em vez de pela vulnerabilidade, e, assim, como envolvendo um reconhecimento não qualificado da subjetividade inexaminável. Falta em Sartre e no resto da tradição fenomenológica uma apreciação adequada do que Lévinas chama "a face".

A aparição do outro é a aparição de algo que excede a aparição, que, em outras palavras, não pode ser subsumido por mim no mesmo:

> A face está presente em sua recusa a ser contida. Nesse sentido ela não pode ser compreendida, ou seja, englobada. Nem vista nem tocada, pois na sensação visual ou tátil a identidade do eu envolve a alteridade do objeto, que se torna precisamente um conteúdo (TI: 194).

Observe especialmente a conclusão dessa passagem. A percepção, como uma forma fundamental de intencionalidade, sempre envolve conteúdo intencional. O objeto que percebo é o conteúdo de minha experiência perceptual e, portanto, compreendido por essa experiência. A contenção não necessita ser literal, é claro. Quando olho para minha xícara de café, a xícara é o conteúdo de minha experiência visual, mas o próprio copo está ali fora, em minha mesa. Apesar disso, ao se oferecer para meu olhar, a xícara é, por conseguinte, subsumida por mim, incorporada em meu campo visual.

A desanalogia entre os objetos e a face, no sentido de Lévinas, é difícil de caracterizar adequadamente. Duas preocupações se apresentam imediatamente, ambas se referindo à alegada distância entre a face e objetos ordinários da percepção, tais como minha xícara de café. A primeira é que não está claro o que Lévinas pretende ao dizer que a face "não pode ser vista nem tocada", uma vez que, se considerarmos as faces humanas reais, é óbvio que isso simplesmente

Fenomenologia   **211**

soa falso. O outro, incluindo sua face, está aí para ser visto, exatamente como a xícara de café que ele segura é visualmente presente para mim. (Essa observação, por si só, dificilmente constitui uma objeção, uma vez que "face" para Lévinas não necessita se referir a uma face literal; todavia, sua escolha de terminologia sugeriria que o que ele quer dizer por "face" está de algum modo conectado a, ou é mais centralmente verificado em, nossos encontros face a face um com o outro.) Entretanto, necessitamos ser cuidadosos com relação a como entendemos a afirmação de que a xícara e o outro estão igualmente "aí para serem vistos". O âmbito de possibilidades é marcadamente diferente no caso da xícara. A xícara não recusa ou resiste, e na verdade não pode, ao meu olhar, nem pode se afastar de mim, esconder-se de mim, ou de qualquer modo impedir minha inspeção continuada. A pessoa segurando a xícara pode, é claro, escondê-la de mim, e, portanto, desse modo, a xícara resiste ao meu olhar, mas isso certamente não é ação da xícara. A outra pessoa é a fonte dessa recusa ou resistência, e, assim, o que meu olhar realmente falha em conter é ela, não a xícara. Ao sempre oferecer ao menos a possibilidade dessa resistência, o outro sempre excede minhas capacidades perceptuais. Mas isso nos traz à segunda preocupação. Afinal, a xícara, enquanto um objeto espaçotemporal, é apresentada a mim somente por meio de adumbrações, e, portanto, qualquer apresentação da xícara envolve sempre a notificação dos lados não vistos ou ocultos. Na verdade, uma vez que a xícara é, perceptualmente falando, um sistema infinito de apresentações adumbrativas, pareceria que minha experiência perceptual nunca poderia conter ou compreender completamente a xícara. Portanto, a desanalogia entre a face e objetos ordinários é ainda deficiente.

Na verdade, embora seja o caso que a percepção de objetos espaçotemporais ordinários pressuponha a noção de lados escondidos, de modo que nenhuma apresentação (ou mesmo muitas) conterá ou compreenderá completamente o objeto, existem, apesar disso, vários modos pelos quais a desanalogia entre tais objetos e a face pode ser sustentada. Podemos começar observando que, no caso de objetos espaçotemporais, os lados ocultos estão apenas contingentemente ocultos para mim. Por exemplo, se eu estiver olhando para a frente de minha xícara de café, não posso ao mesmo tempo ver a parte detrás dela ou o fundo, mas posso me mover ou a xícara a qualquer momento que eu queira de modo a revelar esses aspectos atualmente ocultos. Mesmo que admitamos que a apresentação da xícara pressuponha um sistema infinito de adumbrações, de modo que eu, como um sujeito finito, nunca pudesse experienciar todas elas, ainda será o caso que nenhum lado particular da xícara esteja, em princípio, oculto para mim; nem é o caso que a xícara possa em qualquer sentido manter um lado particular oculto para mim. Os lados ocultos no caso da face, entretanto, podem ser ocultos exatamente desses dois modos. Para começar com o segundo, se considerarmos o poder de resistência ou de recusa, o outro pode sempre se recusar a revelar um lado oculto. Tenho de reconhecer, no meu encontro com uma outra pessoa, que possam existir coisas que eu nunca conhecerei sobre ela, coisas que a pessoa pode escolher manter em segredo. Além disso, se recordarmos a fala de Sartre sobre o outro como ocupando um ponto de vista que "me escapa", podemos ver que os lados do outro estão ocultos para além do que ele escolhe revelar. Nunca posso ocupar o ponto de vista do outro, ou tomar seu lugar, no sentido de, através disso, ter a experiência do outro. A subjetividade do outro é, desse modo, não contingentemente, ou seja, em princípio, oculta de mim.

Existe ainda outro modo pelo qual sustentar a desanalogia, se pensarmos sobre as relações entre os "lados ocultos" nos dois casos. Quando olho para a frente de minha xícara de café, os lados atualmente ocultos estão ocultos de tal modo que estão *previsivelmente* conectados com o que está presente para mim agora. Sei, quando olho para a frente da xícara, o que acontecerá ao virá-la ou

Fenomenologia   213

levantá-la, e, assim, o que estou vendo agora e os lados ocultos na verdade constituem uma série ou sistema. Contanto que ninguém a tenha substituído por uma xícara falsa, enquanto eu estivesse fora de meu estúdio, nada haveria de surpreendente em minha experiência visual dela. O encontro com o outro, por contraste, é marcado pela falta de qualquer previsibilidade desse tipo: mesmo quando sinto que sei o que alguém vai fazer ou dizer, ainda posso, apesar disso, ser surpreendido pelo modo como as coisas se desenvolvem, pelo que alguém na verdade diz ou faz. O outro se opõe a mim menos com uma "força de resistência do que com a própria *imprevisibilidade* de sua reação" (TI: 199). Existem, é claro, tais possibilidades para a surpresa, no caso da experiência perceptual, quando percebemos coisas que não são familiares ou usuais, mas mesmo aqui tais manifestações mantêm a promessa de completa previsibilidade e, assim, em princípio, a eliminação de qualquer elemento de surpresa. A possibilidade de surpresa no caso do outro é inelimínável.

Até aqui enfatizei as noções de resistência e de recusa na caracterização da diferença entre a face e, por exemplo, objetos espaçotemporais ordinários, mas existe também uma dimensão mais feliz, mais positiva, dessa diferença. Considere a seguinte passagem do ensaio de Lévinas "A ontologia é fundamental?":

> O ente humano é o único ente que sou incapaz de encontrar sem expressar esse próprio encontro a ele. É precisamente nisso que o encontro se distingue do conhecimento. Em cada atitude com relação ao humano existe uma saudação – mesmo na recusa à saudação (BPW: 7).

Aqui Lévinas está caracterizando o modo pelo qual o outro, uma outra pessoa, envolve-me de um modo que objetos não o fazem. Embora eu possa encontrar objetos particulares interessantes, mesmo bonitos, de modo que eu queira olhar mais para eles, mantê-los próximos, e aprender mais sobre eles, nenhum desses objetos é de qualquer modo afetado por, ou responsivo a, esse interesse: não faz diferença alguma para minha xícara de café se eu a uso ou não, se a lavo com carinho ou a deixo sem lavar, se a deixo por dias sobre minha mesa ou atrás do guarda-louças, ou mesmo a esmague em pedaços. Qualquer que seja a forma de meu encontro com a xícara não é algo que eu possa expressar a ela, ao passo que, no caso de outro ente humano, eu não posso senão expressar meu encontro com ele. Toda vez que encontro outro ente humano, o que quer que eu faça "significa algo", no sentido de que o que eu digo e faço pode ser notado, ignorado, respondido, aceito, reconhecido, interpretado, entendido, mal entendido, e assim por diante. Em outras palavras, meu encontro com outro ente humano é uma ocasião para a fala. Embora eu possa, em meus momentos mais solitários, falar com muitas coisas ao meu redor, um outro ente humano é distinguido pela sua habilidade de retrucar. Meu encontro com o outro é, portanto, marcado pela possibilidade de conversação, na verdade, pela inevitabilidade, uma vez que mesmo nossa falha em reconhecermos ou em nos envolvermos com outro é um modo de conversar; uma "recusa em saudar" é, apesar disso, um tipo de saudação.

O outro "permanece infinitamente transcendente, infinitamente estranho", mas isso "não deve ser descrito negativamente" (TI: 194): A descrição negativa é aquela que enfatiza a falta de compreensão, a falha de previsibilidade, e assim por diante, mas "melhor do que a compreensão, o *discurso* se relaciona com o que permanece essencialmente transcendente" (TI: 195). Uma vez mais, o outro é aquele com quem eu posso falar, e quem fala comigo, e "a fala procede da absoluta diferença" (TI: 194). Essa última afirmação pode soar especialmente dissonante, uma vez que pareceria, de qualquer modo, que falar pressupõe uma linguagem comum, e, portanto, uma compreensão compartilhada do que está sendo dito. Conforme Merleau-Ponty, "Na experiência do diálogo, existe uma base comum constituída entre mim e a outra pessoa", de modo que ao falarmos somos "colaboradores um do outro em completa reciprocidade"

Fenomenologia **215**

(PP: 354). Eu não iria ao extremo de dizer que Lévinas quer negar esses aspectos e dimensões de diálogo ou conversação, mas quando diz que "a fala procede da absoluta diferença", ele está apontando para algo que toda essa fala sobre compartilhamento, colaboração e reciprocidade é passível de cobrir: na conversa, existe uma "absoluta diferença" com respeito à localização dos falantes. O que constitui os indivíduos como falantes, como participantes em uma conversação é precisamente sua separação. Sem essa separação a fala como conversação colapsa. Uma conversação não é uma recitação: a produção e o intercâmbio automáticos de um conjunto de sentenças. Se já sei ou posso prever tudo que você dirá, porque o que você diz é a coisa padrão ou convencional a dizer, então você falha em ocupar uma posição completamente separada de mim; suas palavras podem ser suas no sentido causal de emanarem de seu corpo, mas sua convencionalidade as torna anônimas. Para ser uma conversação deve haver, uma vez mais, um elemento de incerteza, de imprevisibilidade, de modo que eu não possa, em momento algum, resumir completamente meu interlocutor.

Qualquer tentativa de sumarização assim afasta a possibilidade de conversação, e, na verdade, marca a violação ética do outro:

> No discurso, a divergência que inevitavelmente se abre entre o Outro como meu tema e o Outro como meu interlocutor, emancipado do tema que parecia por um instante retê-lo, imediatamente contesta o sentido que atribuo ao meu interlocutor. Por isso, a estrutura formal da linguagem anuncia a inviolabilidade ética do Outro e, sem qualquer vestígio do "numinoso", "sua" santidade (TI: 195).

"A relação ética", afirma Lévinas, "subtende o discurso" (TI: 195), que significa que falar para e com o outro, enquanto envolvendo a "absoluta diferença" do outro, ao mesmo tempo registra a inviolabilidade do outro. Ao reconhecer a separação do outro, eu, por conseguinte, reconheço igualmente minha responsabilidade ética para com o outro, em particular, minha responsabilidade de não transgredir ou violar essa separação. Lévinas se refere a essa inviolabilidade do outro como o "infinito de sua transcendência". Ele explica: "Esse infinito, mais forte que assassinato, já nos resiste em sua face, é sua face, é a *expressão* original, é a primeira palavra: "não matarás" (TI: 199).

"A epifania da face é ética" (TI: 199). É "ética" como oposta a ontológica: "A relação com o existente que se exprime preexiste ao desvelamento do ser em geral, como base do conhecimento e como sentido do ser, o plano ético preexiste ao plano da ontologia" (TI: 201). E observe "epifania" como oposta a manifestação:

> Manifestar-se como face, é se *impor* para além da forma, manifesta e puramente fenomenal, é se apresentar de um modo irredutível à manifestação, como a própria since-ridade do face a face, sem a intermediação de imagem alguma, em sua nudez, quer dizer, em sua miséria e em sua fome (TI: 200).

O fato de a face envolver uma apresentação, que é ética em vez de ontológica, e "irredutível à manifestação", subverte a primazia e generalidade da fenomenologia. Em vez do fenômeno, Lévinas por vezes se refere à apresentação da face como um "enigma", um "mis-tério" de altura ou profundidade infinita. Nenhuma intuição ou in-tuições, nenhuma explicação do significado do ser, nenhum retorno aos fenômenos, jamais conseguirão dissipar esse sentido de mistério ou remover esse enigma. Husserl talvez estivesse mais correto do que pensava ao se referir à apreensão do outro como uma "possibi-lidade desconcertante"; ele errou, de acordo com Lévinas, em supor que a fenomenologia pudesse oferecer uma solução.

Derrida e a mitologia da presença

A crítica de Derrida a Husserl inicia bem no princípio de sua fenomenologia, com várias distinções extraídas do começo de seu

Investigações lógicas. Essas distinções preliminares dizem respeito à relação entre pensamento e linguagem, entre a experiência consciente e os signos falados e escritos usados para expressar externamente essa experiência. A alegação um tanto ousada de Derrida é que não somente as seis subsequentes investigações, mas também a totalidade da fenomenologia de Husserl, incluindo sua fenomenologia "pura" ou "transcendental" posterior, dependem completamente da validade dessas distinções. Uma vez que essas distinções não podem ser mantidas, o projeto fenomenológico de Husserl, então, fracassa. Em traços muito gerais, Derrida argumenta que Husserl procura excluir, logo no início de sua fenomenologia, qualquer coisa semelhante a um signo no nível da pura consciência, uma vez que a pura consciência, Husserl sustenta, está imediatamente disponível para o investigador fenomenológico sem a intervenção mediadora de signos. Contudo, os esforços de Husserl para manter essa exclusão podem ser provados falhos, e de modo a minar a ideia mesma de proximidade ou presença exigida pela fenomenologia pura. O que será mais tarde preservado no "princípio de todos os princípios" de Husserl resulta ser uma porção herdada, altamente suspeita, da bagagem metafísica, dificilmente o que esperaríamos de uma forma de pesquisa que se orgulha de ser "sem pressuposição". Mas se o princípio dos princípios deve ser abandonado, então a concepção de Husserl sobre a fenomenologia e, na verdade, sua concepção inteira de consciência deve ser abandonada também.

A primeira das seis "investigações lógicas" de Husserl começa com algumas distinções preliminares, mas que ele considera "essenciais", sendo a mais fundamental delas a distinção entre expressão e indicação. Logo no início do § 1 Husserl diz: "Todo signo é um signo de algo, mas nem todo signo tem 'significado', um 'sentido' que o signo 'expresse'" (LI: 269). O que Husserl está dizendo aqui, em princípio, não soa tão complicado ou controverso; certamente não soa como alguma coisa da qual a totalidade de um projeto filosófico possa depender. Antes de tentarmos examinar essa afirmação de dependência, vamos primeiro analisar o modo como Husserl explica essa distinção. Husserl (cf. LI: 270) define a noção de indicação do seguinte modo:

> X *indica* Y por (ou para) A quando a crença ou suposição de A na realidade X motiva uma crença ou suposição na realidade Y.

Essa noção geral de indicação cobre tanto os signos como o que pode ser chamado de "indicadores naturais". O primeiro inclui coisas tais como marcas no gado, que indicam a posse de uma fazenda particular, bandeiras, que indicam coisas abrangendo desde nacionalidade até a linha final de uma corrida, e nós em lenços, que indicam que alguma coisa necessita ser lembrada. Alguns exemplos de indicadores naturais são gramados secos, que indicam estiagem, rachaduras nas paredes de uma casa, que indicam subsidência, e nuvens escurecendo, que indicam uma tempestade se aproximando. A conexão entre um indicador e o que ele indica pode, portanto, ser natural, como no caso dos indicadores naturais, ou ser resultado de convenção, como no caso dos signos. Onde a conexão não é puramente convencional, a relação entre indicador e indicado poderia ser de causa e efeito (na qual a "suposição" vai do efeito para a causa), de mais cedo e mais tarde (onde pode existir uma causa comum), de probabilidade, e assim por diante. Em ambos os casos, a conexão é empírica e contingente, e é respaldada por hábito, generalização e costume. Em geral, a conexão é associativa: os indicadores indicam algo pela nossa associação do indicador com a coisa indicada. Enquanto associativa, não existe em caso algum conexão essencial ou intrínseca entre indicador e indicado.

Fenomenologia **219**

A metafísica da presença

Derrida vê não apenas a fenomenologia de Husserl, mas a totalidade da tradição filosófica ocidental como permeada pela "metafísica da presença". A noção de presença tem mais do que um eixo, dependendo de com que seja contrastada: presente como oposto a ausente, mas também presente como oposto a passado ou futuro. Na locução de Derrida, ambos os sentidos estão em jogo. A metafísica da presença envolve um favorecimento do presente, temporalmente falando, mas existe também uma dimensão epistêmico-espacial, com uma concepção de presença para a mente ou consciência como a fonte ótima de conhecimento e compreensão. As noções equivalentes de presença estão, na verdade, entrelaçadas, no sentido de que o presente temporal representa o ótimo para a presença epistêmica: conhecer ou entender algo ótima ou completamente é tê-lo presente diante de nossa mente no presente (tudo ao mesmo tempo). O cogito de Descartes envolve essa noção equivalente de presença. A proximidade do "eu sou, eu existo" concede a existência de Descartes, mas somente no momento em que esse pensamento é concebido. O cogito falha de outro modo: "eu existi" e "eu existirei" não admitem certeza alguma seja qual for. Basicamente, podemos ver nesse favorecimento da presença (e do presente) uma concepção fundamentalmente teológica do conhecimento e do entendimento; um modo de contrastar o divino com o entendimento meramente humano é dizer que Deus vê, sabe, ou entende tudo ao mesmo tempo. Que o entendimento humano seja estendido no tempo é já uma marca de sua inferioridade.

A expressão, por contraste, traz a noção de significado ou sentido, que, para Husserl, marca uma relação completamente diferente. Expressões são signos significativos, que Husserl restringe aos signos linguísticos, excluindo assim coisas tais como expressões faciais e gestos corporais. Para ter uma ideia dessa distinção, considere a diferença entre o choro de um bebê, que indica, por exemplo, uma fralda molhada ou a necessidade de comer, e as palavras "Minha fralda está molhada" ou "Eu estou com fome". Embora o choro esteja associado a umidade e fome, e, portanto, dirija quem está ouvindo o choro do bebê para essas coisas, o choro ainda somente indica, sem na verdade dizer ou significar, "Minha fralda está molhada" ou "Eu estou com fome", embora as expressões em cada caso de fato digam e signifiquem algo: as expressões são *sobre* umidade e fome, em vez de indicadores delas. Diferente da mera conexão associativa entre indicadores e o que eles indicam, a conexão entre expressões e seu significado é essencial, como a noção de significado constitui o que é para algo ser uma expressão.

Signos linguísticos, enquanto significativos, envolvem, portanto, a noção de expressão, mas a concepção de Husserl acerca da linguagem e de signos linguísticos é um pouco mais complicada do que esse primeiro passo de distinguir entre expressão e indicação pode sugerir. Husserl (cf. LI: 276) tem o que vou chamar uma concepção de linguagem em dois níveis, consistindo de:

(a) O signo sensível, físico: o "complexo sonoro" falado, articulado, as letras escritas, as palavras e a sentença.

(b) Os estados mentais, "associativamente vinculados" com o sensível, os signos físicos, que os fazem ser a expressão de algo.

Para Husserl, (b) é o lugar do significado ou sentido genuíno, enquanto (a) é somente significativo em um sentido derivativo. Note que signos físicos, sensíveis, derivam seu significado de estados mentais ao serem "vinculados associativamente" a eles, o que significa que signos linguísticos envolvem a noção de indicação: signos linguísticos indicam ou apontam para os estados mentais, que são o lugar do significado ou sentido genuíno. A distinção entre (a) e (b) também pode ser delineada ao observarmos a ausência de uma conexão essencial entre os signos físicos, sensíveis, e as expressões significativas subjacentes. Uma vez que expressões são vinculadas apenas associativamente aos signos sensíveis, qualquer que seja o significado que conferimos a eles possui um componente convencional. Pensando bem, podemos ver que não necessita ser o caso que a sequência de letras "molhado" signifique *molhado*; se a linguagem tivesse evoluído de modo diferente, a concatenação dessas sete letras poderia vir a significar alguma outra coisa.

Devido a essa concepção de dois níveis, Husserl distingue entre comunicação e o que ele chama "vida mental solitária". A comunicação, para Husserl, funciona do seguinte modo. O sujeito *A* tem certos pensamentos que ele deseja comunicar ao sujeito *B*. Consequentemente, *A* produz uma série de sons ou marcas (i. e., palavras), que pretende que sejam a manifestação (signo, indicação) externa desses pensamentos. O sujeito *B*, por sua vez, percebe esses signos ou indicações externos, e então supõe os estados mentais de *A* que *A* gostaria de comunicar. Nessa imagem de comunicação a indicação desempenha um papel essencial; além disso, a comunicação sempre envolve um tipo de lacuna a ser preenchida por uma "suposição" do tipo que fazemos no movimento do indicador para o indicado. O que estou tentando expressar por meio de signos indicativos que produzo é algo que meu interlocutor necessita decifrar. A vida mental solitária, em contraste, não envolve essa lacuna: "As *expressões* funcionam significativamente mesmo na *vida mental isolada, na qual não servem mais para indicar coisa alguma*" (LI: 269). Tais expressões puras, prescindindo completamente da noção de indicação, não envolvem mais o uso de palavras como signos. Na verdade, não pode haver função indicativa alguma para as palavras na vida mental solitária, uma vez que não existe lacuna entre os estados mentais e a experiência deles. Nada existe para "supor" ou conectar por meio de um vínculo associativo, porque os estados mentais estão completamente presentes para aquele a quem pertencem os estados, experienciados "nesse mesmo momento" de seu surgimento (aqui começamos a ver o modo pelo qual a distinção inicial de Husserl está conectada à concepção de consciência como presença). Sem qualquer uso de palavras como signos, não existem, Husserl sustenta, palavras "reais" envolvidas em um solilóquio interior, mas somente "imaginadas" (cf. LI: 278-280).

De uma distinção clara inicial entre expressão e indicação, somos levados a uma distinção clara entre linguagem, entendida como um complexo de signos fisicamente articulados, e os estados mentais intrinsecamente significativos dos quais o significado da linguagem depende. Essa última distinção conduz, por sua vez, a uma distinção clara entre comunicação e vida mental solitária. De acordo com Derrida, esses tipos de distinções prenunciam e, na verdade, caracterizam a articulação posterior explícita de Husserl acerca da redução fenomenológica. A indicação, enquanto conectada à dimensão empírica, mesmo física, da linguagem, deve ser eliminável, deixando somente uma camada subjacente de pura expressão, cujo significado essencial não é afetado pela eliminação de conexões associativamente formadas. Em uma passagem que antecipa claramente o desenvolvimento posterior da redução fenomenológica, Husserl torna explícita essa eliminabilidade:

> Vemos facilmente que o sentido e o valor epistemológico das análises seguintes [i. e., as seis investigações lógicas] não dependem do fato de *que realmente existam linguagens*, e de que os entes humanos realmente façam uso delas em suas transações mútuas, ou de que realmente existam tais coisas como entes humanos e uma natureza, e de que eles não existam meramente de um modo possível imaginado (LI: 266, ênfase adicionada).

Se expressão e indicação não podem ser separadas do modo que Husserl exige, então isso testemunhará contra a possibilidade da redução fenomenológica. Se a própria ideia de expressão, e, portanto, as noções de sentido e significado, basicamente envolvem indicação, então qualquer tentativa para isolar uma camada ou domínio de "pura expressão" que esteja completamente presente sem qualquer

Fenomenologia **223**

atuação mediadora de signos será fútil, na verdade, incoerente. A consciência, à medida que envolve a noção de significado ou sentido, não pode ser concebida como completa e imediatamente presente, mesmo para aquele a quem ela pertence. A ineliminabilidade da indicação, e, portanto, da mediação, subverte qualquer favorecimento do presente, tanto no sentido do ser de algo completamente presente como no sentido temporal do momento presente.

Em *A fala e os fenômenos*, o principal argumento de Derrida contra a validade da "distinção essencial" de Husserl se volta para a noção de "representação", e seu papel tanto na distinção de Husserl entre expressão e comunicação puras como na linguagem e no significado linguístico, de um modo mais geral. Vamos começar com o último domínio. Derrida argumenta aqui que toda linguagem envolve a noção de representação: "Um signo nunca é um evento, se por evento concebemos um particular empírico insubstituível e irreversível" (SP: 50). Para que um signo signifique ou esteja por algo, ele deve participar, por assim dizer, em algo para além de si mesmo: o signo, para ser um signo, deve servir como um representante de um tipo, e, assim, não pode ser "um particular empírico insubstituível e irreversível". Considere o seguinte conjunto de signos (palavras):

casa **casa** *casa* casa casa casa **casa** *casa*

Nenhum desses signos é exatamente como os outros, no sentido de que todos variam em tamanho, forma e, em alguns casos, realce; cada qual ocupa sua própria região no espaço e tem uma história um pouco diferente; cada um pode, portanto, ser considerado como, em algum sentido, um "particular empírico". Ao mesmo tempo, existe também um sentido muito definido no qual cada um desses signos é o mesmo signo, ou seja, o signo "casa", e esse sentido é crucial para cada uma dessas marcas diversamente formadas serem signos. Um outro modo de colocar isso é dizer que todos esses signos, à medida que são signos, são símbolos de um único tipo. A linguagem, como

224 Pensamento Moderno

um sistema de signos, requer essa estrutura de tipo simbólica, por meio da qual diferentes símbolos são reconhecíveis como os mesmos. Cada signo, como um signo, deve estar por, ou representar, ou instanciar um tipo; do contrário não haveria palavras, frases, sentenças e assim por diante que pudessem ser repetidas, faladas ou escritas em, indefinidamente, muitas ocasiões. A repetição (ou o que Derrida chama "iterabilidade") é essencial à linguagem.

Mas como esses pontos sobre representação e repetição afetam Husserl e, em particular, a distinção entre expressão e indicação? Recorde que um modo de Husserl distinguir a comunicação entre dois sujeitos (o que ele por vezes chama comunicação "efetiva" ou "genuína") da "vida mental solitária" ou do "solilóquio mental" é que a última não envolve a produção de "palavras reais". Em troca, no soliloquiar mental, existem somente palavras "imaginadas", linguagem fictícia em vez da coisa real, porque o sujeito nada tem a comunicar a si mesmo. A questão crucial que Derrida nos pede para considerar é qual é exatamente a diferença entre signos ou linguagem reais e imaginários, entre a fala genuína e a fictícia. O que são palavras reais, e como distinguimos as reais das que são apenas imaginadas? Devido a suas observações sobre representação e repetição, o ponto de Derrida ao levantar essas questões é mostrar que essas distinções não podem ser mantidas. Toda linguagem ou fala, à medida que envolve representação e repetição, possui um elemento de ficção, uma vez que qualquer palavra que produzimos está por um tipo ideal: "*O signo é originalmente forjado pela ficção*" (SP: 56). Qualquer signo linguístico que produzimos é, em alguns aspectos, fictício e, em alguns aspectos, real ou genuíno: nenhum exemplo envolvendo palavras possui mais direito à realidade do que outro, uma vez que, para ser genuíno, um exemplo envolvendo palavras deve representar, estar por, ou instanciar um tipo-palavra, que é ideal em vez de real. Esses requisitos se mantêm num mesmo grau no caso da fala imaginária e no caso da comunicação "efetiva", e, portanto, não pode haver distinção de princípio entre as duas: seja "com respeito à comunicação ou com a expressão indicativa, não existe tal critério pelo qual distinguir uma linguagem externa de uma linguagem interna ou, na hipótese de uma linguagem interna, uma linguagem efetiva de uma linguagem fictícia" (SP: 56). Representação e idealidade pertencem à "significação" em geral e, portanto, a fala imaginada e a fala genuína são estruturalmente equivalentes: "Em razão da estrutura primordialmente repetitiva dos signos em geral, existe grande chance de essa comunicação 'efetiva' ser exatamente tão imaginária quanto a fala imaginária e de essa ser exatamente tão efetiva quanto aquela" (SP: 51). A consequência para Husserl é que "a vida mental solitária", à medida que envolve significação, envolve o uso de signos do mesmo modo que no caso da comunicação efetiva, e, uma vez que a comunicação efetiva envolve tanto expressão como indicação, o mesmo ocorre com a vida mental solitária.

Se Derrida está certo quanto à vida mental solitária ser permeada pela indicação, pelo uso dos signos, então o apelo de Husserl à primazia da presença não pode ser sustentado. Se a consciência é "semelhante ao signo", então, a própria ideia de experiência consciente envolve noções tais como representação e repetição, e, assim, qualquer coisa presente à consciência está conectada com, e depende de, alguma coisa ausente. O que quer que exista de essencial à consciência não pode ser compreendido, tornado completamente disponível, dentro do presente, dentro de uma "intuição" que não seja ao mesmo tempo fundada naquilo que se encontra para além dela. Como desenvolvido até aqui, o argumento de Derrida basicamente mina o que podemos chamar a autoridade do presente no domínio da experiência, ao mostrar como qualquer apelo ao que está presente à consciência necessariamente envolve o que está ausente, e, assim, o que está presente não pode desempenhar papel fundamental algum. Uma outra consequência dessa linha de argumento é que a própria ideia do momento presente na experiência e, correlativamente, da ideia de presença para a consciência, necessita ser reconcebida, porque a falta de autoridade do presente significa também que ele não possui qualquer tipo de autonomia. De acordo com Derrida:

> Se a pontualidade do instante é um mito, uma metáfora espacial ou mecânica, um conceito metafísico herdado, ou todos ao mesmo tempo, e se o presente da autopresença não é *simples*, se é constituído em uma síntese primordial e irredutível, então o todo da argumentação de Husserl está ameaçado em seu próprio princípio (SP: 61).

O caráter mitológico do momento presente já está revelado na crítica de Derrida à caracterização de Husserl acerca da vida mental solitária. A vida mental solitária deveria ser entendida como o lugar da "pura expressão" porque qualquer coisa que pudesse ser indicada por signos seria entendida no mesmo momento em que a experiência ocorreu. Não podemos dizer a nós mesmos coisa alguma, porque nada está oculto para nós que necessite ser apontado. Contudo, o envolvimento de expressão e indicação significa que o presente não é um simples dado, mas, em troca, um composto complexo, uma interseção de passado e futuro que é dependente de ambos: a "presença do presente percebido pode aparecer desse modo somente na medida em que é *continuamente composto* por uma não presença e por uma não percepção, por memória e expectativa primárias (retenção e protensão)" (SP: 64).

Embora a "pontualidade do instante" já seja mostrada pelos argumentos de Derrida concernentes a expressão e indicação, uma característica particularmente intrigante e irônica de sua argumentação subsequente é o quanto, de acordo com Derrida, o próprio Husserl desacredita esse mito da presença. Ou seja, um aspecto do argumento de Derrida é dedicado a mostrar quantos dos *insights* fenomenológicos de Husserl, especialmente aqueles concernentes à estrutura da consciência do tempo, depõem contra seu próprio apelo ao papel fundador da presença. Por isso, a ideia de que o argumento de Derrida é aquele que "desconstrói" a fenomenologia de Husserl, ao revelar os modos nos quais ela se desmantela. Esse elemento desconstrutivo pode ser visto na citação anterior, uma vez que "retenção" e "protensão" são, ao fim e ao cabo, termos de Husserl; na verdade, eles são dimensões essenciais de sua descrição acerca da estrutura temporal da experiência. O ponto de Derrida é que Husserl não pode ter as duas coisas. As descrições fenomenológicas da estrutura da experiência, que Husserl mesmo fornece, depõem contra seu próprio "princípio de todos os princípios". Não existe experiência pura, seja temporal ou espacialmente falando. Qualquer momento da experiência é influenciado por, se refere a, carrega traços de ou aponta para outras experiências dentro do fluxo constante. O próprio Husserl demonstra isso, a despeito de sua própria lealdade continuada à mitologia da presença.

Na descrição de Derrida, a consciência é, podemos dizer, "semelhante ao signo", na medida em que o que quer que esteja presente em qualquer tempo dado é sempre ao mesmo tempo indicativo do que está não presente. A estrutura da linguagem, assim como a estrutura da significação de um modo mais geral, envolve essa interação de presença e não presença. Podemos ver isso na dimensão indicativa dos signos, que estão por ou representam algo para além deles mesmos, de seus tipos ideais, mas também no caráter temporalmente estendido do uso da linguagem. Falar, ler e escrever ocorrem ao longo do tempo; as sentenças têm um começo, um meio e um fim, de modo que o que é dito e entendido não seja algo que aconteça de uma só vez. Derrida chama essa dimensão representacional estendida da significação de "diferança", que incorpora tanto a ideia de diferençar como a de diferir. Todos os signos envolvem diferença, no sentido de que signos são tanto particulares empíricos como também estão por algo que não eles mesmos (signos são, paradoxalmente, casos de mesmidade-na-diferença), e o uso dos signos sempre envolve algum tipo de atraso ou diferimento, novamente de acordo com a ideia de que o sentido ou significado nunca é compreendido em um instante, mas somente ao longo do tempo. O jogo da diferança permeia a linguagem, mas também, uma vez que envolve significação, a consciência.

Também podemos expressar a concepção de Derrida deste modo: a consciência é, ou é como, um texto. Em um lugar, Derrida escreve que "não existe domínio do psíquico sem texto" (WD: 199), o que enfatiza o que tenho chamado de caráter "semelhante ao signo" da experiência consciente. Enquanto texto, a consciência consiste de um fluxo estendido, no qual qualquer momento é influenciado por, ou carrega, traços do que se encontra em outro lugar. A consciência é, desse modo, mediata, nunca imediata, uma vez que o que está acontecendo agora em minha experiência nunca pode ser completamente determinado ou avaliado no tempo dessa experiência; o conteúdo e significância de minha experiência está continuamente aberto a revisão e reinterpretação.

A difamação da mitologia da presença, por parte de Derrida, e sua correlativa defesa de um modelo textual da consciência, sinaliza sua lealdade a certas ideias de Freud. Ou seja, o papel essencial da não presença e da natureza semelhante ao signo de qualquer experiência presente apontam para um papel fundamental do inconsciente na constituição da consciência. O que está presente à consciência, o que está aberto para mim sobre minha própria vida mental no momento, não é algo autônomo ou autossuficiente. O que está presente são sintomas, que apontam para ou indicam algumas tendências, condições ou eventos subjacentes. A relação indicativa aqui foi recém-explicada em termos espaciais, como se o inconsciente estivesse espreitando sob o nível da experiência consciente. Existe também, contudo, uma dimensão temporal, uma vez que o que foi reprimido, de acordo com Freud, são com frequência desejos, fantasias e medos infantis (usualmente de uma natureza sexual). A citação acima concernente ao caráter textual do psíquico vem do ensaio de Derrida, "Freud e a cena da escritura", no qual ele celebra e interroga o uso que Freud faz da escritura como a metáfora dominante para a consciência. Para Derrida, Freud, em seu discernimento acerca do domínio do inconsciente, é o primeiro a apreciar a natureza textual da consciência. Mas necessitamos ser cuidadosos aqui, se devemos reconhecer o quão realmente radicais as ideias de Freud são (ao menos como Derrida as entende), uma vez que metáforas de escritura e textos ainda levam em conta a ideia de um tipo de "tudo-de-uma-vez" no sentido de que a totalidade do texto está de algum modo presente e completamente formada, mesmo que seja acessível ou disponível somente em partes. Dizer que a consciência é um texto ou como texto não significa que nossas experiências sejam como um grande livro, no qual os capítulos anteriores estão lá, detrás do atual, para serem revisitados do modo que eram no tempo em que foram lidos. O inconsciente não tem esse tipo de determinação estática, mas é ele próprio um texto dinâmico, a ser revisado e reinterpretado. A lição real de Freud, como Derrida a lê, é que:

> Não existe texto presente em geral, e não existe sequer um texto presente passado, um texto que é passado como tendo sido presente. O texto não concebível de uma forma originária ou modificada da presença. O texto inconsciente já é uma trama de puros traços, diferenças nas quais significado e força estão unidos – um texto presente em nenhum lugar, consistindo de arquivos que *já* são *sempre* transcrições. Impressões originárias. Tudo começa com a reprodução (WD: 211).

Que "tudo começa com a reprodução" significa que não existe momento recuperável da presença, nenhuma experiência que possa ser inspecionada e dissecada "tal como é", uma vez que a experiência é "já sempre" transcrita, mediada, permeada pelos "traços puros". Que "tudo começa com a reprodução" significa que não pode existir fenomenologia pura. Se pode ainda existir o que Dennett chama "fenomenologia impura", porém, é uma questão completamente outra. Como veremos, Dennett também desenvolve um modelo textual de consciência que, como o de Derrida, adota a ideia de que "não existe texto presente em geral".

A heterofenomenologia de Dennett

Na Parte I de *Consciência explicada* (e em outros lugares), Dennett desenvolve e defende um método de investigação da consciência, que ele chama "heterofenomenologia", cuja principal virtude é sua aderência ao que ele vê como um método científico escrupuloso. "O desafio é construir uma teoria de eventos mentais, usando os dados que o método científico permite" (CE: 71), e o que o método permite como dados é o que está, em princípio, disponível a um investigador neutro de terceira pessoa. Nesse sentido, a abordagem de Dennett à consciência emprega uma estratégia "às avessas": os dados considerados confiáveis são aqueles que podem ser obtidos a partir de uma perspectiva externa ao agente cuja "consciência" está sob investigação (a razão para as aspas ficará aparente à medida que prosseguimos).

A abordagem cautelosa de Dennett é incentivada por seu entendimento de que a consciência é um "fenômeno perigoso", que provoca "ceticismo, angústia e confusão" naqueles que igualmente contemplam o estudo dela (HSHC: 159). Os perigos relativos ao estudo da consciência são devidos em grande parte ao legado do que Dennett vê como inúmeras tentativas fracassadas. Como uma montanha imponente, todavia sedutora, entulhada de corpos daqueles que tentam escalar suas alturas, a consciência permanece elusiva a despeito dos muitos esforços de filósofos, psicólogos e neurocientistas. Desses três grupos que buscam entender e explicar a consciência, as falhas do primeiro, os filósofos, foram especialmente egrégias, primeiramente devido a um conjunto estabelecido, mas altamente problemático, de hipóteses sobre como a consciência pode e deve ser estudada. De acordo com Dennett, a tradição fenomenológica exemplifica muito claramente essas deficiências, e atentarmos às suas falhas ajuda a motivar o tipo de abordagem à consciência que ele recomenda.

Embora fenomenólogos, principalmente Husserl, tenham se empenhado "em encontrar um novo fundamento para toda filosofia (na verdade, para todo conhecimento) baseado em uma técnica especial de introspecção, na qual o mundo exterior e todas as suas implicações e pressuposições deveriam ser 'parentesadas' em um ato particular da mente conhecido como epochē" (CE: 44), a natureza exata e os resultados dessa "técnica" nunca foram completamente determinados, e, portanto, a fenomenologia "falhou em encontrar um método único, estabelecido, com o qual todos poderiam concordar" (CE: 44). As suspeitas de Dennett concernentes aos méritos da fenomenologia foram incentivadas por essa falha em obter acordo, motivando-o, em troca, a fundar um método inspirado por disciplinas nas quais ao menos alguns acordos já foram garantidos e outros estão por vir: as ciências naturais. Em óbvio contraste com as ciências naturais, em que praticantes podem ser seguramente classificados em termos de sua especialidade, as falhas da fenomenologia não permitem essa classificação, o que leva Dennett a fazer a seguinte, e surpreendente, afirmação: "Assim, ao passo que existem zoólogos, não existem, de fato, fenomenólogos: especialistas incontroversos na natureza das coisas que nadam no fluxo da consciência" (CE: 44-45).

Delimitar justamente quais são esses "itens na experiência consciente" é, para Dennett, uma questão delicada, particularmente em consequência do decesso da fenomenologia: a ausência de especialistas significa que não há inventário incontroverso sobre o que "nada" no fluxo da consciência. Na verdade, a persistência das "controvérsias fenomenológicas", a despeito da ideia filosófica bem-estabelecida de que "todos concordamos sobre o que encontramos quando 'olhamos para dentro' de nossa própria fenomenologia" (CE: 66), indica que devemos "estar nos enganando a respeito de algo" (CE: 67). Em particular, Dennett argumenta que "aquilo a respeito do que estamos nos enganando é a ideia de que a atividade de 'introspecção' seja sempre uma questão apenas de 'olhar e ver'" (CE: 67). Em troca, "na verdade, estamos sempre envolvidos em um tipo de teorização improvisada – e somos teorizadores notavelmente ingênuos, precisamente porque existe tão pouco a 'observar' e tanto sobre o que pontificar sem medo de contradição" (CE: 67-68).

De acordo com Dennett, então, existem muito menos coisas nadando no fluxo da consciência do que tradicionalmente foi pensado; na verdade, o que é considerado estar lá não é tão constatado pela observação introspectiva como postulado retrospectivamente por meio de atos predominantemente criativos de interpretação (a "teorização improvisada" à qual Dennett pensa que todos nós somos inclinados). Essa teorização, além disso, mesmo quando tem o "tom" da observação, é tão propensa ao erro quanto qualquer outra, talvez mais, a despeito do fato de que aquilo sobre o que estamos teorizando ser nossa própria experiência consciente. Em vez de ter o tipo de certeza com frequência concedida a ela, Dennett vê o processo de autointerpretação introspectiva como cheio de inúmeras armadilhas, devido principalmente aos retardos temporais entre supostos estados de consciência e sua introspectiva catalogação e comunicação. Dentro desses retardos, Dennett pensa, existe espaço para ocorrerem todos os tipos de erros: "Está aberta a possibilidade lógica de recordar mal, não importando quão curto o intervalo de tempo entre a experiência real e a recordação subsequente" (CE: 318). A crítica de Dennett se aplica não somente a Husserl, mas também a Sartre, ao menos no tempo de *A transcendência do ego*. Recorde a concepção de Sartre sobre o método fenomenológico enquanto "conspirando" com nossa própria experiência consciente, que exige recriar a experiência enquanto seguimos ao lado dela. Em sua descrição desse procedimento, Sartre afirma, sem argumento, que é "por definição sempre possível reconstruir o momento completo" (TE: 46) de consciência irrefletida. A provocação de Dennett a Sartre é a de fornecer critérios para julgar dentre tentativas diferentes e conflitantes de reconstituição. Uma vez que a experiência original há muito se foi, como sabemos e como podemos mostrar que nossa reconstituição atual dessa experiência é acurada, quem dirá "completa"?

A dimensão retrospectiva de introspecção cria uma possibilidade de erro. O que eu agora acho que pensei naquele momento pode talvez ser diferente do que na verdade pensei; entretanto, por eu achar agora que pensei aquilo naquele momento, parecerá exatamente como se eu tivesse mesmo pensado. Erros assim são, portanto, altamente recalcitrantes quando estamos restritos à perspectiva de primeira pessoa. Recordar mal, porém, não é o único modo pelo qual podemos obter coisas erradas acerca de nossa própria experiência. Que estados conscientes (e outros estados mentais) admitam a possibilidade de incorporação, de modo que eu posso, por exemplo, formar juízos sobre como as coisas parecem e assim por diante, fornece ampla oportunidade para que surjam erros: "Não poderia ser o caso que eu acredite em uma proposição, mas, devido à transição defeituosa entre estados, chegue a pensar uma proposição diferente? (Se você pode 'falar errado', não poderia também 'pensar errado'?)" (CE: 317). Como existe tanto espaço para especulação, fabricação e má percepção, a introspecção fornece pouco em termos de um fundamento sólido para uma investigação propriamente científica da consciência. Por isso, a preferência de Dennett pela heterofenomenologia, em vez de pela tradicional autovariedade; a consciência é abordada melhor a partir de fora, estando às margens do fluxo, por assim dizer, em vez de nadarmos ao longo dele introspectivamente.

Sob muitos aspectos, o método de Dennett é a imagem espelhada do de Husserl. Enquanto a fenomenologia de Husserl começa com a *epochē*, na qual o compromisso com a realidade do mundo externo, incluindo-nos como habitantes desse mundo, é suspenso ou "parentesado", o método heterofenomenológico começa pelo parentesamento de qualquer compromisso com a realidade da consciência. O investigador científico deve adotar uma atitude tão neutra quanto possível com respeito a seus sujeitos: "Oficialmente, temos de manter uma mente aberta acerca de se nossos sujeitos aparentes são mentirosos, zumbis, papagaios vestidos com roupa de gente, mas não temos de nos arriscar a aborrecê-los anunciando o fato" (CE: 83). A rigor, então, a heterofenomenologia não estuda os fenômenos conscientes, uma vez que é neutra com relação à questão acerca de sua existência. Seu tema é, em troca, relatos de fenômenos conscientes: as transcrições reais produzidas em um ambiente de laboratório, registrando o que os "sujeitos aparentes" dizem sobre sua "experiência". Na verdade, mesmo considerar os ruídos emitidos por esses sujeitos aparentes como equivalendo a coisas que dizem é já um salto ousado para além do dado: "A transcrição ou texto não é, a rigor, dada como dados, pois [...] é criada ao submeterem-se os dados brutos a um processo de interpretação" (CE: 75).

Tendo convertido os dados brutos em relatos, a heterofenomenologia procede explorando as possíveis relações entre esses relatos e outros dados que são igualmente acessíveis (ao menos em princípio) a partir desse ponto de vista, quer dizer, os eventos no cérebro e no sistema nervoso dos sujeitos aparentes. Dennett compara a abordagem do investigador aqui àquela que podemos adotar com relação a um texto manifestamente ficcional. Embora consideremos o "mundo" desse texto como ficcional, podemos, entretanto, olhar para os correlatos da "vida real" do texto como, por exemplo, contemporâneos do autor que podem ser considerados a inspiração para os personagens no trabalho, ou eventos na biografia do autor que tenham sido retrabalhados para desempenharem um papel na narrativa dramática. O investigador de Dennett trata igualmente todos os seus relatos convertidos como retratos dos "mundos hete-

Fenomenologia   235

rofenomenológicos", povoados por uma gama de personagens fascinantes: todos aqueles fenômenos putativos da consciência. Ao tratar assim os relatos, o heterofenomenolólogo considera esses fenômenos como estritamente análogos aos personagens na ficção. Ele não os considera como estando por habitantes da vida real do mundo, ao menos não em um sentido expresso. Quando muito, ele os considera como habilmente disfarçados, versões reinterpretadas do que está realmente acontecendo no cérebro. Na medida em que o investigador de Dennett pode encontrar conexões suficientes entre a população do mundo heterofenomenológico e os eventos no cérebro, ele verá (sempre com cuidado) o último como o tópico real dos relatos.

A postura intencional

Uma característica-chave do método heterofenomenológico de Dennett é sua noção de "postura intencional" que o investigador heterofenomenológico adota quando escolhe tratar os "ruídos" emitidos pelos seus sujeitos como palavras e relatos significativos. Em vez de pensar sobre a intencionalidade como uma propriedade ou característica de um organismo (ou máquina) em si, Dennett, em troca, recomenda pensar sobre a intencionalidade como uma característica acerca de como vemos uma entidade, sobre qual atitude ou postura adotamos em relação a ela e o que ela faz. Muito frequentemente, adotar a postura intencional em relação a uma entidade ou a uma gama de eventos renderá muito mais em termos de sucesso preditivo, ao passo que adotar uma outra, assim como a postura física, fornecerá pouco em termos de *insights* úteis. Por exemplo, alguém que adotou a postura intencional detectaria uma conexão entre alguém emitindo o ruído "Olá" e alguém acenando seu braço. Embora a física desses dois eventos seja extremamente diferente, a partir da postura intencional ambos podem ser situados como formas de cumprimento, e consequentemente gerarão predições confiáveis que o físico dificilmente pode imaginar. O que a postura intencional torna discernível são muito frequentemente "padrões reais", mas cuidado considerável é necessário ao resgatar essa ideia. Alguns desses "padrões" são casos em que estamos relutantes em identificar como envolvendo intencionalidade genuína. Por exemplo, podemos assumir a postura intencional em relação a um simples termostato, atribuindo a ele um pequeno conjunto de "crenças" sobre a sala (tais como "muito quente", "muito fria" e "na medida"), junto com outro pequeno conjunto de "desejos" de mudar a temperatura da sala em uma direção ou outra. Embora possamos adotar essa postura com relação ao termostato, e mesmo que com frequência falemos desse modo sobre coisas como máquinas e plantas, essa fala usualmente nos surpreende como frouxa, figurativa ou mesmo metafórica. Esses são casos de intencionalidade "como-se", e, portanto, não chegamos a tratá-los como instâncias da "coisa real". Embora, com frequência, possamos nos sentir confiantes com relação a identificar um padrão como uma instância de intencionalidade somente "como-se" e, igualmente, com relação a algumas instâncias da "coisa real", a questão espinhosa, de acordo com Dennett, é a de como fazer uma demarcação de princípio entre as duas. Não existe, ele sustenta, linha divisora limpa e clara entre os casos "como-se" e os casos genuínos, e ele sugere, em troca, que deveríamos ver a diferença como uma diferença de (admitidamente muito grande) grau em vez de uma diferença de tipo.

Dada essa outra articulação do método de Dennett, podemos compreender mais completamente as razões por trás de sua desconfiança acerca da introspecção, assim como ver mais claramente o diagnóstico dos pontos fracos da "teorização improvisada" das pessoas. Se a introspecção é realmente uma questão de teorização, e se os objetos próprios dessa teorização são realmente objetos e eventos no cérebro, então pouco admira que os relatos das pessoas não sejam confiáveis, e, na verdade, com frequência, extremamente inexatos. Afinal, muito poucos de nós, mesmo aqueles de nós que são muito instruídos em outros aspectos, detalharam o funcionamento do cérebro e do sistema nervoso. Além disso, nosso embaraço usual é tal que esse funcionamento é geralmente obscurecido da visão, ou seja, não estamos, em geral, bem-posicionados para observar o funcionamento de nosso próprio cérebro de maneira direta alguma. Portanto, "o que ele é para [nós] é, quando muito, um guia incerto do que está ocorrendo em [nós]" (CE: 94). A rota indireta de introspecção é tudo o que cada um de nós usualmente tem para ir adiante, e, se Dennett está certo, é, na verdade, uma rota tortuosa, muito semelhante à abordagem da leitura de romances vitorianos, digamos, como um meio para aprender os fatos históricos daquela era. A autoridade padrão de primeira pessoa, defendida pela tradição filosófica, e especialmente pela fenomenológica, é, assim, severamente restrita:

> Se você quiser que *acreditemos* em tudo que você diz sobre sua fenomenologia, você está pedindo não apenas para ser levado a sério, mas para que lhe concedamos infalibilidade papal, e isso é pedir demais. Você não é confiável acerca do que está acontecendo em você, mas somente acerca do que parece estar acontecendo em você (CE: 96).

Os resultados da heterofenomenologia de Dennett são ao menos tão radicais quanto o método, se não mais. Na verdade, Dennett reconhece que sua visão é "de início, profundamente contraintuitiva", à medida que "requer um repensar radical da ideia familiar de 'fluxo de consciência'" (CE: 17). De acordo com a especulação de Dennett, segundo a qual existe menos para sermos introspectivos do que normalmente se pensa, o "fluxo da consciência" é talvez melhor entendido como um sistema disperso de riachos. O que Dennett chama de modelo de "Rascunhos Múltiplos" da consciência sustenta que "em qualquer momento no tempo existem múltiplos 'rascunhos' de fragmentos de narrativa em vários estágios de edição em vários lugares no cérebro" (CE: 113). Existe, nesse modelo, um processo constante de "adições, incorporações, emendas e sobrescrituras de conteúdo [que] ocorrem, em ordens diversas", e o que "realmente experienciamos é um produto de muitos processos de interpretação – processos editoriais, em efeito" (CE: 112). Embora falar sobre "muitos rascunhos" traga conotações de uma série de processos que culminam em um produto acabado, como ocorre no processo de escrita, do qual Dennett empresta sua terminologia, a radicalidade do modelo é precisamente a negação dessa sugestão: "O mais importante é que o modelo de Rascunhos Múltiplos evita o erro tentador de supor que deva existir uma única narrativa (o rascunho 'final' ou 'publicado', você poderia dizer) que seja canônica – esse é o fluxo de consciência real do sujeito" (CE: 113).

Dennett pensa que as virtudes do modelo de Rascunhos Múltiplos são especialmente evidentes em sua habilidade de acomodar os achados experimentais que, de outro modo, são intratáveis. Dennett dedica atenção considerável a casos de movimento aparente, ou do "fenômeno phi", que é familiar à maioria de nós que assiste a filmes e programas de televisão. Um filme projetado na verdade consiste de numerosas imagens estáticas, mas se essas imagens são exibidas a uma velocidade suficientemente rápida, a experiência é de movimento contínuo. Um caso particularmente surpreendente do fenômeno phi envolve a projeção, em rápida sucessão, de dois círculos de luz, separados por não mais do que 4° de ângulo visual. Dado que os dois círculos são projetados rapidamente o bastante, o observador terá a experiência de um único círculo se movendo para trás e para frente. Mais interessante é o caso no qual os dois círculos são de cores diferentes. Aqui, sujeitos relatam experienciar o círculo mudando de cor ao longo de sua aparente trajetória de um ponto ao outro. O que é desconcertante sobre essa experiência é que a mudança de cor é experienciada como ocorrendo *antes* que o segundo círculo seja projetado. Como pode o sujeito experienciar a mudança de cor antes que o segundo círculo, de cor diferente, sequer tenha aparecido? Pareceria que o observador teria de esperar que o segundo círculo aparecesse, mas então seria muito tarde para "voltar" e "preencher" o movimento do primeiro círculo para o segundo.

Dennett argumenta que existem duas hipóteses aparentemente rivais para explicar o fenômeno phi da cor. Primeiro, existe a hipótese de que ocorre um tipo de atraso na experiência inteira: o observador está conscientemente ciente apenas dos dois círculos, junto com o movimento aparente, seguindo-se ao recebimento de ambos os estímulos, ou seja, os dois círculos projetados. De algum modo,

Fenomenologia **239**

a mente ou cérebro "espera" para "exibir" essa versão "editada" dos eventos. (Dennett chama essa hipótese de "stalinesca", segundo os notórios julgamentos teatrais de Stalin, com suas pseudo-histórias elaboradamente confeccionadas.) Uma segunda hipótese sustenta que ambos os círculos são experienciados, na ordem em que são projetados, mas o que acontece é que essa experiência é quase imediatamente esquecida; essa versão mais-ou-menos acurada dos eventos é substituída pela memória (falsa) do movimento e da mudança de cor do círculo ao longo do caminho. Dennett chama essa hipótese de "orwelliana", em homenagem ao romance *1984*, no qual George Orwell descreve um regime autoritário que corrige o registro histórico, incluindo histórias de jornais, fotografias e monumentos, para encaixar sua agenda atual.

Essas duas hipóteses oferecem explicações marcadamente diferentes sobre o fenômeno phi da cor e, portanto, pareceria que deveríamos ter de escolher entre elas. Dennett sustenta, entretanto, que não existem critérios, introspectivos ou experimentais, para escolher entre essas duas hipóteses. Cada hipótese pode, igualmente, explicar os resultados de experimentos que pareceriam apoiar o outro. Isso posto, Dennett conclui que não existe "verdade" com respeito às hipóteses orwelliana e stalinesca, e, portanto, não são, ao fim e ao cabo, alternativas genuínas. Subjacente ao impulso de tentar decidir entre as duas, Dennett pensa, está um compromisso com a ideia de que existe um momento ou episódio confiável da consciência que é a experiência real. O modelo de Rascunhos Múltiplos é distinguido precisamente por seu abandono desse compromisso. Devido à sua postulação de processos múltiplos de entrada, revisão e sobrescritura, não existe momento privilegiado de consciência que equivalha a como algo é realmente experienciado. A lição real é esta: "Parece haver fenomenologia. Isso é um fato que o heterofenomenólogo entusiasticamente concede. Mas não se segue desse fato inegável e universalmente atestado que realmente exista fenomenologia. Essa é a cruz" (CE: 366).

240   Pensamento Moderno

Réplicas fenomenológicas

As críticas examinadas nas três seções anteriores não deveriam ser consideradas como decisivas em termos de limitação ou, pior, de exclusão da possibilidade da fenomenologia. Uma consideração muito ampla é que as críticas tendem a ser altamente seletivas. As críticas de Lévinas, como vimos, focam somente no tratamento da fenomenologia acerca do problema do outro, e, portanto, nada fazem para impugnar muitas das ideias e *insights* centrais da fenomenologia sobre a intencionalidade. Além disso, mesmo as críticas que Lévinas oferece são, sob muitos aspectos, fenomenológicas em pensamento, no sentido de que ele procede por meio de ricas descrições das experiências através das quais o outro é ao menos sugerido, quando não tornado manifesto. Lévinas, em outras palavras, detalha os modos pelos quais o outro "resiste" e "recusa" meu olhar. Essa resistência e recusa são dimensões de minha experiência e, portanto, são passíveis de tratamento fenomenológico. (Considerações similares se aplicam a muitas caracterizações de Lévinas sobre a epifania da face, com respeito à sua importância ética e aos modos pelos quais ela é conectada com a experiência da conversação.) Portanto, podemos ser levados à conclusão de que o que Lévinas faz é menos uma crítica à fenomenologia do que a oferta de uma concepção mais liberal dela.

As outras duas críticas são igualmente seletivas, focando apenas em uma (ou, por vezes, em duas) concepção da fenomenologia. Não está claro, por exemplo, exatamente como a crítica de Derrida à fenomenologia de Husserl, enquanto denunciando uma dependência inconsciente em uma "metafísica da presença", aplica-se, digamos, a Merleau-Ponty. (Derrida, em seu favor, oferece argumentos para estender sua crítica a Heidegger, a despeito das próprias críticas de Heidegger acerca dos conceitos de presença e realidade na filosofia tradicional.) Alguma coisa que Merleau-Ponty revela sobre a integridade da percepção ou sobre a intencionalidade motora depende de um compromisso para com a primazia da presença? Questões similares surgem com respeito às críticas de Dennett, que parecem envolver Husserl e Sartre mais diretamente (Heidegger, por exemplo, quase nunca menciona a noção de consciência), mas mesmo suas concepções sobre fenomenologia possuem os recursos para preparar uma resposta a Dennett. Uma causa assim é auxiliada pelo fato de que Husserl respondeu a tais críticas no primeiro volume de *Ideias*, o que indica que o ceticismo com relação à fenomenologia não é especialmente novo. É instrutivo, eu acho, olhar com mais atenção para o modo como Husserl lida com esses tipos de críticas, tanto como uma forma de defendê-lo como de mostrar o que há de novo com relação à heterofenomenologia de Dennett. (Husserl também foi consideravelmente maltratado neste livro (e ao longo dos anos), mesmo por seus colegas fenomenólogos. Assim, parece ao menos justo considerar mais longamente como sua posição pode ser defendida.)

Em claro contraste com Dennett, Husserl quer manter "a legitimidade absoluta da reflexão" (*Ideas* I: § 78), que ele distingue claramente da introspecção. Husserl caracteriza a reflexão como envolvendo a "inclusividade" do ato de primeira ordem dentro do ato de segunda ordem, de modo que os dois formem uma "unidade não mediada" (recorde de nossa discussão no capítulo 1 concernente à desanalogia entre fenômenos e, por exemplo, objetos materiais). Isso posto, podemos começar a entender sua hostilidade com relação à equiparação da reflexão fenomenológica com a noção de introspecção, e, desse modo, entender por que ele diz em "Filosofia como Ciência Rigorosa", que anunciava o primeiro volume de *Ideias*, que uma compreensão adequada do caráter e significância do método fenomenológico "depende de [...] não confundirmos intuição fenomenológica com 'introspecção', com experiência interior" (PCP: 115). A legitimidade na qual Husserl insiste tem, na verdade, duas dimensões, ambas as quais Dennett questionaria. Primeiro, a reflexão revela atos conscientes de primeiro grau, sobre os quais não é necessário refletir a fim de que sejam o que são. Husserl, portanto, rejeitaria o "operacionalismo de primeira pessoa" de Dennett, que "nega bruscamente a possibilidade, em princípio, da consciência de um estímulo na ausência da crença do sujeito nessa consciência" (CE: 132). (Deveríamos observar aqui que Sartre e Merleau-Ponty rejeitariam igualmente a posição de Dennett. Recorde a descrição de Sartre sobre a experiência do nada como "pré-judicativa", como no caso de ver a ausência de Pierre do café, e também a crítica de Merleau-Ponty acerca do intelectualismo, que subsume equivocadamente a experiência perceptual à categoria do juízo.) Segundo, a reflexão não revela (e, portanto, não distorce, nem simplesmente cria) essas experiências de primeiro grau, de modo que se tornem disponíveis ao investigador fenomenológico para estudo sistemático. É, portanto, errado, Husserl insiste, "duvidar de se experiências que se tornam o objeto de uma consideração não são, como uma consequência, convertidas *toto coelo* em algo diferente" (*Ideas* I: § 78). Embora Husserl sustente que, com respeito à legitimidade da reflexão, "é necessário aqui apenas não nos deixar confundir por argumentos que, em toda precisão formal, permitem que a conformidade à fonte original, àquela da intuição pura, seja frustrada" (*Ideas* I: § 78), no § 79 de *Ideias* I, porém, ele se digna a considerar em detalhe alguns desses argumentos. Esses argumentos não são concebidos pelo próprio Husserl: provêm, em troca, de contemporâneos, que, embora tão temporalmente remotos de Dennett como Husserl, de uma maneira surpreendente, são filosoficamente próximos.

No § 79 Husserl reproduz longamente, de um tratado de 1907, do psicólogo H.J. Watt. Husserl cita a seguinte passagem como especialmente ilustrativa:

> [Watt escreve:] "É raramente possível inclusive formar opiniões concernentes ao modo pelo qual chegamos a um conhecimento da experiência imediata. Pois não é conhe-

Fenomenologia **243**

cimento nem o objeto do conhecimento; é, em troca, alguma outra coisa. Não podemos ver como um registro concernente à experiência da experiência, mesmo que tenha sido considerada, poderia ser colocado no papel." "Mas isso é sempre a questão crucial sobre o problema fundamental da auto-observação" "Hoje, designamos essa descrição absoluta como fenomenologia" (*Ideas* I: § 79).

Ao que Watt se refere aqui como "o problema fundamental da auto-observação" é o problema de constatar as características da "experiência imediata". Traçando uma distinção clara entre viver através das nossas próprias experiências e conhecê-las, Watt considera que o problema reside, principalmente, no fato de que a auto-observação é "sempre retrospectiva", e, portanto, "é sempre conhecimento sobre experiências recém-tidas como objetos" (*Ideas* I: § 79). Sempre surge a questão sobre como alguém pode "saber que sua experiência é, na realidade, absolutamente, então, como ele pensa que é" (*Ideas* I: § 79). Conforme Watt, na auto-observação "a relação a algo objetivo, pertencente às experiências a serem descritas, muda. Talvez essa mudança tenha um significado muito maior do que estamos inclinados a acreditar" (*Ideas* I: § 79). Nunca podemos, por assim dizer, apreender inconscientemente a consciência de alguém. Como nossa consciência se mostra no ato de reflexão não é garantia, Watt pensa, de como ela era antes, e, assim, independentemente, do ato reflexivo. Alterações de vários tipos podem ocorrer, e uma vez que a experiência vivida, pré-reflexiva, recuou agora ao passado, não existe possibilidade real de considerar quaisquer dessas alterações assim como de determinar como a experiência naquele momento, ou seja, pré-reflexivamente, realmente era.

A resposta de Husserl ao ceticismo de Watt com relação à fenomenologia é governada pelo sentido de que "todo ceticismo genuíno de qualquer tipo e persuasão pode ser reconhecido pela absurdidade fundamentalmente necessária segundo a qual, em sua argumentação, ele implicitamente pressupõe como condições da possibilidade de sua validade precisamente o que nega em suas teses" (*Ideas* I: § 79). Em outras palavras, Husserl quer argumentar que o ceticismo de Watt acerca da legitimidade da reflexão é fundamentalmente autocontraditório no sentido de que pressupõe precisamente o tipo de conhecimento cuja possibilidade nega: "Aquele que diz: eu duvido da significação cognitiva da reflexão, afirma uma absurdidade" (*Ideas* I: § 79). A absurdidade que Husserl vê como inerente no pronunciamento cético é semelhante ao tipo de absurdidade manifesta envolvida em alguém dizendo em voz alta "Eu não estou falando". Isso ocorre porque a declaração "Eu duvido da significação cognitiva da reflexão" é ela própria um produto da reflexão, quer dizer, uma apreensão reflexiva do próprio estado de dúvida do cético. Ao confiantemente anunciar sua dúvida, e ao assumir, portanto, que seu anúncio é um anúncio dessa dúvida, o cético, consequentemente, revela sua confiança na reflexão. Em outras palavras, o pretenso ato do cético de anunciar suas dúvidas mina a legitimidade das dúvidas assim anunciadas.

O ponto de Husserl pode ser generalizado para além da declaração de dúvida do cético. O problema confrontando o cético, de um modo geral, é que ele se vale muito de falar sobre "a experiência imediata". Ao levantar preocupações acerca do potencial para a reflexão distorcer essas experiências, o cético consequentemente exibe uma certa quantidade de conhecimento concernente ao domínio em questão: ele tem conhecimento o suficiente para saber que existe algo que pode ou não ser distorcido pela reflexão, mas mesmo esse conhecimento é ele próprio obtido através da reflexão. Uma vez mais, o cético está contando com a reflexão a fim de questioná-la.

Embora essa resposta possa ser efetiva com respeito ao tipo de ceticismo de Watt, isso se deve ao apelo incondicional de Watt à "experiência imediata". À medida que Watt se utiliza dessa noção enquanto questiona a capacidade da reflexão de revelar sua natureza, ele está vulnerável à acusação de Husserl de implicitamente contar com o tipo de conhecimento que sua posição oficial nega. O ceticismo de Dennett, porém, talvez seja cauteloso em sua concepção de erro. Contudo, como vimos, ele ocasionalmente expressa o problema como sendo o de verificar agora como as coisas pareciam então, um outro aspecto mais profundo de seu ceticismo é menos cético do que eliminativista, à medida que afirma que não existe, em muitos aspectos, coisa alguma como "experiência imediata". (Recorde de seu modelo de "Rascunhos Múltiplos", que rejeita a ideia de um rascunho "final", "publicado", junto com sua rejeição da disputa entre as explicações orwelliana e stalinesca acerca do fenômeno phi da cor, declarando, em troca, que não existe "verdade" entre elas.) O problema, portanto, não é acerca do erro se infiltrando ao tentarmos verificar a natureza de tais experiências, já que com frequência nada existe aí para verificar. Essa tendência eliminativista na posição de Dennett fornece outro modo de interpretar sua afirmação, por outro lado, desconcertante de que somente "parece haver fenomenologia", quer dizer, que a qualquer momento quando paro para refletir é como se tivesse havido um fluxo contínuo de experiências conduzindo a esse momento presente. Todavia, o ponto de Dennett é que não se segue que realmente existisse esse fluxo contínuo, e dado que o que quer que exista desse fluxo fluiu agora para o passado, não existe modo algum de saber ou não se havia um.

Expresso desse modo, podemos começar a perceber que o ceticismo de Dennett carrega um tênue sopro de hipérbole, similar ao tipo encontrado em questões concernentes ao direito de alguém alegar saber que o mundo tem existido por mais do que os últimos dez minutos. Se isso está certo, então, ele nada fez para fornecer quaisquer considerações especiais para impugnar nossa habilidade de saber sobre nossa experiência consciente. Seja como for, está claro também que a acusação pouco faz para impugnar a legitimidade geral da reflexão husserliana, e por duas razões. Primeiro, Husserl

246   Pensamento Moderno

não exige para a reflexão quaisquer poderes mágicos de forma que ela possa estender-se de qualquer modo com absoluta infalibilidade. Em lugar algum Husserl atribui à reflexão o *status* de infalibilidade com respeito à totalidade da existência consciente de alguém: a "inclusividade realmente inerente", característica da reflexão, é, na verdade, muito estreitamente circunscrita. Para dar um exemplo, "ela falta", diz Husserl, "mesmo no caso da lembrança de lembranças (*Ideas* I: § 38). Ele explica:

> A lembrança lembrada que ocorreu ontem não pertence à lembrança presente como um componente realmente inerente de sua unidade concreta. Com respeito à sua própria essência total, a lembrança presente poderia existir mesmo que na verdade a lembrança passada nunca tivesse existido (*Ideas* I: § 38).

Portanto, a supressão da "infalibilidade papal" que Dennett faz com relação à fenomenologia dificilmente afeta a afirmação de Husserl em nome da legitimidade da reflexão. Ao mesmo tempo, a falta dessa autoridade quase divina dificilmente garante um ceticismo rigoroso. Se essa fosse a base para nossa rejeição cética da fenomenologia, deveríamos, sob pena de inconsistência, rejeitar igualmente as ciências naturais, nenhuma das quais tendo residido no Vaticano. Segundo, o próprio modo pelo qual Dennett expressa o problema concernente à auto-observação, de forma que somente "parece haver fenomenologia", uma vez mais explora a ideia de reflexão, da mesma forma que a versão de Watt o fez antes dele. Parte do que Dennett descobre na reflexão é que a experiência consciente "evanesceu" no passado de tal modo que podemos ter dificuldade em determinar agora que características ela pode ter tido então, ainda que houvesse essas características, de modo que agora há a tentação de "inventar coisas" sobre como ela pode ter sido. Tudo isso poderia muito bem ser interpretado como fenomenologia criteriosa, e, assim, dificilmente equivale a um repúdio a essa iniciativa.

Fenomenologia e filosofia contemporânea

Em seu ensaio "Meu Caminho para a Fenomenologia", escrito no início dos anos de 1960, Heidegger escreve que "a época da filosofia fenomenológica parece estar terminada. Ela já é considerada como algo passado que está somente registrado historicamente junto com outras escolas de filosofia" (OTB: 82). O período de tempo de nossa discussão, que começa com Husserl e termina com Merleau-Ponty, pareceria confirmar o pronunciamento um tanto sombrio de Heidegger: a fenomenologia é um movimento cujo tempo veio e foi.

Embora a fenomenologia entendida como um movimento possa ter atingido seu apogeu há várias décadas, especialmente em termos de publicação de trabalhos monumentais (*Fenomenologia da percepção*, sendo talvez o último na fila), seria um erro inferir disso que a fenomenologia não é mais relevante, que os filósofos que trabalham hoje nada têm a aprender da filosofia fenomenológica ou que a fenomenologia não oferece coisa alguma de valor duradouro a estudantes de filosofia em geral. É claro que qualquer trabalho realmente grande na história da filosofia é de relevância continuada para a prática constante da filosofia: Platão e Aristóteles, junto com Kant e Hegel, ainda são lidos hoje mais do que por interesse histórico ou acadêmico, a despeito do fato de que quaisquer "movimentos" que possam ter gerado, há muito, tenham chegado a um fim. Os principais textos de fenomenologia não são exceção. Cada uma das figuras que consideramos nos primeiros quatro capítulos tem vários comentadores e adeptos contemporâneos: filósofos em atividade hoje, que veem nesses textos ideias dignas de maior articulação e ocupação. Eu sugeriria, entretanto, que a fenomenologia é importante à filosofia contemporânea não apenas como quaisquer trabalhos significantes na história da filosofia são, mas por ela envolver mais diretamente interesses e temas contemporâneos. Isso se deve, parcialmente, é claro, à sua maior proximidade da filosofia contemporânea do que outros movimentos ou momentos na filosofia, mas essa é somente uma razão para a importância continuada da fenomenologia.

Considere uma vez mais a rejeição da fenomenologia ao naturalismo filosófico, uma concepção que é talvez ainda mais proeminente hoje do que quando Husserl protestou contra ele em "Filosofia como Ciência Rigorosa". Dennett é um exemplo de naturalismo contemporâneo, como pode ser visto em sua insistência em estudar a consciência "usando os dados que o método científico permite". Os filósofos australianos D.M. Armstrong e J.J.C. Smart são outros exemplos: de acordo com o materialismo de Smart, "nada há no mundo além daquelas entidades que são postuladas pela física" (1987: 203), embora Armstrong sustente que "é a visão científica dos [entes humanos], e não a visão filosófica ou religiosa ou artística ou moral dos [entes humanos], a melhor pista que temos para a natureza dos" entes humanos (1981: 4). Ainda que a fenomenologia em geral não busque desacreditar as ciências naturais, expondo-as como, digamos, apenas mais uma "interpretação" da realidade, ela rejeita, ainda assim, a ideia, central ao naturalismo, de que as ciências naturais são as únicas formas legítimas de investigação, capazes de explicar completamente o que há. Husserl, como vimos, argumentou que as ciências naturais, a despeito de seu rigor técnico e de suas realizações surpreendentes, permanecem "ingênuas": incapazes de explicar sua própria possibilidade. Esse tipo de acusação acaba fazendo parte da fenomenologia posterior, como pode ser visto no seguinte par de passagens do prefácio a *Fenomenologia da percepção*:

> A ciência não tem e jamais terá o mesmo sentido de ser que o mundo percebido, pela simples razão de que ela é uma determinação ou uma explicação desse mundo (PP: viii-ix).

> As concepções científicas, segundo as quais sou um momento do mundo, são sempre ingênuas e hipócritas, porque subentendem, sem mencionar, essa outra concepção,

a da consciência, pela qual em primeiro lugar um mundo se dispõe em torno de mim e começa a existir para mim (PP: ix).

Essas passagens dão voz à oposição da fenomenologia ao naturalismo e também indicam o que ela vê em risco ao estabelecer essa oposição, tanto intelectual como existencialmente. Ou seja, o envolvimento crítico da fenomenologia com o naturalismo não é oferecido como meramente um tipo de exercício intelectual, pelo qual demonstramos a superioridade de uma teoria, método ou concepção filosófica em relação a outro, embora esse exercício esteja longe de desinteressante (especialmente aos filósofos!), mas, em troca, pretende possuir significância igualmente prática.

O que pretendo dizer aqui pode ser visto ao recordarmos a abordagem naturalista que Dennett faz da consciência, na qual o investigador fenomenológico coloca entre parênteses seu compromisso com quaisquer afirmações concernentes ao fato de seus sujeitos serem realmente conscientes. Dennett utiliza uma abordagem da consciência decididamente de terceira pessoa, que é indicativa do escrúpulo geral do naturalismo com respeito à própria ideia de experiência: uma recusa geral a tratar a experiência como um domínio legítimo de investigação em si mesmo. (Embora o próprio Dennett aconselhe contra qualquer metodologia que envolva "anestesia fingida", sua própria abordagem nem sempre parece se conformar a esse conselho.) E Dennett é apenas um exemplo. Encontramos em muito da filosofia da mente recente uma tendência em direção a esse "fingimento", à medida que filósofos mais naturalisticamente inclinados dirigem argumentos em favor de vários tipos de materialismo. De acordo com o materialismo de Armstrong, por exemplo, um ente humano "nada é senão um mecanismo físico-químico" (1981: 2). Assim, ele sustenta, "podemos dar uma completa descrição [de entes humanos] *em termos puramente físico-químicos*" (1981: 1), que, portanto, falha, presumivelmente, em descrever entes humanos e sua experiência em termos intencio-

250 Pensamento Moderno

nais. (Como "teóricos da identidade", Armstrong e Smart sustentam que quaisquer estados intencionais que possamos atribuir a entes humanos são idênticos a estados físicos não intencionais, e, portanto, o intencional pode ser "reduzido" ao não intencional.) Uma forma mais recente e radical de materialismo torna explícita essa suposição: o "materialismo eliminativo", que, como o filósofo da mente Stephen Stich colocou, sustenta:

> que os estados e processos intencionais que são referidos em nossas descrições e explicações cotidianas acerca das vidas mentais das pessoas e suas ações são *mitos*. Como os deuses que Homero invocava para explicar a consequência das batalhas, ou as bruxas que inquisidores invocavam para explicar as catástrofes locais, eles *não existem* (1996: 115).

A evocação da noção de mitologia é pensada muito seriamente aqui. De acordo com o materialismo eliminativo, assim como nossa concepção moderna do mundo não encontra lugar para bruxas ou para os deuses de Homero, nossa concepção ultramoderna também não encontrará lugar para noções dentro em breve antiquadas tais como "crença, desejo, medo, sensação, alegria, sofrimento, e assim por diante" (CHURCHLAND, 1988: 44). A intencionalidade pode ser a marca do mental, mas a noção inteira do mental é um mito obsoleto.

Dadas essas tendências que abarcam desde a redução à completa eliminação da própria ideia de intencionalidade, o materialismo representa um ponto de vista que, nas palavras de Merleau-Ponty, "não é sensível à sua própria existência, e ao que reside nas coisas" (PP: 23). O materialismo constitui um tipo de esquecimento (um fingimento de amnésia, talvez, em vez de uma anestesia), de modo que o materialista negligencia ou ignora a experiência pela qual ele adquiriu a concepção do mundo material. Essa experiência é desconsiderada, embora o que a experiência desvele esteja de acordo com um tipo de validade exclusiva:

> Os átomos do físico sempre parecerão mais reais do que a figura histórica e qualitativa deste mundo, os processos físico-químicos, mais reais do que as formas orgânicas, os átomos psíquicos do empirismo, mais reais do que os fenômenos percebidos [...] tanto que se procurará construir a figura deste mundo – a vida, a percepção, a mente – em lugar de reconhecer, como fonte muito próxima e como instância última de nossos conhecimentos a seu respeito, a *experiência* que temos dele (PP: 23).

O tipo de falha que Merleau-Ponty está descrevendo aqui é evidente na concepção de Dennett da heterofenomenologia, especialmente se nos concentramos no investigador heterofenomenólogo que se utiliza dos métodos de Dennett. Embora a mesquinhez do heterofenomenólogo em atribuir consciência a seus sujeitos seja a marca de seu método, ele não é especialmente mesquinho com respeito aos dados que ele "produz" nos textos descrevendo "mundos heterofenomenológicos"; nem é especialmente cuidadoso com respeito à disponibilidade dos dados neurofisiológicos, mesmo que reconheça as dificuldades técnicas envolvidas em sua coleção confiável. Mas como essa "disponibilidade" deve ser entendida ou, ainda melhor, como o heterofenomenólogo entende a disponibilidade de tais dados? Ao coletar e interpretar dados, ao decidir adotar ou suprimir a "postura intencional", ao interpretar e decifrar textos, pareceria que a experiência do heterofenomenólogo está em evidência ao longo desses processos, como mais ou menos pressuposta. E, no entanto, como o heterofenomenólogo se concebe? Somos tentados a dizer, em favor de Dennett, que ele adota a postura intencional em relação a si, mas, nesse caso, como deve ser entendida sua "decisão"? A adoção da postura com relação a si mesmo é motivada por considerações acerca do que explica melhor o que ele, o heterofenomenólogo, de outro modo, teria de considerar como meros ruídos e movimentos corporais? Se é assim, então, como ele os está "considerando" desse modo antes de "decidir" adotar a postura a ser explicada?

Como vimos ao longo deste livro, um motivo principal para a prática da fenomenologia é facilitar um retorno à experiência, para redespertar em nós um sentido de sua importância pela demonstração do papel fundamental da experiência em nossa concepção do mundo, independentemente de quão sofisticada essa concepção tenha se tornado através do avanço das ciências naturais. Ao se esforçar por nos redespertar para nossa própria experiência, para os fenômenos por meio dos quais nossa concepção de mundo é constituída, a fenomenologia busca nos despertar para nós mesmos: tornar-nos sensíveis à nossa própria existência como sujeitos que portam um tipo de responsabilidade última por essa concepção. A fenomenologia nos desperta para a primazia filosófica e existencial da experiência, da intencionalidade, da subjetividade: de tudo que vem com a asserção das palavras "eu sou". Para Husserl, a primazia do "eu sou" é algo que a filosofia está obrigada a reconhecer e iluminar. Agir de outro modo, negar ou desconsiderar a subjetividade, é a marca da imaturidade filosófica:

> Em primeiro lugar, antes de todas as outras coisas concebíveis, *eu* sou. Este "eu sou" é para mim, o sujeito que diz isso, e diz isso no sentido correto, a *base intencional primordial de meu mundo*; e, ao mesmo tempo, não deve ser negligenciado que, do mesmo modo, o mundo "objetivo", o "mundo para todos nós", que tem validade para mim nesse sentido, é também "meu" mundo. Mas o "eu sou" é a base intencional primordial não somente para "o" mundo que considero real, mas também de qualquer "mundo ideal" que eu aceite; e isso é válido, sem exceção, para absolutamente tudo em relação ao qual sou consciente como algo existente em qualquer sentido que eu compreenda ou aceite – para tudo que mostro, por vezes legitimamente, por vezes ilegitimamente, ser existente – incluindo eu mesmo, minha vida, minhas crenças, e todos esses atos de consciência. Seja conveniente ou não, e mesmo que (devido a não importam quais preconceitos) possa soar

monstruoso para mim, esse é o *fato primordial ao qual devo apegar-me*, o qual eu, como um filósofo, não devo desconsiderar por um único instante. Para crianças em filosofia, esse pode ser o canto escuro assombrado pelos espectros do solipsismo e, talvez, do psicologismo, do relativismo. O verdadeiro filósofo, em vez de fugir, preferirá encher de luz o canto escuro (FTL: § 95).

O entrelaçamento do tipo de iluminação filosófica que Husserl previu e a consecução de um tipo de autodescoberta ressoam ao longo da tradição fenomenológica, da concepção de Heidegger acerca da autenticidade passando pelas descrições de Sartre acerca da má-fé até o retorno de Merleau-Ponty aos fenômenos, e esse entrelaçamento assinala o valor duradouro da fenomenologia. Inerente à consciência se encontra uma tendência em direção ao esquecimento, e essa tendência é manifesta nos, e exacerbada pelos, inacreditáveis sucessos das ciências naturais, assim como na tendência recente da própria filosofia de interpretar esse sucesso como o toque de finados de qualquer forma não científica de investigação. A fenomenologia, como um antídoto para essas tendências, retém sua importância, ainda que os textos fundamentais da fenomenologia distem ainda mais no tempo. Como Merleau-Ponty já reconheceu, os textos de fenomenologia são, basicamente, de importância secundária, subsidiários ao retorno aos fenômenos que cada indivíduo deve executar por si próprio:

> É em nós mesmos que encontraremos a unidade da fenomenologia e seu verdadeiro sentido. A questão não é tanto a de contar as citações quanto a de fixar e de objetivar esta *fenomenologia para nós*, que faz com que, ao lerem Husserl ou Heidegger, vários de nossos contemporâneos tenham tido o sentimento bem menos de encontrar uma nova filosofia do que de reconhecer o que esperavam (PP: viii).

Sumário dos pontos-chave

• De acordo com Lévinas, a fenomenologia exemplifica as tendências assimilativas na tradição intelectual ocidental, e, desse modo, falha em preservar a outridade do outro.

• Lévinas argumenta que o outro é sugerido (em vez de manifesto) na epifania da face, como algo que resiste ou recusa qualquer tentativa de assimilação ou contenção.

• Enquanto Husserl sustenta que a vida mental solitária é marcada pela ausência de signos indicativos, Derrida afirma que a atenção à estrutura repetitivo-representacional da linguagem mostra que *todo* significado envolve tanto indicação como expressão.

• Derrida argumenta que o conteúdo da consciência, enquanto semelhante ao signo, nunca está completa e imediatamente presente àquele a quem pertence a consciência, mas, em troca, é permeado pelas relações indicativas, deferimentos e atraso.

• Contra a tradição fenomenológica, Dennett argumenta que a consciência é melhor abordada a partir de fora, por meio do método da "heterofenomenologia".

• O modelo de Rascunhos Múltiplos de Dennett nega que exista um fluxo de consciência bem-definido.

• As críticas à fenomenologia tendem a ser fragmentadas, atacando somente uma concepção de fenomenologia (a saber, a de Husserl) em vez do movimento como um todo.

• Contra os céticos Husserl argumenta que as dúvidas gerais concernentes à validade da reflexão são fundamentalmente autocontraditórias.

• O valor continuado e a relevância da fenomenologia não dependem de sua continuação como um movimento ou escola de pensamento.

Fenomenologia   255

• A fenomenologia permanece importante como uma *prática* que insiste na validade geral da categoria da experiência.

Questões para discussão e revisão

As seguintes questões são destinadas a facilitar a discussão e podem também ser apropriadas como tópicos para trabalhos.

1 Husserl e o projeto de fenomenologia pura

1) Como e por que Husserl argumenta contra o naturalismo? Qual é a relação entre seus argumentos contra uma concepção naturalista da *lógica* e sua concepção de fenomenologia? Por que ele pensa que os fenômenos da fenomenologia não podem ser entendidos como entidades naturais, semelhantes aos objetos materiais?

2) De que modo(s) a fenomenologia para Husserl é uma investigação *transcendental*? Que tipos de questões a fenomenologia considera, e por que Husserl pensa que a atitude natural, incluindo as ciências naturais, não permite responder a esses tipos de questões?

3) O que é a redução fenomenológica? Como ela funciona e por que Husserl pensa ser ela necessária à fenomenologia? O que, de acordo com Husserl, a redução fenomenológica revela?

4) Considere sua própria experiência perceptual, um episódio particular de experiência visual ou auditiva, e tente descrevê-la usando os conceitos estruturais de Husserl, tais como retenção e

protensão, horizonte e síntese, noesis e noema. Como argumentar que essas estruturas são *essenciais* à sua experiência sendo o que ela é?

5) O que é a redução *eidética*? Como ela funciona? Em que medida ela difere da redução fenomenológica? Por que a redução eidética é essencial ao projeto geral de fenomenologia transcendental de Husserl?

2 Heidegger e a virada existencial

1) O que é a "questão do ser", e como ela está relacionada à fenomenologia? Por que Heidegger diz que "somente como fenomenologia, a ontologia é possível"?

2) A fenomenologia de Heidegger é uma fenomenologia da cotidianidade. Por que ele pensa que a fenomenologia deve proceder dessa maneira? Quão acuradas ou convincentes você acha que são suas descrições de nossa atividade diária? De que modo, se de algum, você acha suas descrições problemáticas? Existe alguma coisa que Heidegger parece estar ignorando ou omitindo que levantaria dificuldades para sua descrição?

3) Uma característica principal da fenomenologia de Husserl é sua preocupação com a *intencionalidade*: toda consciência é consciência *de* alguma coisa. De que modo, e em que medida, Heidegger compartilha dessa preocupação? Ou seja, de que modo sua descrição da "cotidianidade" do Dasein é uma descrição da noção de intencionalidade, e de que modo, se de algum, a descrição *transcendental* de Heidegger é como a de Husserl? Se Heidegger *está* interessado na intencionalidade, isso significa que ele também está basicamente preocupado com a *consciência*?

4) Heidegger diz que o Dasein, ou seja, o tipo de ente que somos, é um ser "para o qual, em seu ser, esse ser é um tema".

Qual é a significância dessa definição com respeito à fenomenologia de Heidegger, ou seja, que tipo de fenômenos dependem crucialmente da, ou se mantêm unidos à, ideia de que somos entes cujo modo de ser é algo que podemos confrontar e determinar? Poderia haver uma fenomenologia de um ente cujo próprio ser *não* fosse um tema para ele? Poderia esse ente "ter" um mundo no sentido de "mundo" para Heidegger?

5) Que papel a noção de *morte* desempenha no projeto de Heidegger em *Ser e tempo*? Quais são algumas das peculiaridades envolvidas em pensar sobre a morte, especialmente quando se trata de pensarmos sobre nossa própria morte? Por que, para Heidegger, a morte é tão importante para a realização da "autenticidade" do Dasein? Poderia um ente que fosse imortal, ou seja, um ente para o qual a morte não fosse um tema ou uma possibilidade, ser autêntico no sentido de Heidegger?

3 Sartre e a subjetividade

1) Em *A transcendência do ego*, o principal objetivo de Sartre é demonstrar que falta um ego à "consciência de primeiro grau", e o modo principal pelo qual ele demonstra isso é pela descrição fenomenológica. Que tipos de questões surgem ao tentarmos descrever a consciência de primeiro grau? Por que, por exemplo, o método da *reflexão*, de Husserl, é problemático? O que Sartre propõe em vez da reflexão? Como sabemos quando demos uma descrição adequada da consciência não reflexiva?

2) O que Sartre quer dizer quando diz em *A transcendência do ego* que "o ego é *por natureza* fugaz"? Como essa afirmação afeta nossa compreensão da relação entre a consciência e o ego? Qual é a significância dessa afirmação para compararmos a fenomenologia de Sartre à de Husserl? Que consequências essa afirmação tem para a natureza e possibilidade do autoconheci-

mento, ou seja, em que sentido existe um eu para ser conhecido, e o que pode ser conhecido sobre "ele"?

3) Um conceito central de *O ser e o nada* é o de *má-fé*. O que é má-fé, e por que ela é significante? Ou seja, o que uma consideração sobre a má-fé mostra sobre a estrutura da consciência (ou sobre o tipo de ente que somos)?

4) Em *O ser e o nada*, Sartre afirma que os entes humanos são uma combinação de "facticidade" e "transcendência". O que Sartre quer dizer ao afirmar isso, e como essa afirmação está relacionada com a ideia de que os entes humanos são *conscientes*?

4 Merleau-Ponty e a fenomenologia da corporificação

1) Um conceito central na fenomenologia é o de *redução fenomenológica*. Como essa noção é desenvolvida em Merleau-Ponty? Como sua concepção de uma redução se compara à de Husserl? De que modo o "retorno aos fenômenos" de Merleau-Ponty é uma continuação do projeto original de Husserl e de que modo é uma separação dele?

2) O que Merleau-Ponty quer dizer quando afirma que "uma impressão nunca pode por si mesma ser associada a uma outra impressão"? Como ele argumenta a favor dessa afirmação? Qual é a significância dessa afirmação dentro de sua tentativa de superar "preconceitos tradicionais" no domínio da percepção?

3) Como Merleau-Ponty argumenta contra a ideia de que toda experiência perceptual envolve *juízo*?

4) Por que Husserl e Merleau-Ponty pensam que o corpo não pode ser considerado como somente mais um objeto dentre outros? Do que trata a experiência do corpo que a diferencia, categoricamente, da experiência de objetos?

5) Na Parte I de *Fenomenologia da percepção*, Merleau-Ponty dedica atenção considerável ao caso de Schneider, um veterano

da Primeira Guerra Mundial com um conjunto curioso de debilitações. Que conclusões Merleau-Ponty extrai do caso de Schneider? Como ele usa Schneider para criticar tanto o empirismo como o intelectualismo?

6) O que Merleau-Ponty quer dizer por "intencionalidade motora"? Em que sentido ela é, como Merleau-Ponty afirma, "intencionalidade básica", ou seja, o que ele quer dizer ao afirmar que a "consciência é, em primeiro lugar, não uma questão de 'eu penso que', mas de 'eu posso'"?

5 Problemas e perspectivas – A fenomenologia e seus críticos

1) Qual é o problema das outras mentes? Como o problema surge na fenomenologia e como é tratado nas concepções da fenomenologia que exploramos nos capítulos 1-4?

2) O que está errado com a noção de totalidade, entendida como o objetivo ou propósito da investigação intelectual? O que é ignorado ou eliminado na busca pela totalização? Por que Lévinas pensa que a fenomenologia exemplifica a aspiração da filosofia ocidental pela totalidade?

3) Qual é a significância da noção, proposta por Lévinas, de "a face" para a fenomenologia? Em que sentido sua descrição acerca "do outro" é fenomenológica? De que modo ela constitui uma crítica à fenomenologia?

4) Como Derrida critica a noção de *presença*? Qual é a significância de suas críticas para a concepção de Husserl da fenomenologia? Mais especificamente, se Derrida está certo, como devemos alterar nossa concepção de consciência, e, desse modo, o projeto de descrever seu conteúdo e articular sua estrutura?

5) O que Derrida quer dizer ao afirmar que "um signo nunca é um evento, se por evento significamos um particular empírico

insubstituível e irreversível"? Qual é a significância dessa afirmação em seu argumento geral contra Husserl?

6) O que é heterofenomenologia, de acordo com Dennett, e por que ele pensa ser ela superior às formas mais tradicionais de fenomenologia (ou Fenomenologia)? Que tipos de problemas cercam a fenomenologia e por que Dennett pensa que esses problemas não podem ser superados?

7) O que é o modelo de Rascunhos Múltiplos da consciência e por que Dennett pensa ser ele superior às concepções mais tradicionais de consciência?

8) Como Husserl e outros membros da tradição fenomenológica podem responder às várias críticas levantadas por Lévinas, Derrida e Dennett?

Leitura complementar

A literatura secundária sobre fenomenologia é vasta, e o recémchegado pode ficar desnorteado pela variedade. Como um caminho no meio da imensidão, eu reuni alguns trabalhos que estão, na maior parte dos casos, prontamente disponíveis, e que provavelmente são, em todos os casos, úteis a estudantes que ainda estão buscando seu caminho na fenomenologia. Muitos desses volumes têm suas próprias bibliografias, que dirigirão você para leituras adicionais mais especializadas.

Trabalhos gerais sobre fenomenologia

Understanding Phenomenology (HAMMOND, M.; HOWARTH, J. & KEAT, R. Oxford: Blackwell, 1991) é uma introdução à fenomenologia de Husserl, Sartre e Merleau-Ponty que é dirigida em cada caso a trabalhos particulares ou porções deles (*Meditações cartesianas* para Husserl, *A transcendência do ego* e partes de *O ser e o nada* para Sartre e *Fenomenologia da percepção* para Merleau-Ponty). O volume está atualmente esgotado, mas não deveria ser muito difícil de localizar. Para uma introdução abrangente ao movimento fenomenológico, cf. MORAN, D. *Introduction to Phenomenology* (Londres: Routledge, 2000). O livro está organizado cronológica e biograficamente, com capítulos dedicados aos "suspeitos usuais"

(Husserl, Heidegger, Sartre, Merleau-Ponty), assim como a Brentano, Gadamer, Lévinas, Arendt e Derrida.

The Phenomenology Reader (MORAN, D. & MOONEY, T. (orgs.). Londres: Routledge, 2002) é talvez a única antologia abrangente sobre o movimento fenomenológico disponível em inglês, fornecendo seleções de Brentano, Husserl, Heidegger, Sartre e Merleau-Ponty, assim como de Reinach, Stein, Gadamer, Arendt, de Beauvoir, Lévinas, Derrida e Ricoeur. Muitos dos textos principais em fenomenologia (especialmente aqueles de Husserl) são, quando disponíveis, incrivelmente caros, e outros de algumas das figuras menos amplamente lidas podem ser difíceis de encontrar, especialmente traduzidos.

The Phenomenological Movement. 3. ed. ampl. (SPIEGELBERG, H. Dordrecht: Kluwer, 1982) é um trabalho que cobre a totalidade do movimento fenomenológico, incluindo suas origens na filosofia e psicologia do século XIX.

Trabalhos sobre Husserl

An Introduction to Husserlian Phenomenology (BERNET, R.; KERN, I. & MARBACH, E. Evanston, IL: Northwestern University Press, 1995) fornece uma introdução abrangente à filosofia de Husserl, incluindo desde suas concepções sobre matemática e lógica até sua concepção do "mundo da vida", desenvolvida em alguns de seus trabalhos finais. O segundo capítulo, sobre as reduções fenomenológicas e eidéticas, é especialmente útil, à medida que os autores documentam as várias motivações para a execução da redução.

Husserl, Intentionality, and Cognitive Science (DREYFUS, H. & HALL, H. (orgs.). Cambridge, MA: MIT Press, 1984) contém vários ensaios que são úteis em termos de explicação e avaliação da fenomenologia de Husserl, com uma ênfase em sua relevância para a ciência cognitiva e para a filosofia da mente. O par de trabalhos de Dagfinn Føllesdal ("Husserl's Notion of Noema" e "Husserl's Theory of Perception") fornecem discussões breves e claras de algumas das principais ideias de Husserl.

Discovering Existence with Husserl (LÉVINAS, E. Evanston, IL: Northwestern University Press, 1998 [Trad. de R. Cohen e M. Smith]) é uma coleção de ensaios de Lévinas sobre Husserl, abrangendo de 1929 a 1977. Devido à sua extensão, os ensaios nos permitem observar a transição de Lévinas de um estudante de filosofia ao crítico compreensivo. Seu *The Theory of Intuition in Husserl's Phenomenology* (2. ed. Evanston, IL: Northwestern University Press, 1995 [Trad. de A. Orianne]) é um estudo da fenomenologia de Husserl, escrito por Lévinas muito cedo em sua carreira filosófica (em 1930, aos 24 anos), logo depois de estudar com Husserl em Friburgo.

An Introduction to Husserl's Phenomenology (PATOČKA, J. Chicago, IL: Open Court, 1995) é uma introdução útil, cobrindo vários tópicos centrais, inclusive as ideias formativas iniciais de Husserl sobre lógica e aritmética, a redução, a consciência do tempo, e a corporificação. Patočka, um filósofo checo, foi um dos últimos alunos de Husserl.

Husserl: An Analysis of His Phenomenology (RICOEUR, P. Evanston, IL: Northwestern University Press, 1967) é uma coleção de ensaios sobre a fenomenologia de Husserl por um dos grandes filósofos fenomenólogos franceses. Os comentários sobre *Meditações cartesianas* são especialmente bons para serem lidos junto com o trabalho original.

Uma coleção de ensaios de filósofos e estudiosos contemporâneos em *The Cambridge Companion to Husserl* (SMITH, B. & SMITH, D.W. (orgs.). Cambridge: Cambridge University Press, 1995) cobre muitos dos tópicos centrais da fenomenologia de Husserl.

Trabalhos sobre Heidegger

Being-in-the-world: A Commentary on Heidegger's Being and Time, Division I (DREYFUS, H. Cambridge, MA: MIT Press, 1991) é um comentário abrangente sobre a divisão I por um dos principais estudiosos americanos de Heidegger, com uma ênfase na relevância de Heidegger para a filosofia contemporânea da mente e para a epistemologia, assim como a debates atuais sobre a viabilidade da inteligência artificial. O livro também contém um Apêndice (coescrito por Jane Rubin) sobre a divisão II.

Muitos dos ensaios na coleção editada por H. Dreyfus e H. Hall (orgs.) (*Heidegger*: A Critical Reader (Oxford: Blackwell, 1992) se concentram na filosofia inicial de Heidegger. Portanto, serão úteis para trabalhar ao longo de *Ser e tempo*.

A Companion to Heidegger (DREYFUS, H. & WRATHALL, M.A. (orgs.). Oxford: Blackwell, 2004) é uma coleção de trinta e um ensaios, organizados topicamente, com nove ensaios dedicados especialmente aos tópicos de *Ser e tempo*, e seu *Heidegger Reexamined* (Londres: Routledge, 2002) é um conjunto de quatro volumes que reúne muitos dos mais importantes ensaios em inglês sobre a filosofia de Heidegger.

Cambridge Companion to Heidegger (GUIGNON, C. (org.). Cambridge: Cambridge University Press, 1993) contém vários ensaios úteis sobre a filosofia inicial de Heidegger (assim como vários sobre seu pensamento posterior).

Reading Heidegger from the Start: Essays in His Earliest Thought (KISIEL, T. & VAN BUREN, J. (orgs.). Albany, NY: Suny Press, 1994) considera o desenvolvimento filosófico de Heidegger, com particular ênfase nas influências sobre seu pensamento. Consequentemente, vários ensaios são dedicados à relação de Heidegger com Husserl.

Routledge Philosophy Guidebook to Heidegger and Being and Time (MULHALL, S. Londres: Routledge, 1996) é um comentário muito fácil de ler sobre *Ser e tempo*, cobrindo muitas das ideias-chave, tanto da divisão I como da divisão II.

Heidegger, Authenticity, and Modernity: Essays in Honor of Hubert L. Dreyfus. Vol. 1 (WRATHALL, M.A. & MALPAS, J. (orgs.). Cambridge, MA: MIT Press, 2000) contém vários ensaios importantes sobre Heidegger e *Ser e tempo*, e seu *Heidegger, Coping, and Cognitive Science*: Essays in Honor of Hubert L. Dreyfus. Vol. 2 (Cambridge, MA: MIT Press, 2000) se concentra no Heidegger "aplicado", ou seja, na ideia de usar a filosofia de Heidegger para tratar problemas filosóficos em áreas tais como a filosofia da mente, inteligência artificial e ética.

Trabalhos sobre Sartre

The Cambridge Companion to Sartre (HOWELLS, C. (org.). Cambridge: Cambridge University Press, 1992) contém vários ensaios úteis sobre a filosofia de Sartre, embora nem todos se ocupem de sua fenomenologia. A Conclusão, com o subtítulo "Sartre and the Deconstruction of the Subject", é especialmente boa em documentar a significância dos *insights* iniciais de Sartre com relação à estrutura da subjetividade.

The Philosophy of Jean-Paul Sartre (SCHILPP, P.A. (org.). (La Salle, IL: Open Court, 1981) contém vários ensaios sobre a filosofia de Sartre, incluindo os de Paul Ricoeur, Hubert Dreyfus, Dagfinn Føllesdal e Hazel Barnes. Como um volume da série Library of Living Philosophers, o livro também contém uma extensa entrevista com Sartre sobre seu desenvolvimento filosófico, assim como respostas de Sartre aos ensaios.

Trabalhos sobre Merleau-Ponty

"The Body in Husserl and Merleau-Ponty" (*Philosophical Topics*, 27 (2), Fall 1999, p. 205-226 (CARMAN, T.)) é uma descrição das respectivas concepções de Husserl e Merleau-Ponty acerca da corporificação que enfatiza suas diferenças. Carman argumenta que a concepção de Merleau-Ponty representa um melhoramento distinto com relação à descrição anterior de Husserl.

The Cambridge Companion to Merleau-Ponty (CARMAN, T. & HANSEN, M.B.N. (orgs.). Cambridge: Cambridge University Press, 2005) é uma coleção muito recente de ensaios, incluindo alguns que fornecem descrições úteis das concepções de Merleau-Ponty acerca da percepção, corporificação e intencionalidade motora, assim como ilustrações sobre sua relevância continuada para a filosofia contemporânea e para a ciência cognitiva.

"The Challenge of Merleau-Ponty's Phenomenology of Embodiment for Cognitive Science" (DREYFUS, H. & DREYFUS, S.E. In: WEISS, G. & HABER, H. (orgs.). *Perspectives on Embodiment*. Londres: Routledge, 1999, p. 103-120) fornece uma descrição detalhada da concepção de Merleau-Ponty acerca da intencionalidade motora e do arco intencional, visto pelas lentes do antigo interesse dos autores pelas habilidades e pela aquisição de habilidades.

"What Do We See (When We Do)?" (KELLY, S.D. In: *Philosophical Topics* 27 (2), Fall 1999, p. 107-128) pratica e estende várias objeções principais de Merleau-Ponty às descrições empirista e intelectualista (ou cognitivista) da experiência visual.

Trabalhos sobre Lévinas

Cambridge Companion to Lévinas (CRITCHLEY, S. & BERNASCONI, R. (orgs.). Cambridge: Cambridge University Press, 2002) é uma coleção recente de ensaios sobre uma ampla variedade de temas na filosofia de Lévinas.

Mais relevante talvez para nossa discussão seja o ensaio "Lévinas's Critique of Husserl" (BERNET, R.).

Trabalho sobre Derrida

Strategies of Deconstruction: Derrida and the Myth of the Voice (EVANS, J.C. Mineápolis, MN: University of Minnesota Press, 1991) é em grande parte uma reconstrução meticulosa dos argumentos de Derrida contra Husserl em *Speech and Phenomena*, junto com uma defesa vigorosa de Husserl contra eles.

Trabalhos sobre Dennett

"Phenomenology: Straight and Hetero" (CERBONE, D.R. In: PRADO, C.G. (org.). *A House Divided*: Comparing Analytic and Continental Philosophy. Amherst, MA: Humanity Books, 2003, p. 105-138) é um exame mais extenso do que o encontrado no capítulo 5 acerca da concepção de heterofenomenologia de Dennett, sua crítica sobre a tradição fenomenológica, e a efetividade dessas críticas à luz da própria resposta de Husserl ao ceticismo com relação à fenomenologia.

"The Content of Perceptual Experience" (McDOWELL, J. In: *Mind, Value, and Reality*. Cambridge, MA: Harvard University Press, 1998, p. 341-358) é uma crítica excelente da descrição de Dennett (dentre outros) sobre a experiência perceptual que diagnostica sua "fenomenologia dissonante" e enfatiza a importância da distinção entre o pessoal e o subpessoal nas descrições da experiência perceptual.

Fenomenologia **269**

Referências

ARISTOTLE (1941). *The Basic Works of Aristotle*. Nova York: Random House [Org. por R. McKeon].

ARMSTRONG, D. (1981). *The Nature of Mind and Other Essays*. Ithaca, NY: Cornell University Press.

BEAUVOIR, S. (1962). *The Prime of Life*. Cleveland, OH: World Publishing.

BERKELEY, G. (1957 [1710]). *A Treatise Concerning the Principles of Human Knowledge*. Indianápolis, IN: Bobbs-Merrill [Org. por C. Turbayne].

CHURCHLAND, P. (1988). *Matter and Consciousness*. Ed. rev. Cambridge, MA: MIT Press.

DENNETT, D.C. (1992). *Consciousness Explained*. Boston, MA: Little/Brown.

_____ (1982). "How to Study Human Consciousness Empirically, or Nothing Comes to Mind". *Synthese*, 59, p. 159-180.

_____ (1981). *Brainstorms*. Cambridge, MA: MIT Press.

DERRIDA, J. (1978). *Writing and Difference*. Chicago, IL: University of Chicago Press [Trad. de A. Bass].

_____ (1973). *Speech and Phenomena and Other Essays on Husserl's Theory of Signs*. Evanston, IL: Northwestern University Press [Trad. de D. Allison].

ELLIS, W.D. (org.) (1938). *A Source Book of Gestalt Psychology*. Nova York: Harcourt/Brace.

HALDANE, E.E. & ROSS, G.R.T. (orgs.) (1984). *The Philosophical Works of Descartes*. Vol. 1. Cambridge: Cambridge University Press.

HEIDEGGER, M. (2000). *Introduction to Metaphysics*. New Haven, CT: Yale University Press [Trad. de G. Fried e R. Polt].

_____ (1985). *The History of the Concept of Time*: Prologomena. Bloomington, IN: Indiana University Press [Trad. de T. Kisiel].

_____ (1982). *Basic Problems of Phenomenology*. Ed. rev. Bloomington, IN: Indiana University Press [Trad. de A. Hofstadter].

_____ (1977). *Basic Writings*. Nova York: Harper & Row [Org. por D. Krell].

_____ (1972). *On Time and Being*. Nova York: Harper & Row [Trad. de J. Stambaugh].

_____ (1962). *Being and Time*. Nova York: Harper & Row [Trad. de J. Macquarrie e E. Robinson].

HUME, D. (1978 [1739/1940]). *A Treatise of Human Nature*. 2. ed. Oxford: Oxford University Press [Org. por L. Selby-Bigge – Citado por número de livro, parte e seção].

HUSSERL, E. (1995). *Cartesian Meditations*: An Introduction to Phenomenology. Dordrecht: Kluwer [Trad. de D. Cairns].

_____ (1991). *On the Phenomenology of the Consciousness of Internal Time (1893-1917)*. Dordrecht: Kluwer [Trad. de J. Brough].

_____ (1989). *Ideas Pertaining to a Pure Phenomenology and to a Phenomenological Philosophy*: Second Book. Dordrecht: Kluwer [Trad. de R. Rojcewicz e A. Schuwer].

_____ (1982). *Ideas Pertaining to a Pure Phenomenology and to a Phenomenological Philosophy:* First Book. Dordrecht: Kluwer [Trad. de F. Kersten].

_____ (1981). *Husserl*: Shorter Works. Notre Dame, IN: University of Notre Dame Press [Org. por McCormick e F. Elliston].

_____ (1978). *Formal and Transcendental Logic*. The Hague: Martinus Nijhoff [Trad. de D. Cairns].

_____ (1970a). *The Crisis of the European Sciences*. Evanston, IL: Northwestern University Press [Trad. de D. Carr].

_____ (1970b). *The Idea of Phenomenology*. The Hague: Martinus Nijhoff [Trad. de W.P. Alston e G. Nakhnikian].

_____ (1970c). *Logical Investigations*. 2 vols. Londres: Routledge & Kegan Paul [Trad. de J.N. Findlay].

_____ (1965). *Phenomenology and the Crisis of Philosophy*. Nova York: Harper & Row [Trad. de Q. Lauer].

_____ (1962). *Ideas*: General Introduction to Pure Phenomenology. Nova York: Collier Books [Trad. de W.R.B. Gibson].

KANT, I. (1965 [1781]). *Critique of Pure Reason*. Nova York: St Martin's Press [Trad. de N. Kemp-Smith].

LÉVINAS, E. (1996). *Basic Philosophical Writings*. Bloomington, IN: Indiana University Press [Org. por A. Peperzak, S. Critchley e R. Bernasconi].

_____ (1969). *Totality and Infinity*. Petesburgo, PA: Duquesne University Press [Trad. de A. Lingis].

MERLEAU-PONTY, M. (1962). *Phenomenology of Perception*. Londres: Routledge [Trad. de C. Smith].

QUINE, W.V. (1976). *The Ways of Paradox and Other Essays*. Ed. rev. e ampl. Cambridge, MA: Harvard University Press.

SARTRE, J.-P. (1997a). *The Humanism of Existentialism* – Reprinted in Essays in Existentialism. Secaucus, NJ: Citadel Press [Org. por W. Baskin].

_____ (1997b). *The Transcendence of the Ego*: An Existentialist Theory of Consciousness. Nova York: Hill & Wang [Trad. de F. Williams e R. Kirkpatrick].

_____ (1992). *Being and Nothingness*. Nova York: Washington Square Press [Trad. de H. Barnes].

SMART, J.J.C. (1987). *Essays Metaphysical and Moral* – Selected Philosophical Papers. Oxford: Blackwell.

STICH, S. (1996). *Deconstructing the Mind*. Oxford: Oxford University Press.

Índice

absorção
Heidegger sobre 88-91, 94s., 100
Sartre sobre 113s., 119s., 135s.

adumbrações 50-52, 54, 116, 124, 127, 144, 153, 212

à mão 74-77, 79, 83, 93
cf. tb. utensílio

angústia 94s., 103, 105, 134-138, 142, 144, 231

anosognosia 179s.

antecipação 101

antinaturalismo 25, 28-31, 33, 39s.

apoditicidade 38

arco intencional 196

Aristóteles 32s., 65, 68, 203s., 248

Armstrong, D. 249

Aron, R. 107

assimilação 204, 210, 255

atitude natural 22, 34s., 40, 61-63, 160s.

átomos sensórios 147, 166-168

autenticidade 78, 90, 93s., 97s., 102-104, 145, 254
cf. tb. inautenticidade

autocompreensão 76s., 86, 88, 97, 99, 137

autoconhecimento 125s., 144

autoengano 137-139

autoridade de primeira pessoa 125, 238

Befindlichkeit 87-90, 105

Bergson, H. 146

Berkeley, G. 162-164, 170-172

Brentano, F. 25s., 29, 33

Brunschvicg, L. 145

Buber, M. 134

Butler, J.B. 133

Camus, Albert 107, 134

cartesianismo 149

causas (da experiência) 12s., 18, 150s.

cegueira figural 187

certeza 38-40, 108, 127, 220, 233

ceticismo, cf. problemas das outras mentes

ceticismo sobre a fenomenologia 244s., 254

Churchill, W. 51

Churchland, P. 251

ciências naturais 20, 29, 33-35, 38-40, 82, 147, 160s., 197, 203, 232, 247, 249, 253s.

compreensão 85s., 90, 105
como projeção 85, 89
pré-ontológica 69-73
cf. tb. autocompreensão

comunicação 222-226

concernimento 81

conformidade 91s., 103

consciência 22, 26-29, 31, 34-37, 40, 43, 46, 51, 61-64, 73, 82, 94, 103s., 108, 111-124, 127-140, 144, 149s., 156, 161, 165, 170, 176-178, 187, 192-197, 200s., 205, 209, 218s., 222, 226-236, 238, 240-244, 249-255, 258-265 abordagem de Dennett à 231

cínica 137

como "Eu posso" 194

como presença 222

como semelhante ao signo 213

como texto 229

de primeiro grau 113-119, 121, 209, 259

   e operacionalismo de primeira pessoa 243

de segundo grau 117, 121-123, 144

do movimento 193s.

e diferança 228

e heterofenomenologia 252

e o inconsciente 229s.

e o método científico 249

fluxo de 232, 236

Heidegger e 241s.

investigação científica da 234

irrefletida 118-120

   cf. tb. autoconsciência, consciência do tempo, consciência do mundo

modelo de Rascunhos Múltiplos 238, 240, 246

morte da 116

prioridade com relação aos pontos de vista científicos 249s.

pura 110, 130, 160, 197, 218

reflexiva 122-124, 128, 144

transcendental 205

translucidez da 116, 129s.

consciência do mundo 82

consciência do tempo 46, 227

constituição 50, 52-54, 56-61

conteúdo
  ideal 31s., 40
  intencional 56, 116s., 224s.

conversação 215s.

corpo
  como Corpo 150
  como ponto-zero de orientação 153, 157, 208
  como realização ilusória do "eu" 124, 148
  constituição do 154-156
  e constituição 151-154
  habitual 183s.
  Heidegger sobre o 148s.
  Sartre sobre o 124, 148

cotidianidade 73, 75-80, 90, 100, 103, 105, 207
  fenomenologia da 73, 75

cuidado 84, 89-91
  estrutura do 84, 89s.

das Man 79s., 90s., 94, 99-105

Dasein 69-72, 76, 80, 83-91, 94-105, 135, 143, 148, 206s.
  e possibilidades 87, 89, 94s., 102, 105

de Beauvoir, S. 107, 134, 145

decisão 102s.

Descartes, R. 56, 75, 95, 108, 110, 149, 152, 194, 201, 220

desconstrução 200, 228s.

Deus 220

diferança 228

discurso 216

disposição 87s.

distancialidade 91

distinção é/parece 36-38, 121-124

dualismo cartesiano 150, 156s.

duplo tato 156

Dreyfus, H. 78

ego
    empírico 109
    como ficção 126
    puro ou transcendental 57, 63s., 103s., 110, 116s., 123, 129, 160, 205s.

em-função-de 77, 85

empirismo 162-166, 170-178, 181s., 204

enigma 217

epochē 41, 82, 110, 232, 234

escolhendo escolher 101

espontaneidade 174

essências 60

estar lançado 87

ética 143, 202, 216s., 241

"existência precede a essência" 133-135

existencialismo 107s., 133s.

Existenzphilosophie 134

experiência
auditiva 21, 43, 47, 152
estrutura causal da 20, 32s., 40
estrutura essencial da 18-20, 33s., 39-41, 48, 58, 61s., 117
patológica 179s.
perceptual 16, 35-37, 52-60, 132, 147, 152-154, 157, 160-166, 169-178, 187s., 195-197, 203, 208-214, 243
pré-objetiva 160, 162, 176, 197
visual 11-16, 21, 43, 50s., 155s., 165, 171-173, 176, 187, 212, 214

expressão 218-224
de primeira ordem 160
de segunda ordem 160s.

face, a 201, 211-214, 217s., 241, 255

facticidade 136s., 140, 143, 148

fala 91s., 215s., 224-227
  cf. tb. falatório, língua/linguagem

falatório 92, 100

familiaridade 73, 80

fenômenos 13, 37, 102
  retorno aos 148, 158, 179, 254

fenômeno phi 239s., 246

figura-e-fundo 147, 164

finamento 97-101

finitude 101

Fink, E. 23

Flaubert, G. 108

Frege, G. 51

Freud, S. 26, 108, 139, 229s.

futuridade 89s., 104

Gelb, A. 187

Genet, J. 108

Goldstein, K. 187

gozo 203

greifen 188-191
  cf. tb. movimento

Gurwitsch, A. 147

Hegel, G.W.F. 12

heterofenomenologia 231, 234-236, 238, 242, 252, 255

hipótese da constância 170s.

horizonte 47s., 50, 52, 55, 82, 128, 172

Hume, D. 75, 108, 126-129

idealismo transcendental 61s.

ilusão de Müller-Lyer 175

imaginação 37, 48, 50, 59, 127

inautenticidade 93, 134s.
  cf. tb. autenticidade

inconsciente, o 139, 229s.

indeterminação 144, 176, 197

indicação 218-224, 255

indicador natural 219

infinitude 36, 122, 217

integridade da percepção 162, 169-173, 178s., 188, 241

intelectualismo 173, 176-178, 181, 189-192, 204, 243

inteligência artificial 78

intencionalidade 15s., 21, 25, 29-34, 41, 78, 112, 116, 132, 150, 184, 189, 192, 195, 197, 211, 236s., 241, 251-253
    motora 184, 192, 195, 197, 241

interpretação 73

intimidade 125s.

introspecção 15, 56, 126, 232, 234, 237, 242

investigação transcendental 16, 35, 61, 136

iterabilidade 225

Jaspers, K. 134

Kant, I. 62, 174, 177

Kierkegaard, S. 134

Koffka, K. 147

Köhler, W. 147, 170

Lebensphilosophie 66

liberdade 102, 142

língua/linguagem 91-93, 215-218, 221-226, 228s., 255
   cf. tb. comunicação, falatório, fala

lógica 25-32, 63, 86

má-fé 129-144, 254

Mallarmé, S. 108

Marcel, G. 107, 134

marxismo 108, 146

matemática 25s., 29

materialismo 249-251
   eliminativo 251

mediocridade 91

medo 88, 94

Meinong, A. 26

membro fantasma 177-183

Memento 45

mortalidade 97-101
   cf. tb. morte, finamento

Fenomenologia **285**

morte 95s., 99, 103
como não podendo ser superada 96s.
como não relacional 96s.
como possibilidade mais própria do Dasein 96s., 105
ser-para-a- 96, 99
cf. tb. finamento

motivação 154s.

motricidade 192

movimento
abstrato 186, 188-193
concreto 186, 190-193
cf. tb. *greifen*, *zeigen*

mundo 18, 21s., 85, 93
cf. tb. mundo-da-vida

mundo-da-vida 82s.

mundos heterofenomenológicos 235s., 252

nada 129-132, 135, 144, 174

naturalismo 21-23, 25, 27, 29-31, 34s., 200, 249-251
cf. tb. antinaturalismo

náusea 131

nazismo 27, 66

negação 132

negatités 132, 136

Nietzsche, F. 134

noema 51s., 55s., 104, 122
  explosão do 55

noesis 51s., 56, 104, 112

olhar, o 209-211

ontologia 67-71, 76s., 89, 107, 135, 200, 205, 214, 217
  e fenomenologia 71s.
  fundamental 69, 71, 205

orientação prática 74

outro, o 201s., 205-217, 240, 255s.
  cf. tb. face, outridade, outros, problema das outras mentes

outridade 202, 205s., 208, 255

outros 81s., 201, 206s.
  cf. tb. o problema das outras mentes

Platão 32s., 68

postura intencional 236, 252

presença 217-219, 242
  metafísica da 220, 241
  mitologia da 217s.

Fenomenologia **287**

pressuposições 26, 34, 40, 63, 82s., 232

princípio de identidade 133

princípio de todos os princípios 39, 115s., 218, 228

problema das outras mentes 86, 202, 206s.

protensão 46, 48, 227

psicologia 26, 29s., 31s., 69, 106s., 124, 145-147, 157, 172,
    177-179, 189
  behaviorista 145
  da Gestalt 147, 170, 172, 187

psicologismo 31, 61, 254

queda 88, 90, 105

questões transcendentais 34s., 39-41, 66

Quine, W.V. 21s., 163

Quinta Sinfonia de Beethoven 44-49

Papai Noel 51

realidade 89, 96, 100, 115, 204

realidades 60, 86, 133, 191

receptividade 174

recusa 212-214, 241

redução
  eidética 59-61, 64
  etimologia 159
    a rejeição de Heidegger à 71s., 76-78, 80s., 83
  fenomenológica 27, 39-42, 44, 51, 53, 56s., 59, 61-63, 72, 78, 110s., 117-119, 130, 135, 149-152, 159, 205s., 223
  fenomenológico-transcendental 41
  Merleau-Ponty e 159-161
  Sartre sobre 110s., 115-117, 129, 133
  cf. tb. epochē

reflexão 42, 115-119, 123, 242-244, 255

relações
  internas 172
  referenciais 76-80

relativismo 30, 254

repetição 225s.

representação 182, 185s., 192-195, 224-226

repressão 139s., 182

resistência 212s., 241

responsabilidade 95, 102, 143, 216, 253

retenção 46, 48, 228

Ricoeur, P. 23

Scheler, M. 23, 146

Schneider 179, 185-192

Schutz, A. 23
  autoconsciência 130, 210

sensações 147, 155s., 163-167, 169-172, 178-181, 183
  cinestésicas 155
  localização das 155-157; cf. tb. átomos sensíveis

sentido 51, 53, 61-63, 218-223, 228s.
  tato 156, 163, 188s.

separação 216

ser
  compreensão do 69-72, 105
  dos entes 69s.
  questão do 65, 67-72, 105
  ser-com 207
  ser-em-si 136, 148
  ser-no-mundo 80-84, 87, 95, 104, 184, 206s.
  ser-para-a-morte 97-102
  ser-para-si 130, 136, 148

significado 16, 26, 51, 64, 73, 79, 92, 169, 172, 205, 217-225,
  229s., 255
  cf. tb. falatório, língua/linguagem, sentido, fala

signos 218s., 220-229, 255

simplesmente-dado 77, 207

Smart, J.J.C. 249

solicitude 81-84

solilóquio mental 225

solipsismo 205s., 254

Stein, E. 23

substância 75-77, 83, 89, 149, 204

síntese 48, 51-53, 116, 161, 227

tempo 49, 85, 90

temporalidade 90

totalidade 203-205, 210

totalidade referencial 80, 90, 103

traço 228-230

transcendência
  em Husserl 61-63
  em Sartre 124, 136s., 140-142, 148s.

utensílio 74-81, 155, 201
  cf. tb. à mão

variação livre 59s., 64

vida mental solitária 222s., 225-227, 255

Watt, H.J. 243-245, 247

Wertheimer, M. 147

zeigen 187-191; cf. tb. movimento

SÉRIE PENSAMENTO MODERNO

Esta série provê introduções curtas, acessíveis e interessantes às principais escolas, movimentos e tradições da filosofia e da história das ideias, desde o início do Iluminismo. Todos os livros da série são escritos para que alunos de graduação tenham contato com o assunto pela primeira vez.

Títulos

Hermenêutica
Lawrence Schmidt

Fenomenologia
David Cerbone

Utilitarismo
Tim Mulgan

Existencialismo
Jack Reynolds

Naturalismo
Jack Ritchie

Pós-estruturalismo
James Williams

Racionalismo
Charlie Huenemann

Idealismo alemão
Will Dudley

Ética da virtude
Stan van Hooft

Marxismo
Geoff Boucher

Nietzscheanismo
Ashley Woodward

Empirismo
Robert G. Meyers

Hegelianismo
Robert Sinnerbrink

Feminismo
Peta Bowden e Jane Mummery

Pós-colonialismo
Jane Hiddleston

Conecte-se conosco:

 facebook.com/editoravozes

 @editoravozes

 @editora_vozes

 youtube.com/editoravozes

 +55 24 2233-9033

www.vozes.com.br

Conheça nossas lojas:

www.livrariavozes.com.br

Belo Horizonte – Brasília – Campinas – Cuiabá – Curitiba
Fortaleza – Juiz de Fora – Petrópolis – Recife – São Paulo

EDITORA VOZES LTDA.
Rua Frei Luís, 100 – Centro – Cep 25689-900 – Petrópolis, RJ
Tel.: (24) 2233-9000 – E-mail: vendas@vozes.com.br